MÜNSTERISCHE BEITRÄGE
ZUR RECHTS- UND STAATSWISSENSCHAFT

HERAUSGEGEBEN VON DER

RECHTS- UND STAATSWISSENSCHAFTLICHEN FAKULTÄT DER

WESTFÄLISCHEN WILHELMS-UNIVERSITÄT IN MÜNSTER

12

Berlin 1968

WALTER DE GRUYTER & CO.

vorm. G. J. Göschen'sche Verlagshandlung / J. Guttentag, Verlagsbuchhandlung / Georg Reimer / Karl J.Trübner / Veit & Comp.

DIE VORAUSSETZUNGEN FÜR BEREICHERUNGSANSPRÜCHE IN DREIECKSVERHÄLTNISSEN

„Rückgriffskondiktion" und „Kondiktion gegen Drittempfänger"

von

HERMANN-ADOLF KUNISCH, M. C. L.

Berlin 1968

WALTER DE GRUYTER & CO.

vorm. G. J. Göschen'sche Verlagshandlung / J. Guttentag, Verlagsbuchhandlung / Georg Reimer / Karl J. Trübner / Veit & Comp.

D 6

Archiv-Nr. 270068
Satz, Druck und Bindearbeiten: Graph. Betriebe Dr. F. P. Datterer & Cie. Nachf. Sellier OHG, Freising

VORWORT

Die vorliegende Schrift hat der Universität Münster als Dissertation vorgelegen. Ich möchte an dieser Stelle meinem Doktorvater, Herrn Professor Dr. W. Fikentscher, für die Betreuung der Arbeit danken. Mein Dank gilt ferner Herrn Professor Dr. A. Heldrich, dem Zweitberichterstatter, sowie der Rechts- und Staatswissenschaftlichen Fakultät in Münster und dem Lande Nordrhein-Westfalen, das mir durch die Vermittlung des Herrn Kurators der Westfälischen Wilhelms-Universität einen Druckkostenzuschuß gewährt und so die Veröffentlichung dieser Arbeit ermöglicht hat.

Das Material zu meinen Ausführungen über das amerikanische Recht habe ich an der University of Michigan, Ann Arbor, USA, gesammelt. Auch der dortigen Law School und vor allem Herrn Professor W. Gray, der an meinen Bemühungen regen Anteil genommen hat, danke ich herzlich.

Rechtsprechung und Literatur zum deutschen Recht sind bis zum 1. September 1967 berücksichtigt.

Hamm/Westfalen, Januar 1968

H.-A. Kunisch

INHALTSVERZEICHNIS

SCHRIFTTUMSVERZEICHNIS

American Law Institute — Restatement of the Law of Restitution, Quasi Contracts and Constructive Trusts, St. Paul 1937.

Amrhein, Josef — Das Problem der mittelbaren Bereicherung, Diss. Köln 1934.

Ascher — Anmerkung zu BGH Urt. vom 20. 3. 1952, LM § 813 BGB Nr. 1.

Barnstedt, Erich — Das Merkmal der Rechtsgrundlosigkeit in der ungerechtfertigten Bereicherung, Berlin 1940.

Bartels, Fritz — Indirekte und mittelbare Bereicherungsansprüche des bürgerlichen Rechts, Diss. Göttingen 1928.

Bartsch, Rita — Das Erfordernis der unmittelbaren Vermögensverschiebung in der Lehre von der ungerechtfertigten Bereicherung, Diss. Breslau 1928.

Baumbach-Duden — Handelsgesetzbuch, 17. Auflage, München und Berlin 1966.

Baur, Fritz — Lehrbuch des Sachenrechts, 3. Auflage. München und Berlin 1966.

Baur-Wolf — Bereicherungsansprüche bei irrtümlicher Leistung auf fremde Schuld — Das Wegnahmerecht des Nichtbesitzers — BGHZ 40, 272; JuS 1966, 393 ff.

Berg, Hans — Bereicherung durch Leistung und in sonstiger Weise in den Fällen des § 951 Abs. 1 BGB; AcP 1960 (1961), 505 ff.

Berg, Hans — Anmerkung zu BGH Urt. vom 5. 10. 1961, NJW 1962, 101.

Berg, Hans — Zivilrechtsklausur: Das Preisausschreiben, JuS 1963, 361 ff.

Berg, Hans — Bereicherungsanspruch bei Leistung an einen Dritten, BGHZ 36, 30, JuS 1964, 137.

Berg, Hans — Anmerkung zu BGH Urt. vom 31. 10. 1963, NJW 1964, 720.

Beuthien, Volker — Verwendungsersatz aus neuer Sicht? SchlHA 1962, 208 ff.

Böhle-Stamschräder — Konkursordnung, 8. Auflage, München und Berlin 1966.

Boehmer, Gustav — Doppelkondiktion oder Einheitskondiktion; Grundlagen der Bürgerlichen Rechtsordnung, Zweites Buch, Zweite Abteilung, § 22, Tübingen 1952.

Brandi, Axel — Bereicherung aus fremdem Vertrag (Der Verzicht des BGB auf die Aufnahme der Versionsklage), Diss. Münster 1966.

Bull, Hans Joachim	Ungedeckte Postanweisungen, AcP 136 (1932), 321ff.
v. Caemmerer, Ernst	Leistungsrückgewähr bei gutgläubigem Erwerb, Festschrift für Gustav Boehmer, Bonn 1954, S. 145—163.
v. Caemmerer, Ernst	Bereicherung und unerlaubte Handlung, Festschrift für Ernst Rabel, Band I, Tübingen 1954, S. 333—401.
v. Caemmerer, Ernst	Bereicherungsansprüche und Drittbeziehungen, JZ 1962, 385ff.
v. Caemmerer, Ernst	Anmerkung zu BGH Urt. vom 8. 1. 1963, NJW 1963, 1402ff.
v. Caemmerer, Ernst	Irrtümliche Zahlung fremder Schulden, in: Vom Deutschen zum Europäischen Recht, Festschrift für Hans Dölle, Band I, Tübingen 1963, S. 135ff.
v. Caemmerer, Ernst	Problêmes fondamentaux de l'enrichissement sans cause, Rev. dr. int. comp. 1966, 573ff.
Collatz, Wilhelm	Ungerechtfertigte Vermögensverschiebung, Berlin 1899
Corbin, Arthur Linton	Corbin on Contracts, One Volume Edition, St. Paul, Minn., 1952.
Dawson, John P.	Unjust Enrichment, A comparative analysis, Boston 1951.
Dawson-Palmer	Cases on Restitution, A revision of Durfee and Dawson, Cases on Remedies II, Indianapolis 1958.
Dietrich, Eduard	Die Grundsätze der mittelbaren Bereicherung, Diss. Breslau (ohne Jahresangabe, 1927?).
Dimopoulos-Vosikis, Haralambos	Die bereicherungs- und deliktsrechtlichen Elemente der §§ 987—1003 BGB, Köln-Berlin-Bonn-München 1966.
Dölle, Hans	Juristische Entdeckungen, Verhandlungen des 42. Deutschen Juristentages in Düsseldorf 1957, Band II (Sitzungsberichte), Teil B, Tübingen 1958.
Drews-Wacke	Allgemeines Polizeirecht, 7. Auflage, Berlin-Köln-München-Bonn 1961.
Ebbecke	Bereicherung und Geschäftsführung ohne Auftrag, Recht 1918, 385ff.
Eichele, Karl	Irrtümliche Eigenleistung bei Bestehen fremder Schuld, Diss. Mainz 1965.
Emmerich, Volker	Das Verhältnis der Nebenfolgen der Vindikation zu anderen Ansprüchen, Diss. Saarbrücken 1966.
Enneccerus-Lehmann	Recht der Schuldverhältnisse, 15. Bearbeitung, Tübingen 1958.
Erman, Walter, u.a.	Handkommentar zum Bürgerlichen Gesetzbuch, 4. Auflage, Münster 1967.
Erman, Walter	Faktische Vertragsverhältnisse oder Geschäftsführung ohne Auftrag, NJW 1965, 421ff.
Esser, Josef	Schuldrecht, 2. Auflage, Karlsruhe 1960.
Esser, Josef	Fälle und Lösungen zum Schuldrecht, 2. Auflage, Karlsruhe 1965.

Esser, Josef	Grundsatz und Norm in der richterlichen Fortbildung des Privatrechts, Tübingen 1956. (Es gibt eine 2. unveränderte Auflage 1964).
Feldhoff, Bernhard	Die sogenannte mittelbare Bereicherung in § 812 BGB unter besonderer Berücksichtigung der Gemein- und Landrechtlichen Versionsklage, Diss. Göttingen 1932.
Fikentscher, Wolfgang	Das Schuldrecht, Berlin 1965.
Firsching, Karl	Der Verwendungsanspruch des Unternehmers gegen den Eigentümer, AcP 162 (1963), 440ff.
Flume, Werner	Anmerkung zu BGH Urt. vom 5. 10. 1961, JZ 1962, 281.
Freund, Rudolf	Der Eingriff in fremde Rechte als Grund des Bereicherungsanspruchs, Studien zur Erläuterung des bürgerlichen Rechts, Heft 7, Breslau 1902.
Friedmann, Wolfgang	Die Bereicherungshaftung im angloamerikanischen Rechtskreis im Vergleich mit dem deutschen bürgerlichen Recht, Berlin und Leipzig 1930.
Frotz, Gerhard	Zur Rückzahlung verlorener Baukostenzuschüsse nach Bereicherungsrecht, AcP 163 (1964), 309ff.
Gottschalk, Rudolf	Die Rechtsstellung Dritter im Kondiktionsrecht. JherJb 78 (1927/28), 290ff.
Gottschick, Hermann	Das Bundessozialhilfegesetz, 2. Auflage, Köln-Berlin-Bonn-München 1963.
Gräber, Heinz-Norbert	Bereicherung durch Leistung und in sonstiger Weise in § 812 BGB. Untersuchungen zum Leistungsbegriff; sein Einfluß auf den Tatbestand der Bereicherung in sonstiger Weise und auf aktuelle Probleme des Bereicherungsrechts, Diss. Köln 1965.
Grunsky, Wolfgang	Die Rückwirkung der Genehmigung und ihr Verhältnis zu § 816 Abs. 1 S. 1 BGB, JZ 1961, 119f.
Grunsky, Wolfgang	Bereicherungsansprüche bei rechtsgrundloser Verfügung eines Nichtberechtigten, JZ 1962, 207f.
Hachenburg, Max	Das Bürgerliche Gesetzbuch für das Deutsche Reich, Vorträge gehalten in den Jahren 1896/97 2. Auflage, Mannheim 1900
Hadding, Walter	Ist § 816 II BGB wirklich überflüssig? JZ 1966, 222ff.
Haymann, Franz	Zuwendung aus fremdem Vermögen, JherJb 77 (1927), 188ff.
Heck, Philipp	Grundriß des Schuldrechts, 1. Auflage, Tübingen 1929.
Hedemann, Justus Wilhelm	Schuldrecht des Bürgerlichen Gesetzbuches, 3. Auflage, Berlin 1949.
Hülsmann, Günter	Leistungskondiktion und Eingriffskondiktion in Dreiecksverhältnissen unter besonderer Berücksichtigung des § 951 BGB, Diss. Köln 1966.
Imlau, Erich	Ist § 951 Abs. 1 Satz 1 BGB ein selbständiger Schuldgrund? NJW 1964, 1999f.
Jaeger-Lent	Konkursordnung, Erster Band, 8. Auflage, Berlin 1958.

Jahr, Günther — Ungerechtfertigte Bereicherung bei Verfügungsermächtigung, JuS 1963, 397ff.

Jakobs, Horst-Heinrich — Eingriffserwerb und Vermögensverschiebung in der Lehre von der ungerechtfertigten Bereicherung, Bonn 1964.

Jhering, R. — Culpa in contrahendo, JherJb 4 (1861), 1ff.

Jung, Erich — Die Bereicherungsansprüche, Leipzig 1902.

Jung, Erich — Ist der Empfänger einer Postanweisung grundlos bereichert, weil der Vertrag zwischen dem Einzahler und der Post nichtig war? JherJb 70 (1921), 207ff.

Jung, Erich — Das Wesen des schuldrechtlichen Grundes (§ 812 BGB) und dessen Bedeutung für die Systematik des Privatrechts.
In: Die Reichsgerichtspraxis im deutschen Rechtsleben, Dritter Band, Berlin und Leipzig 1929, Seite 143ff.

Keener, William A. — Quasi Contracts, New York 1893.

Klauser, Karl-August — Aufwendungsersatz bei Neubauten und werterhöhenden Verwendungen auf fremdem Grund und Boden, NJW 1965, 513ff.

König, Detlef — Der Bereicherungsanspruch gegen den Drittempfänger einer Vertragsleistung nach französischem Recht, Frankfurt und Berlin 1967.

Kötter, Hans-Wilhelm — Zur Rechtsnatur der Leistungskondiktion, AcP 153 (1954), 193ff.

Kornblum, Udo — Zum Verhältnis von § 816 II zu § 812 BGB, JZ 1965, 202ff.

Kraft, Alfons — Verwendungsersatzansprüche des Werkunternehmers gegen den Eigentümer der reparierten Sache, NJW 1963, 1849ff.

Krawielicki, Robert — Unentgeltlichkeit im Bereicherungsrecht, JherJb 81 (1931), 257ff.

Krawielicki, Robert — Grundlagen des Bereicherungsanspruchs, Breslau 1936/Aalen 1964.

Kreß, Hugo — Lehrbuch des Besonderen Schuldrechts, München und Berlin 1934.

Larenz, Karl — Lehrbuch des Schuldrechts,
I. Band, Allgemeiner Teil, 8. Auflage, München und Berlin 1967.
II. Band, Besonderer Teil, 7. Auflage, München und Berlin 1965.

Larenz, Karl — Methodenlehre der Rechtswissenschaft, Berlin-Göttingen-Heidelberg 1960.

Leonhard, Franz — Allgemeines Schuldrecht des BGB, München und Leipzig 1929.

Leonhard, Franz — Besonderes Schuldrecht des BGB, München und Leipzig 1931.

Leuze, Dieter — Die Ersatzansprüche der Versorgungsverwaltung gegen „wiederaufgetauchte Verschollene", FamRZ 1963, 157ff.

Leuze Dieter	Anmerkung zu BGH Urt. vom 19. 3. 1963, FamRZ 1963, 354ff.
Luckow, Waldemar	Unmittelbare Vermögensverschiebung durch mittelbare Zuwendung bei der ungerechtfertigten Bereicherung und bei der Schenkung, Diss. Frankfurt 1957.
v. Lübtow, Ulrich	Beiträge zur Lehre von der Condictio nach römischem und geltendem Recht, Berlin 1952.
Lüke, Gerhard	Die Bereicherungshaftung des Gläubigers bei der Zwangsvollstreckung in eine dem Schuldner nicht gehörige bewegliche Sache, AcP 153 (1954), 533ff.
Maier, Georg H.	Irrtümliche Zahlung fremder Schulden, AcP 152 (1952/53), 97ff.
v. Mayr, Robert	Der Bereicherungsanspruch des deutschen bürgerlichen Rechts, Leipzig 1903.
Medicus, Dieter	Anmerkung zu AG Düsseldorf Urt. v. 20. 7. 1966, JZ 1967, 63ff.
Mentzel-Kuhn	Kommentar zur Konkursordnung, 7. Auflage, Berlin und Frankfurt/M. 1962.
Mestmäcker, Ernst-Joachim	Eingriffserwerb und Rechtsverletzung in der ungerechtfertigten Bereicherung, JZ 1958, 521ff.
Meyer-Cording, Ulrich	Das Recht der Banküberweisung, Tübingen 1951.
Molitor, Erich	Schuldrecht II, Besonderer Teil, 5. Auflage, München und Berlin 1961.
Münzel, Karl	Ansprüche des Unternehmers auf Verwendungsersatz gegen den Eigentümer? NJW 1961, 1377ff.
Nebenzahl, Ernst	Das Erfordernis der unmittelbaren Vermögensverschiebung in der Lehre von der ungerechtfertigten Bereicherung, Berlin 1930.
Nelken, Lothar	Die Unmittelbarkeit bei Bereicherungsansprüchen, Diss. Breslau 1934.
Neugebauer	Urteilsanmerkung, Postarchiv 1923, 442ff.
Nicklisch, Fritz	Zum Umfang des Bereicherungsanspruchs wegen der Versteigerung schuldnerfremder Sachen, NJW 1966, 434f.
Nipperdey, Hans Carl	Zur Neugestaltung des Rechts der ungerechtfertigten Bereicherung, JbAkadDR 4 (1937), 19ff.
Oertmann, Paul	Anmerkung zu RG Urt. vom 18. 4. 1934, JW 1934, 2458f.
Palandt u. a.	Bürgerliches Gesetzbuch, 26. Auflage, München und Berlin 1967.
Pfordten, Theodor von der	Zur Lehre von der ungerechtfertigten Bereicherung, LZ 1919, 221ff.
Planck-Siber	Kommentar zum Bürgerlichen Gesetzbuch nebst Einführungsgeestz, II. Band, 1. Hälfte, 4. Auflage, Berlin 1914
Rabel, Ernst	The Conflict of Laws, Volume Three, Chicago 1950.
Raisch	Besprechung von Fikentscher, Schuldrecht, BB 1965, 795.
Raiser, Ludwig	Dingliche Anwartschaften, Tübingen 1961.

Reichgerichtsrätekommentar — Das Bürgerliche Gesetzbuch, Kommentar herausgegeben von Reichsgerichtsräten und Bundesrichtern, II. Band, 2. Teil, 11. Auflage, Berlin 1960.

Rietschel — Anmerkung zu BGH Urt. vom 5. 10. 1961, LM § 179 BGB Nr. 4.

Rietschel — Anmerkung zu BGH Urt. vom 12. 7. 1962, LM § 134 BGB Nr. 41.

Rietschel — Anmerkung zu BGH Urt. vom 20. 6. 1963, LM § 683 BGB Nr. 15.

Rietschel — Anmerkung zu BGH Urt. vom 31. 10. 1963, LM § 951 Nr. 18.

Rothoeft, Dietrich — Vermögensverlust und Bereicherungsausgleich, AcP 163 (1964), 215ff.

Rothoeft, Dietrich — Besprechung von Jakobs, Eingriffserwerb, AcP 166 (1966), 246ff.

Scheyhing, Robert — Zum Bereicherungsanspruch nach § 951 BGB, JZ 1956, 14f.

Scheyhing, Robert — Leistungskondiktion und Bereicherung „in sonstiger Weise“, AcP 157 (1958/59), 371ff.

Schlechtriem, Peter H. — Ersatz der vom Scheinvater erbrachten Unterhaltszahlungen, NJW 1966, 1795ff.

Schlosser, Peter — Bereicherungsansprüche bei unentgeltlichen sowie rechtsgrundlosen Verfügungen eines Nichtberechtigten, JuS 1963, 141ff.

Schlosser, Peter — Forderungspfändung und Bereicherung, ZZP 76 (1963), 79ff.

Schuler, Hans — Bereicherungsprobleme der §§ 816, 951 BGB, NJW 1962, 1842ff.

Schulz, Fritz — Rückgriff und Weitergriff, Studien zur Erläuterung des bürgerlichen Rechts, Heft 21, Breslau 1907.

Schwarz, Fritz — Bericht über die Tagung deutscher Zivilrechtslehrer in Bad Bertrich vom 17. bis 19. Oktober 1952, AcP 152 (1952/53), 445ff.

Seitz, Herbert — Die Ersatzansprüche der Sozialversicherungsträger nach §§ 640 und 1542 RVO, 2. Auflage, Berlin 1964.

Selb, Walter — Schadensbegriff und Regreßmethoden, Heidelberg 1963.

Selb, Walter — Der Regreß des Versicherungs- und Versorgungsträgers über § 683 und § 812 BGB, NJW 1963, 2056ff.

Soergel-Siebert u.a. — Bürgerliches Gesetzbuch, 9. Auflage, Stuttgart 1962.

Stampe, E. — Simultantilgung von Geldschulden, Aus einem Freirechtslehrbuch, II, AcP 107 (1911), 274 (283ff.).

Sturm, Fritz — Zum Bereicherungsanspruch nach § 951 Abs. 1 Satz 1 BGB, JZ 1956, 361f.

v. Staudinger, J., u.a. — Kommentar zum Bürgerlichen Gesetzbuch und dem Einführungsgesetz, 9. Auflage, München, Berlin und Leipzig 1930, und 10./11. Auflage, Berlin 1960.

Stein-Jonas-Schönke-Pohle	Zivilprozeßordnung, 18. Auflage, Tübingen 1956.
Thomä, Volker	Tilgung fremder Schuld durch irrtümliche Eigenleistung, JZ 1962, 623ff.
Thurston	Recent developments in restitution: 1940—1947, Mich. L. R. 935ff.
Titze, Heinrich	Bürgerliches Recht, Recht der Schuldverhältnisse, 4. Auflage, Berlin, Göttingen, Heidelberg 1932/1948.
Toepper, Otto	Die Unmittelbarkeit der Vermögensverschiebung bei der ungerechtfertigten Bereicherung, Diss. Frankfurt 1928.
v. Tuhr, Andreas	Zur Lehre von der Anweisung, JherJb 48 (1904), 1ff.
v. Tuhr, Andreas	Der Allgemeine Teil des Deutschen Bürgerlichen Rechts, Zweiter Band, zweite Hälfte, München und Leipzig 1918.
Ulmer, Eugen	Akkreditiv und Anweisung, AcP 136 (1926), 129ff.
Walsmann, Hans	Anmerkung zu RG Urt. vom 13. 10. 1930, JW 1931, 2724.
Weitnauer	Besprechung von Baur, Sachenrecht, 3. Auflage, DNotZ 1966, 764.
Westermann, Harm Peter	Die causa im französischen und deutschen Zivilrecht, Diss. Köln 1964.
Westermann, Harry	Sachenrecht, 5. Auflage, Karlsruhe 1966.
Wieacker, Franz	Gesetz und Richterkunst, Zum Problem der außergesetzlichen Rechtsordnung, Karlsruhe 1958.
Wiethölter, Rudolf	Anmerkung zu BGH Urt. vom 12. 7. 1962, JZ 1963, 286ff.
Wilburg, Walter	Die Lehre von der ungerechtfertigten Bereicherung, Graz 1934.
Williston, Samuel	A Treatise on the Law of Contracts, Revised Edition by S. Williston and G. J. Thompson, Volume V, New York, 1937 mit 1959 Cumulative Supplement by Thomas C. Woodburg, Mount Kisco, N. Y., 1959.
Wolff, Victor	Zur Lehre von der Anweisung, JherJb 84 (1934), 107ff.
Wolff-Raiser	Sachenrecht, 10. Bearbeitung, Tübingen 1957.
Woodward, Frederic Campbell	Quasi Contracts, Boston (Mass.) 1913.
Zeiss, Walter	Leistung, Zuwendungszweck und Erfüllung, JZ 1963, 7.
Zeiss, Walter	Leistungsverhältnis und Insolvenzrisiko bei irrtümlicher Tilgung fremder Schulden, AcP 165 (1965), 332ff.

ABKÜRZUNGSVERZEICHNIS

A.	Atlantic Reporter
a.A.	anderer Ansicht
aaO.	am angegebenen Orte
Abs.	Absatz
AcP	Archiv für die zivilistische Praxis
a.E.	am Ende
A.L.R.	American Law Reports
allg.	allgemein
AngVG	Angestelltenversicherungsgesetz
Anm.	Anmerkung
Ariz.	Arizona State Reports
Aufl.	Auflage
AVAVG	Arbeitsvermittlungs- und Arbeitslosenversicherungsgesetz
BB	Der Betriebsberater
BBG	Bundesbeamtengesetz
Bearb.	Bearbeitung
Beschl.	Beschluß
BGB	Bürgerliches Gesetzbuch
BGB-RGRK	Reichsgerichtsrätekommentar zum BGB
BGH	Bundesgerichtshof
BGHZ	Amtliche Sammlung der BGH-Rechtsprechung in Zivilsachen
BRRG	Beamtenrechtsrahmengesetz
BSHG	Bundessozialhilfegesetz
BVerfG	Bundesverfassungsgericht
BVersG	Bundesversorgungsgesetz
Cal.	California State Reports
DB	Der Betrieb
Diss.	juristische Dissertation
DNotZ	Deutsche Notar-Zeitung
Festschrift für Dölle	Vom Deutschen zum Europäischen Recht, Festschrift für Hans Dölle
EheG	Ehegesetz
f.	und auf der folgenden Seite
FamRZ	Ehe und Familie im privaten und öffentlichen Recht
ff.	und auf den folgenden Seiten
gem.	gemäß
Gruch	Beiträge zur Erläuterung des deutschen Rechts, begründet von Gruchot
h.L.	herrschende Lehre
HRR	Höchstrichterliche Rechtsprechung
Ill.	Illinois State Reports
JbAkadDR	Jahrbuch der Akademie für Deutsches Recht

JherJb	Jherings Jahrbücher für die Dogmatik des Bürgerlichen Rechts
JuS	Juristische Schulung
JW	Juristische Wochenschrift
JZ	Juristenzeitung
KO	Konkursordnung
Ky.	Kentucky State Reports
LAG	Landesarbeitsgericht
LM	Lindenmaier-Möhring, Das Nachschlagewerk des Bundesgerichtshofs
l. Sp.	linke Spalte
Mass.	Massachusetts State Reports
Md.	Maryland State Reports
MDR	Monatsschrift für Deutsches Recht
Mich.	Michigan State Reports
Mich. L. R.	Michigan Law Review
Minn.	Minnesota State Reports
Miss., Mo.	Missouri State Reports
N. D.	North Dakota State Reports
N. E.	Northeastern Reporter
N. J.	New Jersey State Reports
NJW	Neue Juristische Wochenschrift
Nr.	Nummer
N. W.	Northwestern Reporter
N. Y.	New York State Reports
OLG	Oberlandesgericht
OLGRspr	Sammlung der Rechtsprechung der Oberlandesgerichte
P.	Pacific Reporter
Postarchiv	Archiv für das Post- und Fernmeldewesen
Festschrift für Rabel	Festschrift für Ernst Rabel
Rdn.	Randnote
Recht	Das Recht
Rest.	Restatement of the Law of
Rev. int. dr. comp.	Revue internationale de droit comparé
RG	Reichsgericht
RGZ	Amtliche Sammlung der RG-Rechtsprechung in Zivilsachen
RKnappschG	Reichsknappschaftsgesetz
r. Sp.	rechte Spalte
RVO	Reichsversicherungsordnung
S.	Satz, Seite, Southern Reporter
SächsARpfl	Sächsisches Archiv
Schäfer-Finnern	Sammlung Baurechtlicher Entscheidungen
SchlHA	Schleswig-Holsteinische Anzeigen
SchG	ScheckG
SeuffA	Seufferts Archiv für Entscheidungen oberster Gerichte
So.	Southern Reporter
S.W.	Southwestern Reporter
u.a.	und andere
Urt.	Urteil
usw.	und so weiter
v.	vom, von, versus

VersR	Versicherungsrecht, Juristische Rundschau für die Individualversicherung
vgl.	vergleiche
Vorbem.	Vorbemerkung
Vt.	Vermont State Reports
VVG	Versicherungsvertragsgesetz
WarnRspr.	Warneyer, Die Rechtsprechung des RG
Wash.	Washington State Reports
WG	Wechselgesetz
Wis.	Wisconsin State Reports
WPM	Wertpapiermitteilungen
z.B.	zum Beispiel
ZZP	Zeitschrift für Zivilprozeß

A. EINLEITUNG

1. Der Gegenstand der Untersuchung

Kaum ein rechtlicher Grundsatz erscheint auf den ersten Blick einfacher und überzeugender als der Grundgedanke des Bereicherungsrechts: Derjenige, der ungerechtfertigt auf Kosten eines anderen etwas erlangt hat, ist zur Herausgabe seiner Bereicherung verpflichtet. Bekanntlich wirft jedoch die praktische Anwendung dieses Grundsatzes zahlreiche Probleme auf. Zu diesen gehören die Fragen, die sich ergeben, wenn Rechtsbeziehungen zwischen mehr als zwei Beteiligten bestehen. Diese Fragen werden gelegentlich sogar als das „eigentliche Hauptproblem"[1] des Bereicherungsrechts bezeichnet. Das hat eine gewisse Berechtigung, nehmen doch die Erörterungen der Rechtsbeziehungen zwischen mehr als zwei Beteiligten in den meisten bereicherungsrechtlichen Abhandlungen einen ungewöhnlich breiten Raum ein. Mit einem Ausschnitt aus diesem Fragenkreis befaßt sich die vorliegende Arbeit. Wovon die Rede sein soll läßt sich präziser sagen, wenn man alle denkbaren Bereicherungsfälle je nach der Zahl der äußerlich in Erscheinung tretenden Vermögensbewegungen und der Zahl der beteiligten Personen in fünf Gruppen einteilt[2]:

1. Am übersichtlichsten sind die Bereicherungsfälle, in denen sich zwischen nur zwei Beteiligten ein einziger Bereicherungsvorgang abspielt. Man kann sie als Zwei-Personen-Fälle oder als Normalfälle bezeichnen.

2. Komplizierter wird es, wenn zwischen drei Beteiligten ein einziger Bereicherungsvorgang stattfindet, wie etwa bei Anweisungsleistungen und bei Eigentumsverlusten infolge von Einbau in Grundstücke Dritter. Diese Fälle sind die sogenannten Dreiecksverhältnisse.

3. Noch schwieriger wird es, wenn zwischen mehr als drei Beteiligten ein einziger Bereicherungsvorgang stattfindet. Derartige Fälle sind nicht selten[3]. Als

---

[1] *Barnstedt*, Das Merkmal, 11,
ähnlich: *Hülsmann*, Dreiecksverhältnisse, 1.

[2] Ähnliche Einteilungen finden sich zum Beispiel bei: *Heck*, Schulrecht, § 144. *Barnstedt*, Das Merkmal, 11.

[3] Beispiele aus der Rechtsprechung:
RG Urt. v. 20. 1. 1917 — IV 329/16 — WarnRspr 1917, 177 (Nr. 116).
RG Urt. v. 25. 4. 1922 — III 491/21 — Recht 1922, 354 (Nr. 1555).
RG Urt. v. 22. 12. 1927 — VI 183/27 = RGZ 119, 332.
RG Urt. v. 17. 1. 1940 — II 82/39 = RGZ 163, 21 (34).
BGH Urt. v. 22. 12. 1960 — VII ZR 169/59 = WPM 1961, 273.
BGH Urt. v. 4. 4. 1962 — VIII ZR 3/61 = NJW 1962, 1051.

besondere Fallgruppe werden sie aber kaum erörtert[4]. Man kann sie als Mehrparteienfälle bezeichnen.

4. Wieder eine andere Fallgestaltung liegt vor, wenn drei Beteiligte vorhanden sind, eine Vermögensverschiebung zwischen ihnen aber durch zwei aufeinanderfolgende Bereicherungsvorgänge vermittelt wird, etwa in der Weise, daß A eine Zuwendung an B macht, die dieser dann durch eine weitere selbständige Handlung an C weiterleitet. Hier spricht man von einer Bereicherungskette mit drei Beteiligten[5].

5. Gleichsam eine Fortbildung der vorigen Fallgruppe liegt vor, wenn mehr als drei Beteiligte vorhanden sind, zwischen denen eine Vermögensverschiebung durch mehr als zwei selbständige Handlungen vermittelt wird. Derartige Fälle stellen vielgliedrige Bereicherungsketten dar[6].

Im folgenden wird nur von den Fällen der zweiten Gruppe, nicht von den anderen Arten der Beteiligung mehrerer Personen an einer Vermögensverschiebung die Rede sein. Das ist besonders zu betonen, weil in Rechtsprechung und Schrifttum die tatsächlichen Unterschiede zwischen den soeben erwähnten Fallgruppen nicht immer genügend berücksichtigt werden. Vor allem fehlt oft eine klare Trennung zwischen Dreiecksverhältnissen und Bereicherungsketten mit drei Beteiligten.

Die Kardinalfrage bei den Dreiecksverhältnissen lautet: Wer von den Beteiligten hat gegen wen einen Bereicherungsanspruch[7]? Anders ausgedrückt ist dies die Frage nach den Voraussetzungen für Bereicherungsansprüche in Dreiecksverhältnissen. Nur auf sie soll im folgenden eine Antwort gesucht werden. Dabei wird nicht verkannt, daß sich noch zahlreiche andere Fragen ergeben: Welchen Umfang haben die erörterten Ansprüche? Was für Einreden können gegen sie geltend gemacht werden? Wann verjähren sie? Was für eine Regelung trifft das Internationale Privatrecht für sie[8]? Wie sind öffentliches Recht und Privatrecht voneinander abzugrenzen[9]? Alle diese Probleme müssen aber zugunsten einer möglichst umfassenden Untersuchung der ersten Frage zurückstehen.

---

[4] *Rothoeft*, AcP 163 (1964), 215 (227, 231) erwähnt diese Fälle. Er nennt sie Fälle „mehrfach final determinierter Leistung".

[5] Vgl. die Fälle des § 822 BGB und die Fälle mittelbarer Stellvertretung (Kommissionsverhältnisse).

[6] Im Schrifttum wird der Sonderfall unentgeltlicher Weitergabe in einer vielgliederigen Bereicherungskette erörtert. In einem derartigen Fall soll § 822 BGB analog anwendbar sein (*Palandt-Gramm*, BGB, 26. Aufl., § 822 Anm. 4; *Staudinger-Seufert*, BGB, 11. Aufl., § 822 Rdn. 9).

[7] Ebenso:
Hülsmann, Dreiecksverhältnisse, 1.

[8] Vgl. hierzu die von *v. Caemmerer*, Rev. int. dr. comp. 1966, 573 (591 Fußnote 56) angegebene Literatur.

[9] Vgl. die unten in Fußnote 182, 217 und 243 erwähnten Fälle.

2. *Aufgabenstellung*

Die praktische Bedeutung der Dreiecksverhältnisse ist außerordentlich groß. Vor allem bei Kreditinstituten treten die hier behandelten Fragen häufig auf, da es im bargeldlosen Zahlungsverkehr ständig zur Entstehung von Dreiecksverhältnissen kommt. Die Rechtsprechung zeigt, daß sich ähnliche Probleme infolge der Verwendung von Subunternehmern und wegen der Lieferung von Baumaterial unter Eigentumsvorbehalt auch im Baugewerbe ständig ergeben. Verallgemeinernd läßt sich sagen, daß Dreiecksverhältnisse mit der Zunahme wirtschaftlicher Verflechtung und der Verfeinerung einer Rechtsordnung immer häufiger werden[10].

Die rechtliche Regelung dieser Fälle entspricht leider nicht ihrer großen praktischen Bedeutung.

Die gesetzliche Regelung ist zumindest unvollkommen. *Wieacker*[11] sieht in den Dreiecksfällen ein Musterbeispiel einer Gesetzeslücke. Die meisten gesetzlichen Vorschriften (§§ 812ff. BGB) erwähnen nur einen Entreicherten und einen Bereicherten. Sie gehen also von dem Normalfall der Beteiligung von nur zwei Personen aus. Lediglich die §§ 816 und 822 BGB erwähnen die Beteiligung eines Dritten. § 822 BGB betrifft Bereicherungsketten mit drei Beteiligten und muß deshalb hier außer Betracht bleiben. § 816 BGB regelt nach der hier vertretenen Auffassung tatsächlich Bereicherungsansprüche in Dreiecksverhältnissen. Sein Anwendungsbereich ist aber auf bestimmte Sonderfälle beschränkt.

Im juristischen Schrifttum wird der Bereicherungsausgleich bei Dreiecksverhältnissen ausführlich erörtert. Hinzuweisen ist besonders auf die Ausführungen von *v. Mayr*, *Barnstedt*, *Esser* und *Erman-Seiler*[12]. Im großen und ganzen herrscht Einmütigkeit über die Ergebnisse. Unbefriedigend ist, sieht man einmal von der störenden Uneinheitlichkeit der Terminologie ab, die Unsicherheit der dogmatischen Begründungen und die Zweifelhaftigkeit mancher Lösungen[13], etwa bei „Einbau fremden Materials" und „Irrtümlicher Zahlung fremder Schulden".

Die Rechtsprechung hat sich seit der Schaffung des BGB um die Aufstellung praktikabler Regeln für den Bereicherungsausgleich in Dreiecksverhältnissen bemüht und gewisse feste Anhaltspunkte geschaffen. Den anhand von Einzelfällen entwickelten Grundsätzen der Praxis fehlt aber eine eingehende dogmatische Fundierung. Eine Auseinandersetzung mit neueren systematischen

---

[10] *Esser*, Schuldrecht, 2. Aufl., § 190, 1.

[11] *Wieacker*, Gesetz und Richterkunst, 8, 14
ähnlich *Gottschalk*, JherJb 78 (1927/8), 290 (291 f.).

[12] *v. Mayr*, Bereicherungsanspruch, 219—257.
Barnstedt, Das Merkmal.
Esser, Schuldrecht, 2. Aufl., § 190.
Erman-Seiler, BGB, 4. Aufl., § 812 Anm. 4c.

[13] *Hülsmann*, Dreiecksverhältnisse, 1.

Erkenntnissen der Rechtslehre findet sich nur in Ansätzen. Damit hängt es zusammen, daß sich vor allem in Grenzfällen die Lösung von Zweifelsfragen nicht immer mit der wünschenswerten Sicherheit voraussagen läßt. Zwei neuere Entscheidungen des Bundesgerichtshofes haben der Problematik der Dreiecksverhältnisse eine gewisse Aktualität verschafft. Die erste der beiden Entscheidungen ist der „Idealheim-Fall" aus dem Jahre 1961[14]. Das in diesem Fall ergangene Urteil ist mehrfach besprochen und angegriffen worden[15]. Trotz der Angriffe hat der Bundesgerichtshof in dem „Elektroherde-Fall" im Jahre 1963[16] an seiner Rechtsprechung festgehalten.

Angesichts der großen praktischen Bedeutung der Dreiecksverhältnisse und der in der Diskussion über die „Idealheimentscheidung" des BGH deutlich gewordenen rechtlichen Schwierigkeiten erscheint es verlockend, nach einer neuen Formulierung der Voraussetzungen für Bereicherungsansprüche in Dreiecksverhältnissen zu suchen, die drei Anforderungen genügt:

1. Die mit ihrer Hilfe gefundenen Ergebnisse müssen zwanglos die allgemein anerkannten Bereicherungsansprüche in Dreiecksverhältnissen bestätigen.
2. Sie muß eine akzeptable und eindeutige Lösung für die umstrittenen Grenzfälle bieten.
3. Sie muß sich überzeugend in die moderne Systematik des Bereicherungsrechts einfügen.

Diesen Anforderungen entspricht der in dieser Arbeit gemachte Vorschlag: Für die Dreiecksverhältnisse soll die Existenz zweier besonderer, selbständig neben „Leistungs-" und „Eingriffskondiktion" stehender Kondiktionsarten anerkannt werden („Rückgriffskondiktion" und „Kondiktion gegen Drittempfänger"). Geht man von dem eigenständigen Charakter dieser beiden neuen Kondiktionen aus, so gelangt man zu eindeutigen, dogmatisch wohl begründeten Entscheidungen über das Bestehen von Bereicherungsansprüchen in Dreiecksverhältnissen.

---

[14] BGH Urt. v. 5. 10. 1961 — VII ZR 207/60 = BGHZ 36, 30 = NJW 1961 2251 = MDR 1962, 46 = JZ 1962, 280.

[15] *Berg*, NJW 1962, 101f.
Flume, JZ 1962, 281f.
v. Caemmerer, JZ 1962, 385ff.
Thomä, JZ 1962, 623ff.
Zeiss, JZ 1963, 7ff.
v. Caemmerer, Festschrift für Dölle I, 135ff.
Berg, JuS 1964, 137ff.
Larenz, Schuldrecht II, 7. Aufl., § 62 II b am Ende.
Esser, Fälle, 124ff.

[16] BGH Urt. v. 31. 10. 1963 — VII ZR 285/61 = BGHZ 40, 272 = NJW 1964, 399 = MDR 1964, 224 = BB 1964, 58.

3. Methode und Aufbau

Auf welchem Wege man am überzeugendsten zu einer Formulierung der Voraussetzungen von Ansprüchen gelangt, die im Gesetz nur sehr unvollkommen geregelt sind, mag fraglich sein.

Hier sollen allgemein gültige Prinzipien aufgezeigt werden, die dem Bereicherungsausgleich in Dreiecksverhältnissen zugrunde liegen. Dann soll versucht werden, aus diesen Prinzipien festumrissene Bereicherungstatbestände abzuleiten.

Allgemeine Rechtsgedanken oder rechtsethische Prinzipien[17] werden in der Regel nicht deduktiv aus bereits bekannten Rechtssätzen oder induktiv aus einer Vielzahl von Einzelfällen abgeleitet. Sie werden vielmehr bei der Beschäftigung mit juristischen Fragen aus Einsicht in eine spezifische Problematik erkannt oder „entdeckt". Zunächst stützen sie sich nur auf den Eindruck besonderer Gerechtigkeit oder Zweckmäßigkeit. Nachträglich läßt sich dann in Gesetz, Rechtsprechung und Schrifttum eine Bestätigung für die Richtigkeit der entdeckten Prinzipien suchen und finden. Bei diesem Vorgehen handelt es sich um eine häufig angewandte und anerkannte Methode juristischen Denkens[18].

Die beiden Prinzipien für den Bereicherungsausgleich in Dreiecksverhältnissen, von denen im folgenden die Rede ist, sind allgemeine Rechtsgedanken der soeben beschriebenen Art. Man kann auf sie stoßen, wenn man sich mit der Problematik der Dreiecksverhältnisse befaßt. Eine deduktive[19] oder induktive Ableitung ist kaum möglich. Sie wird im folgenden auch nicht vorgeschützt.

Der Aufbau der Darstellung geht von den beiden Prinzipien aus. Sie werden im Hauptteil der Arbeit an die Spitze je eines Abschnittes gesetzt. Dann wird gezeigt, wie zunächst eine Analyse der in einschlägigen Fällen eintretenden Vermögensverschiebung für die Allgemeingültigkeit des Prinzips spricht. Im Anschluß daran ist jeweils zu zeigen, wie die Richtigkeit des Prinzips durch die Lösungen der in Rechtsprechung und Schrifttum erwähnten Fälle bestätigt wird. Gleichsam als drittes Argument werden Lösungen des amerikanischen Rechts herangezogen. Dieses eignet sich in besonderem Maße für eine rechtsvergleichende Betrachtung, da das Bereicherungsrecht nirgends eine so weit-

---

[17] *Larenz*, Methodenlehre, 315ff.

[18] *Esser*, Grundsatz und Norm, 161ff., 269ff.
Lorenz, Methodenlehre, 123ff, 315ff
Dölle, Juristische Entdeckungen
vgl. auch: *Jhering*, JherJb 4 (1861), 1ff., zur „Entdeckung" der Grundgedanken der culpa in contrahendo.

[19] Ähnlich *Raisch* (BB 1965, 795 r. Sp.), der ausführt, es sei methodisch fragwürdig, eine neue bereicherungsrechtliche Systematik aus den Vorschriften des BGB herzuleiten, die zur Zeit einer ungenügenden wissenschaftlichen Durchdringung der Rückgewähransprüche entstanden seien.

gehende Beachtung gefunden hat wie im deutschen und amerikanischen Recht[20]. Vor dieser Erörterung der beiden Prinzipien ist aber auf zwei andere Punkte einzugehen.

Der Sinn der Bemühungen um allgemeine Prinzipien und aus diesen abgeleitete einfache Bereicherungsregeln tritt nur dann offen zutage, wenn zuvor die verwirrende Vielfalt der Rechtsnormen und Theorien dargestellt wird, die von Rechtsprechung und Lehre zur Lösung der bereicherungsrechtlichen Fragen bei Dreiecksverhältnissen herangezogen werden.

Das wiederum setzt voraus, daß zu allererst genau geklärt wird, wann eigentlich ein Dreiecksverhältnis vorliegt. Nur eine genaue Definition ermöglicht es, bei der Erörterung der Dreiecksverhältnisse einerseits alle einschlägigen Fälle zu erfassen und andererseits andersgelagerte Fälle auszuklammern.

Zur Abrundung der Darstellung soll abschließend noch auf einige dieser andersgelagerten, aber den Dreiecksverhältnissen ähnlichen Fälle eingegangen werden.

---

[20] *Rabel*, Conflict of Laws III, 366.

B. DEFINITION DES BEGRIFFS „DREIECKSVERHÄLTNIS“

Die Zusammengehörigkeit der Dreiecksverhältnisse oder zumindest eines Teiles von ihnen ist auch bisher nicht verborgen geblieben. Im Schrifttum finden sich umfangreiche Aufzählungen einschlägiger Fälle[21]. Eine einheitliche Bezeichnung hat sich aber noch nicht durchsetzen können. Dementsprechend fehlt auch eine Definition der Dreiecksverhältnisse. Im folgenden wird versucht, diesem Mangel abzuhelfen. Zuvor soll kurz auf die Verwendung der Bezeichnung „Dreiecksverhältnis“ und auf einige in der Literatur erwähnte Abgrenzungskriterien eingegangen werden, die zum Teil einer Definition des Begriffs Dreiecksverhältnis wenigstens nahekommen[22].

I. Andere Bezeichnungen für Dreiecksverhältnisse

Der BGB sieht, wie bereits erwähnt, für die Mehrzahl der Dreiecksverhältnisse keine besondere Regelung vor. Dementsprechend ist ihm auch eine Bezeichnung für sie fremd.

Der Ausdruck „Dreiecksverhältnis“ ist in der bereicherungsrechtlichen Literatur soweit ersichtlich zuerst von *Barnstedt* in seiner 1940 erschienen Schrift „Das Merkmal der Rechtsgrundlosigkeit in der unrechtfertigen Bereicherung“ verwandt worden. Im neueren Schrifttum findet sich die Bezeichnung häufig[23]. Die höchstrichterliche Rechtsprechung hat es bis jetzt vermieden, im Zusammenhang mit den in dieser Untersuchung erörterten bereicherungsrechtlichen Fragen von „Dreiecksverhältnissen“ zu sprechen[24].

---

[21] z.B.: *Enneccerus-Lehmann*, Schuldrecht, 15. Bearb., § 221, III 1 b.
BGB — RGRK, 11. Aufl., § 812 Anm. 34—43, 47—50.

[22] Vgl. insbesondere *Esser*, Schuldrecht, 2. Aufl., § 190, 2 und 3.

[23] *Esser*, Schuldrecht, 2. Aufl., § 190.
Flume, JZ 1962, 281.
Firsching, AcP 162 (1963), 440 (448).
Rothoeft, AcP 163 (1964), 215 (233 und passim).
H. P. Westermann, Die causa, 225.
H. Westermann, Sachenrecht, 5. Aufl., § 54, 2 („Kondiktion übers Dreieck“).
Hülsmann, Dreiecksverhältnisse, passim.
Dimopoulos-Vosikis, Elemente, 289 und passim.

[24] Der III. Senat des Bundesgerichtshofs spricht aber von einem „Dreiecksverhältnis“ beim finanzierten Abzahlungskauf (vgl. BGH, Urt. v. 20. 2. 1967 — III ZR 243/64 = BGHZ 47, 241 (insoweit nicht mit abgedruckt) = NJW 1967, 1030 (1031

Soweit nicht bereits von „Dreiecksverhältnissen“ gesprochen wird, verwenden Rechtsprechung und Schrifttum verschiedene Bezeichnungen für Fallgruppen, die als Dreiecksverhältnisse anzusehen sind. So ist die Rede von „Fällen der Anweisung (im weiteren Sinne)“[25], von „Fällen unmittelbarer Vermögensschiebung durch mittelbare Zuwendung“[26, 27], von „Leistungen durch Vermittlung eines Dritten“[28], von „indirekten (mittelbaren) Leistungen“[29] und von „Drittbeziehungen“[30]. Im Anschluß an *Stampe* sprach man zeitweise auch von „Fällen der Simultantilgung“[31]. Ferner sind unter anderem die sogenannten „Rückgriffsfälle“[32] oder die „Fälle von Zahlung fremder Schuld“[33] und mit gewissen Einschränkungen die „Leistungen auf irrtümlich angenommene eigene Schuld“ oder „Leistungen auf eine vermeintliche eigene Schuld“[34] hierher zu rechnen.

Hier soll von „Dreiecksverhältnissen“ gesprochen werden, da sich die fraglichen Fälle so anschaulich und einprägsam kennzeichnen lassen.

---

1. Sp.). Das OLG Köln verwendet in einer Entscheidung aus dem Jahre 1966 den Begriff „Dreiecksbeziehung“ (Urt. v. 7. 6. 1966 — 4 U 294/65 = NJW 1966, 2364).

[25] *Soergel-Siebert-Mühl*, BGB, 9. Aufl., § 812 Rdn. 25.
Fikentscher, Schuldrecht, § 99 II 1 b β. („Anweisungsverhältnisse“).

[26] BGH Urt. v. 29. 5. 1952 — IV ZR 167/51 = NJW 1952, 1171 = LM § 313 BGB Nr. 1.
BGH Urt. v. 24. 3. 1960 — VII ZR 61/59 = BB 1961, 1295 = JZ 1962, 404.
BGH Urt. v. 7. 5. 1962 — VII ZR 261/60 = BB 1962, 691 (Inwiefern allerdings in diesem Fall ein Dreiecksverhältnis vorlag, ist nicht recht verständlich.)
Soergel-Siebert-Mühl, BGB, 9. Aufl., § 812 Rdn. 25, 57
BGB-RGRK, 11. Aufl., § 812 Anm. 47.
Palandt-Gramm, BGB, 26. Aufl., § 812 Anm. 4 B b bb.

[27] „Mittelbare Zuwendungen“ spielen auch im Konkursrecht eine Rolle (vgl. BGH Urt. v. 24. 9. 1962 — VIII ZR 18/62 = NJW 1962, 2297; *Mentzel-Kuhn*, KO, 7. Aufl., § 29 Anm. 18; *Jaeger-Lent*, KO, 8. Aufl., § 30, Rdn. 32). Es handelt sich dabei um dieselben Vorgänge, die auch im Bereicherungsrecht als „mittelbare Zuwendungen“ bezeichnet werden. Nur steht im Konkursrecht eine andere Problematik im Vordergrund, nämlich die Frage, ob die Erfüllungswirkung im Deckungs- und Valutaverhältnis durch Konkursanfechtung beseitigt werden kann.

[28] *Enneccerus-Lehmann*, Schuldrecht, 15. Bearb., § 221 III 1 b.
Larenz, Schuldrecht II, 7. Aufl., § 62 II b.

[29] *Fikentscher*, Schuldrecht, § 99 II 1 b ß.
v. Caemmerer, JZ 1962, 385.
Staudinger-Seufert, BGB, 11. Aufl., § 812 Rdn. 8 a.

[30] *Erman-Seiler*, BGB, 4. Aufl., § 812 Anm. 4 c α.

[31] *Stampe*, AcP 107 (1911), 274 (283).
Ulmer, AcP 126 (1926), 129 (143).
Gottschalk, JherJb 78 (1927/28) 290 (291 f.).

[32] *Soergel-Siebert-Mühl*, BGB, 9. Aufl. § 812 Rdn. 25, 53.

[33] *Fikentscher*, Schuldrecht, § 99 II 1 b β.

[34] *Esser*, Schuldrecht, 2. Aufl., § 190, 2.

II. Abgrenzungskriterien und Beschreibungen von Dreiecksverhältnissen

Ähnlich vielfältig wie die Bezeichnungen für Dreiecksverhältnisse sind auch die Abgrenzungskriterien, die zu ihrer Charakterisierung einzeln oder in wechselnden Kombinationen herangezogen werden. Neben sehr pauschalen Beschreibungen finden sich stark differenzierende Unterscheidungen.

1. Einheitlichkeit des Bereicherungsvorganges

Die am weitesten verbreitete Beschreibung der Dreiecksverhältnisse wurde bereits eingangs bei der Erwähnung der fünf Gruppen von Bereicherungsfällen angedeutet. Sie stellt darauf ab, daß drei Personen an einer einzigen Vermögensverschiebung beteiligt sind. Positiv gesagt, soll es sich bei den Dreiecksverhältnissen um Fälle handeln, bei denen trotz der Vermittlung durch einen Dritten ein einheitlicher Vorgang auf der einen Seite einen Gewinn und auf der anderen einen Verlust bewirkt[35], oder bei denen eine Vermögensbewegung sich gleichsam durch das Vermögen eines Dritten hindurch, aber eben durch einen einzigen Akt vollzieht[36]. Negativ ausgedrückt soll bei Dreiecksverhältnissen der Übergang eines Wertes zwar auf dem Umweg über das Vermögen eines Dritten, aber nicht durch ein selbständiges Rechtsgeschäft zwischen dem Bereicherten und dem Dritten erfolgen[37].

Diese Beschreibung ist deswegen so verbreitet, weil sie es ermöglicht, die Dreiecksverhältnisse von den sogenannten Bereicherungsketten[38] mit drei Beteiligten, der vierten der eingangs erwähnten Gruppen von Bereicherungsfällen, zu unterscheiden. Auf diese Unterscheidung kommt es an, weil die Frage nach den Parteien etwaiger Kondiktionen, die bei Dreiecksverhältnissen im

---

[35] BGH Urt. v. 29. 5. 1952 — IV ZR 167/51 = NJW 1952, 1171 = LM § 313 BGB Nr. 1.
BGB-RGRK, 11. Aufl., § 812 Anm. 34.
Palandt-Gramm, BGB, 26. Aufl., § 812 Anm. 4Ba.
Enneccerus-Lehmann, Schuldrecht, 15. Bearb., § 221 III.
Jakobs, Eingriffserwerb, 159.

[36] *Larenz*, Schuldrecht II, 7. Aufl., § 62 II b.

[37] RG Urt. v. 23. 3. 1910 — Rep. V 277/09 = RGZ 73, 173.
Enneccerus-Lehmann, Schuldrecht, 15. Bearb., § 221 III 2.

[38] Zu diesem Ausdruck vergleiche:
v. Caemmerer, JZ 1962, 385 (388).
Fikentscher, Schuldrecht, § 99 II 1 b.
Vgl. die Fälle des § 822 BGB und die Fälle mittelbarer Stellvertretung (Kommissionsverhältnisse). Der BGH verwendet den Begriff „Bereicherungskette" allerdings auch bei den sogenannten Doppelmangelfällen (siehe unten Abschnitt E 3a), bei denen nur ein einziger Bereicherungsvorgang vorliegt (BGH Urt. v. 29. 5. 1967 — VII ZR 66/65 = MDR 1967, 754 = WPM 1967, 686 = DB 1967, 1363 = BB 1967, 857).

Vordergrund des Interesses steht, bei Bereicherungsketten gar nicht auftaucht. Bei diesen hat der ursprünglich Entreicherte nach deutschem Recht[39] keinen Bereicherungsanspruch gegen den letztlich Bereicherten, weil die Bereicherung nicht „unmittelbar" erfolgt ist. Eine Ausnahme macht lediglich § 822 BGB für Bereicherungsketten, bei denen der ursprüngliche Empfänger das Erlangte unentgeltlich weitergegeben hat.

Wenn die Formel von der „Einheitlichkeit des Gewinn und Verlust begründenden Vorganges" auch für die Unterscheidung von Dreiecksverhältnissen und Bereicherungsketten von Bedeutung ist, so sagt sie im übrigen doch wenig über das Wesen der Dreiecksverhältnisse aus.

2. *Leistung auf Grund von Rechtsbeziehungen zu einem Dritten*

Nach einer anderen Ansicht kommt „schuldrechtlichen Beziehungen der Beteiligten" ausschlaggebende Bedeutung für die Entstehung von Dreiecksverhältnissen zu[40]. Nach ihr liegt ein Dreiecksverhältnis vor, wenn eine Leistung nach dem Willen der Beteiligten ihren Rechtsgrund nicht in einem unmittelbar zwischen Leistendem und Leistungsempfänger bestehenden Rechtsverhältnis finden soll[41]. Mit anderen Worten sind nach dieser Ansicht Dreiecksverhältnisse dadurch gekennzeichnet, daß der Rechtsgrund einer Leistung in Beziehungen des Leistenden oder des Leistungsempfängers zu einem Dritten liegt.

Berg[42] scheint diese Auffassung für unrichtig zu halten. Nach seiner Ansicht muß klar zwischen Vermögensverschiebung und Rechtsgrund unterschieden werden. Nur die Beteiligung von drei Personen an einer Vermögensverschiebung ist nach *Berg* für die Entstehung eines Dreiecksverhältnisses wesentlich. Schuldrechtliche Beziehungen sollen nur für die Frage bedeutsam sein, ob eine Leistung mit oder ohne Rechtsgrund erfolgt ist.

Die Auffassung von *Berg* läßt sich nicht, wie dieser glaubt, mit der Rechtsprechung des Reichsgerichts und des Bundesgerichtshofs begründen. Beide

---

[39] Hat X eine Sache rechtsgrundlos an den Kommissionär übereignet und hat dieser das Eigentum weiter an den Komittenten Z übertragen, so kann X sich nicht an Z halten (*Palandt-Gramm*, BGB, 26. Aufl., § 812 Anm. 4B b). Anders die gemeinrechtliche actio de in rem verso und das amerikanische Recht (vgl. *Dawson*, Unjust Enrichment, Kapitel II und III; *Brandi*, Bereicherung, 59 (und passim); *Hülsmann*, Dreiecksverhältnisse, 27; *König*, Bereicherungsanspruch gegen Drittempfänger, 109ff.).

[40] BGH Urt. v. 7. 5. 1962 — VII ZR 261/60 = BB 1962, 691
Enneccerus-Lehmann, Schuldrecht, 15. Bearb., § 221 III 1b.
Staudinger-Seufert, BGB, 11. Aufl., § 812 Rdn. 8c.

[41] BGH Urt. v. 24. 3. 1960 — VII ZR 61/59 = BB 1961, 1295 = JZ 1962, 404 dazu *v. Caemmerer* ebenda, S. 385.

[42] *Berg*, NJW 1962, 101 (102).
Berg, AcP 160 (1961), 505 (510).

Gerichte haben zwar gelegentlich ausgesprochen, auf Beziehungen zu einem Dritten komme es nicht an. Diese Aussprüche bezogen sich aber nicht auf die Entstehung von Dreiecksverhältnissen. Das Reichsgericht[43] wollte nur sagen, es komme im Rahmen eines Dreiecksverhältnisses nicht darauf an, ob eine Schuld eines Beteiligten getilgt oder ein Guthaben begründet werde. Damit sollte aber keineswegs gesagt werden, auch das Fehlen jeder schuldrechtlichen Beziehung spiele keine Rolle. Wenn der Bundesgerichtshof[44] ausgeführt hat, Beziehungen zu einem Dritten seien unerheblich, so bezog sich das auf einen etwaigen Wegfall einer Bereicherung und damit auf den Umfang eines Bereicherungsanspruchs, nicht aber auf das Entstehen eines Dreiecksverhältnisses.

Wie sich im folgenden zeigen wird, sind die schuldrechtlichen Beziehungen zwischen drei Beteiligten tatsächlich von entscheidender Bedeutung für die Entstehung von Dreiecksverhältnissen. Eine Beschreibung, die sich in dieser Feststellung erschöpft, ist aber wegen ihrer Allgemeinheit nur von geringem praktischen Nutzen.

3. *Fehlen wirtschaftlichen Eigeninteresses bei dem Dritten*

Auf einen Gesichtspunkt, der sich bei einer mehr wirtschaftlichen Betrachtungsweise ergibt, weist *Fikentscher*[45] hin. Er führt aus, daß bei einer bestimmten Art von Dreiecksverhältnissen, die er „indirekte Leistungen" nennt, das Vermögen eines Dritten nur rechnerisch, nicht wirtschaftlich mit der Bereicherung befaßt wird. Der Dritte ist demnach in diesen Fällen nur eine durch fehlendes wirtschaftliches Eigeninteresse am Leistungsverhältnis gekennzeichnete Vermittlungsstelle.

Nach *Fikentscher* ist insbesondere bei Anweisungen der Angewiesene eine solche „Vermittlungsstelle" für die an den Empfänger erbrachte Leistung. In Fortführung dieses Gedankens kann man mit demselben Recht den Anweisungsempfänger als „Vermittlungsstelle" für eine von dem Angewiesenen an den Anweisenden erbrachte Leistung ansehen, denn an dieser Leistung ist der Anweisungsempfänger wirtschaftlich nicht interessiert.

4. *Gleichzeitiges Auftreten mehrerer Vermögensbewegungen*

Wenn soeben von zwei Leistungen bei Anweisungen die Rede war, so wurde damit bereits eine Betrachtungsweise angedeutet, die darauf abzielt, das Wesen der Dreiecksverhältnisse eingehender zu ergründen.

---

[43] RG Urt. v. 12. 3. 1920 — II 398/19 = RGZ 98, 237.

[44] BGH Urt. v. 7. 5. 1953 — IV ZR 183/52 = BGHZ 9, 333 = NJW 53, 1020. BGH Urt. v. 3. 6. 1954 — IV ZR 218/53 = BGHZ 14, 7 = NJW 1954, 1194.

[45] *Fikentscher*, Schuldrecht, § 99 II 1 b β; kritisch dazu *Raisch*, BB 1965, 795 (796 1. Sp.).

Unstreitig[46] läßt sich nämlich der „einheitliche Bereicherungsvorgang" bei Dreiecksverhältnissen in zwei oder auch drei gleichzeitig stattfindende Vermögensbewegungen aufgliedern. Falls zum Beispiel jemand auf Grund einer Anweisung seines Gläubigers an einen Dritten leistet, tritt zu der äußerlich in Erscheinung tretenden Vermögensverschiebung zwischen dem Angewiesenen und dem Leistungsempfänger eine mittelbare Zuwendung des Anweisenden an den Leistungsempfänger und eine weitere mittelbare Zuwendung des Angewiesenen an den Anweisenden. Diese Analyse der bei einer Anweisung auftretenden Vorgänge läßt sich nach *v. Lübtow*[47] bis auf das klassische römische Recht zurückverfolgen.

Etwas abweichende Vorgänge finden nach Ansicht von *Esser* bei einer von ihm als „Leistungen eines Dritten auf fremde Schuld"[48] bezeichneten Fallgruppe statt. *Esser* meint, hier sei zwischen zwei Unterfällen zu unterscheiden. Bei Leistungen eines Dritten auf fremde Schuld „ohne Ablösungsrecht" (§ 267 BGB) soll lediglich eine unmittelbare Zuwendung an den Gläubiger und eine mittelbare Zuwendung an den Schuldner erfolgen. Bei Leistungen eines Dritten auf fremde Schuld „auf Grund eines Ablösungsrechtes" (§§ 286, 1142 usw. BGB) soll wegen des angeordneten Forderungsüberganges nur eine einzige Zuwendung, nämlich an den Gläubiger, vorliegen.

An der Richtigkeit der Erkenntnis, daß in Dreiecksverhältnissen gleichzeitig mehrere Vermögensbewegungen stattfinden, ist nicht zu zweifeln. Die von *Esser* vorgenommene Differenzierung erleichtert das Verständnis der Dreiecksverhältnisse kaum. Sie wäre nur dann angebracht, wenn ein grundlegender Unterschied zwischen den „Leistungen auf fremde Schuld" und anderen Dreiecksverhältnissen bestünde. Wie sich im Verlauf der weiteren Untersuchungen noch herausstellen wird, ist das aber nicht der Fall.

5. *„Tilgung fremder Schulden" und „Leistungen durch mittelbare Zuwendungen"*

Auf der Erkenntnis, daß bei Dreiecksverhältnissen gleichzeitig mehrere Vermögensbewegungen stattfinden, bauen Unterscheidungen von verschiedenen Arten von Dreiecksverhältnissen auf, die fast Definitionen gleichkommen.

Einige Autoren[49] unterscheiden zwei große Gruppen: Die Fälle der „Tilgung fremder Schulden", die mit den soeben erwähnten Fällen, welche *Esser*

---

[46] *v. Tuhr*, Allg. Teil des BGB, § 71 I 4.
Enneccerus-Lehmann, Schuldrecht, 15. Bearb., § 221 III 1 b.
Larenz, Schuldrecht II, 7. Aufl., § 62 II b.

[47] *v. Lübtow*, Beiträge zur Lehre, 31 (Anm. 45).

[48] *Esser*, Schuldrecht, 2. Aufl., § 190, 2.

[49] *Soergel-Siebert-Mühl*, BGB, 9. Aufl., § 812 Rdn. 53.
Esser, Schuldrecht, 2. Aufl., § 190, 2 und 3.
Hülsmann, Dreiecksverhältnissse, 92.
ähnlich *Fikentscher*, Schuldrecht, § 99 II 1 b β.

„Leistungen eines Dritten auf fremde Schuld" nennt, identisch sind, einerseits und die Fälle der „Leistungen durch mittelbare Zuwendung" andererseits.

Eine „Tilgung fremder Schulden" soll vorliegen, wenn ein Dritter ohne eigene Verpflichtung einem Leistungsempfänger etwas mit der Erklärung zuwendet, er wolle eine fremde Schuld tilgen[50].

Als Fälle der „Leistung durch mittelbare Zuwendung" werden vor allem die Anweisungsfälle bezeichnet[51]. Diese Fälle werden im Schrifttum zum Teil[52] nochmals in „mittelbare Zuwendungen durch Leistung eines Dritten" und „mittelbare Zuwendungen durch Leistung an einen Dritten" unterteilt. Die Autoren, die für diese nochmalige Unterteilung eintreten, erwähnen die Fälle der „Tilgung fremder Schulden" nicht als besondere Fallgruppe. Es bleibt offen, ob die „Tilgung fremder Schulden" ihrer Ansicht nach einen Unterfall der „Leistung durch mittelbare Zuwendung" darstellt.

Esser[53] hält eine nochmalige Unterteilung der „Leistungen durch mittelbare Zuwendung" für überflüssig. Er meint, es handle sich bei den beiden Unterfällen nur um eingebürgerte Bezeichnungen für ein und denselben Vorgang, der einmal aus der Perspektive des Empfängers und dann aus der Perspektive des die Zuwendung an den Empfänger vollziehenden gesehen werde. In der Tat kann man bei jeder Leistung auf Grund einer Anweisung sowohl von einer Leistung eines Dritten (des Angewiesenen) als auch von einer Leistung an einen Dritten (den Empfänger der Zuwendung) sprechen. Aber auch die Unterscheidung zwischen den beiden großen Fallgruppen „Tilgung fremder Schulden" und „Leistung durch mittelbare Zuwendung" ist nicht unangreifbar, da man sich durchaus auf den Standpunkt stellen kann, daß auch bei „Tilgung fremder Schulden" eine „mittelbare Zuwendung" des Dritten an den Schuldner vorliegt.

6. *Zusammenfassung*

Nicht immer scharf voneinander getrennt finden sich demnach in der Literatur fünf verschiedene Abgrenzungskriterien und Beschreibungen der Dreiecksverhältnisse. Es wird auf die „Einheitlichkeit des Gewinn und Verlust verursachenden Vorgangs", auf „schuldrechtliche Beziehungen der Beteiligten" und auf das „fehlende wirtschaftliche Interesse" eines der Beteiligten abgestellt. Ferner wird dargelegt, daß nicht nur eine, sondern gleichzeitig „mehrere Vermögensbewegungen" stattfinden und daß zwischen verschiedenen Arten

---

[50] *Esser*, Schuldrecht, 2. Aufl., § 190, 2.

[51] *Larenz*, Schuldrecht II, 7. Aufl., § 62 II b.
Esser, Schuldrecht, 2. Aufl., § 190, 3.

[52] *Staudinger-Seufert*, BGB, 11. Aufl., § 812 Rdn. 8c.
Larenz, Schuldrecht II, 7. Aufl., § 62 II b.

[53] *Esser*, Schuldrecht, 2. Aufl., § 190, 3.
so wohl auch *Soergel-Siebert-Mühl*, BGB, 9. Aufl., § 812 Rdn. 57.

von Dreiecksverhältnissen zu unterscheiden sei. Alle diese Abgrenzungskriterien und Beschreibungen geben Eigenarten der hier behandelten Fälle zutreffend wieder, ohne aber völlig zu befriedigen. Gerade in Zweifelsfällen bleibt bei Anlegung dieser Maßstäbe unklar, ob ein Dreiecksverhältnis vorliegt oder nicht und wem demzufolge ein Bereicherungsanspruch gegen wen zusteht.

III. Sonderformen der Schulderfüllung als Ausgangspunkt für eine Definition

Um eine brauchbare Definition zu erhalten, empfiehlt es sich, die Voraussetzungen, unter denen Dreiecksverhältnisse im Sinne der soeben dargestellten Abgrenzungskriterien und Beschreibungen entstehen, möglichst eindeutig zu umschreiben.

1. Zwei Sonderformen der Schulderfüllung

Einen Hinweis auf einen geeigneten Ausgangspunkt für Überlegungen in dieser Richtung gibt die im Schrifttum vertretene Ansicht, nach der zwischen Leistungen durch mittelbare Zuwendungen „durch einen Dritten" und „an einen Dritten" zu unterscheiden ist[54]. Von Leistungen „durch einen Dritten" und von Leistungen „an einen Dritten" wird nicht nur im Bereicherungsrecht im Zusammenhang mit Dreiecksverhältnissen, sondern auch und vor allem im Recht der Schulderfüllung (§§ 362ff. BGB) gesprochen.

Dort werden diese Begriffe zur Bezeichnung von zwei Sonderformen der Schulderfüllung verwandt. Während bei der Erfüllung von Schuldverhältnissen in der Regel nur zwei Personen, ein Gläubiger und ein Schuldner, beteiligt sind, sind diese beiden Sonderformen durch die Beteiligung eines Dritten gekennzeichnet. Von einer „Leistung durch einen Dritten" (vgl. § 267 BGB) spricht man, wenn ein Schuldner die geschuldete Leistung nicht persönlich erbringt[55]. Das ist in vielen Fällen, vor allem bei Sachleistungs- und Geldschulden, möglich. Eine „Leistung an einen Dritten" (§ 362 Abs. 2 BGB) liegt vor, wenn ein Schuldner mit befreiender Wirkung an einen anderen als seinen Gläubiger zahlt[56], was immer mit, unter Umständen[57] aber auch ohne Zustimmung des Gläubigers möglich ist.

---

[54] *Staudinger-Seufert*, BGB, 11. Aufl., § 812 Rdn. 8c.
Larenz, Schuldrecht II, 7. Aufl., § 62 II b.
[55] *Enneccerus-Lehmann*, Schuldrecht, 15. Bearb., § 22 II.
Larenz, Schuldrecht I, 8. Aufl., § 17 II.
Esser, Schuldrecht, 2. Aufl., § 37, 2.
[56] *Enneccerus-Lehmann*, Schuldrecht, 15. Bearb., § 61.
Esser, Schuldrecht, 2. Aufl., § 70, 6 b.
Larenz, Schuldrecht I, 8. Aufl., § 26 II.
[57] Vgl. §§ 370, 407 usw. BGB.

Untersucht man die allgemein als Dreiecksverhältnisse anerkannten Fälle, so zeigt sich, daß bei ihnen in der Regel eine der beiden Sonderformen der Schulderfüllung vorliegt. Oft finden sich sogar beide zugleich. Zum Beispiel liegt bei der „Tilgung fremder Schulden" immer eine Schulderfüllung „durch einen Dritten" vor. Bei Anweisungen erlischt eine Schuld des Angewiesenen durch „Leistung an einen Dritten" und gleichzeitig führt eine „Leistung durch einen Dritten" zum Erlöschen einer Schuld des Anweisenden.

2. Zwei Arten von Dreiecksverhältnissen

Angesichts des soeben geschilderten Zusammenhanges liegt folgender Gedankengang nahe: Wenn bei Dreiecksverhältnissen in der Regel die Sonderformen der Schulderfüllung vorliegen, kann man möglicherweise auch umgekehrt sagen, daß es bei Vorliegen einer der beiden Sonderformen der Schulderfüllung zur Entstehung eines Dreiecksverhältnisses kommt. Wäre damit ganz allgemein Klarheit über die Entstehung der Dreiecksverhältnisse gewonnen, so ließe sich definieren, daß Dreiecksverhältnisse immer dann vorliegen, wenn ein Dritter an der Erfüllung eines Schuldverhältnisses beteiligt ist.

Eine solche Definition wäre sehr praktikabel, da sich fast immer ohne Schwierigkeiten feststellen läßt, wann ein Dritter an der Erfüllung eines Schuldverhältnisses beteiligt ist. Ihre Richtigkeit ist aber aus zwei Gründen nicht unzweifelhaft. Die Definition könnte zu weit gefaßt sein, wenn nicht bei jeder Beteiligung eines Dritten an der Erfüllung eines Schuldverhältnisses ein Dreiecksverhältnis entsteht. Sie könnte aber auch zu eng gefaßt sein, wenn Dreiecksverhältnisse entstehen, ohne daß einer der beiden Sonderfälle der Schulderfüllung vorliegt. Im folgenden soll untersucht werden, ob diese Bedenken begründet sind, und wie, falls das bejaht wird, diese Bedenken bei der Definition des Begriffs Dreiecksverhältnis zu berückichtigen sind.

Zunächst ist demnach zu prüfen, ob es tatsächlich bei der Beteiligung eines Dritten an der Erfüllung eines Schuldverhältnisses immer zur Entstehung eines Dreiecksverhältnisses kommt. Dabei erscheint es zweckmäßig, zur Prüfung der Frage, ob ein Dreiecksverhältnis vorliegt, mangels einer besseren Definition auf die Theorie von der „Einheitlichkeit des Gewinn und Verlust begründeten Vorganges" zurückzugreifen. Um festzustellen, ob die oben vorgeschlagene Definition nicht zu eng ist, soll dann gefragt werden, ob es nicht Fälle gibt, die aus bereicherungsrechtlicher Sicht den beiden Sonderfällen der Schulderfüllung gleichen.

a) Befriedigung eines Gläubigers (im Valutaverhältnis) auf Kosten eines Dritten

Bei „Schulderfüllung durch Leistung eines Dritten" (vgl. § 267 BGB) kommt es zu folgender Vermögensverschiebung: Das Vermögen des Dritten B verringert sich um den Wert der an den Gläubiger C erbrachten Leistung. C erhält den Wert dieser Leistung, verliert aber seine Forderung gegen den Schuldner A. Dieser wiederum wird von seiner Schuld befreit. Ein einheitlicher Vorgang verursacht also einen Gewinn bei A und einen Verlust bei B. Diese Vermögensbewegung vollzieht sich durch das Vermögen des C hindurch. Somit liegt ein Dreiecksverhältnis vor. In Anlehnung an eine bei den Anweisungen (§§ 783ff. BGB) übliche Terminologie nennt man im Bereicherungsrecht eine Forderung, die durch Leistung eines Dritten erfüllt wird, „Valuta-“ oder „Zuwendungsverhältnis“. Da eine „Schulderfüllung durch Leistung eines Dritten“ ohne eine einheitliche Vermögensverschiebung der soeben beschriebenen Art nicht vorstellbar ist, könnte man also, ohne den Rahmen zu weit zu spannen, definieren: „Bei einer Schulderfüllung (im Valutaverhältnis) durch Leistung eines Dritten entsteht ein Dreiecksverhältnis“.

Prüft man, ob diese Formulierung nicht zu eng ist, so zeigt sich, daß es zwei Gruppen von Fällen gibt, in denen eine ganz ähnliche Vermögensverschiebung stattfindet, obwohl es bei der einen an einer „Schulderfüllung“ und bei der anderen an einer „Leistung“ eines Dritten fehlt.

Zunächst ist darauf hinzuweisen, daß Dreiecksverhältnisse der hier besprochenen Art auch ohne „Schulderfüllung (im Valutaverhältnis)“ entstehen können.

Verhältnismäßig häufig (vgl. § 255 BGB, § 90 BSHG, §§ 268, 774 Abs. 1, 426 Abs. 2 BGB usw.) haben Leistungen Dritter auf fremde Schuld nicht deren Erlöschen, sondern einen Forderungsübergang auf den Leistenden zur Folge. Auch in diesen Fällen führt ein Vorgang, die Leistung des Dritten B an den Gläubiger C, zu einer einheitlichen Vermögensverschiebung zwischen den drei Beteiligten. Die Vermögensverschiebung gleicht der soeben für die „Schulderfüllung durch Leistung eines Dritten“ geschilderten. Das Nichterlöschen der Schuld ändert im Grunde genommen zunächst nichts am Ergebnis der Vermögensverschiebung. Es erleichtert lediglich später dem Dritten B das Geltendmachen eines Ausgleichsanspruchs gegen den Schuldner A[58]. Auch in diesen Fällen liegt also ein Dreiecksverhältnis vor[59]. Den hier besprochenen Fällen und den Fällen, in denen die fremde Schuld erlischt, ist gemeinsam, daß es zu einer Befriedigung des Gläubigers C kommt. Um die beiden verwandten Fallgruppen zu erfassen, spricht man daher besser von der Entstehung eines Dreiecksverhältnisses nicht bei „Schulderfüllung (im Valutaverhältnis)“, sondern bei „Befriedigung eines Gläubigers (im Valutaverhältnis)“ durch Leistung eines Dritten.

Wie gesagt kann es aber auch an einer „Leistung“ eines Dritten fehlen. Das zeigen zunächst die Fälle gutgläubigen Erwerbs bei Verfügung eines Nicht-

---

[58] Vgl. *v. Caemmerer*, Festschrift für Rabel I, 333 (360—363).

[59] *Esser*, Schuldrecht, 2. Aufl., § 190, 2.

berechtigten (§§ 816 Abs. 1, 932 BGB). Bei Verfügungen eines Nichtberechtigten A verliert der Berechtigte B sein Recht an einen gutgläubigen Erwerber C. Dieser erwirbt das Recht, zugleich wird aber ein ihm als Gläubiger gegen den Nichtberechtigten A gleichsam in einem Valutaverhältnis zustehender Anspruch auf Übertragung des Rechts befriedigt[60]. A wird von seiner Schuld gegenüber C befreit. Auch in diesen Fällen liegt also eine Vermögensverschiebung vor, die derjenigen weitgehend gleicht, die bei „Schulderfüllung durch Leistung eines Dritten" eintritt.

Auch hier entsteht ein Dreiecksverhältnis von derselben Art.

Eine „Leistung" des B fehlt auch bei Rechtsverlusten eines Rechtsinhabers B an einen Erwerber C, die infolge von Handlungen eines weiteren Beteiligten A durch Verbindung, Vermischung, Verarbeitung (§§ 946ff. BGB) oder Ersitzung (§§ 937ff. BGB) oder Verbrauch eintreten.

Den Fällen der Schulderfüllung durch Leistung eines Dritten sowie den Fällen, in denen die Leistung eines Dritten zu einem Forderungsübergang führt und den zuletzt erwähnten Fällen ist gemeinsam, daß die Befriedigung eines Gläubigers C wirtschaftlich zu Lasten oder „auf Kosten" eines Dritten B erfolgt. Alle diese Fälle lassen sich daher zusammenfassen, wenn man nicht von einer Entstehung von Dreiecksverhältnissen durch „Leistung", sondern von einer solchen „auf Kosten" eines Dritten spricht.

Mit einer nicht zu weiten, aber auch nicht zu engen Formulierung läßt sich demnach sagen: Bei „Befriedigung eines Gläubigers (im Valutaverhältnis) auf Kosten eines Dritten" entsteht ein Dreiecksverhältnis.

b) Schulderfüllung (im Deckungsverhältnis) bei Erwerb der Erfüllungsleistung durch einen Dritten

Die zweite Möglichkeit einer Beteiligung eines Dritten an der Erfüllung eines Schuldverhältnisses ist „Schulderfüllung durch Leistung an einen Dritten" (§ 362 Abs. 2 BGB). Wenn ein Schuldner B an einen Dritten C und nicht an seinen Gläubiger A leistet und seine Schuld dennoch erlischt, ergibt sich folgende Vermögensverschiebung: A verliert seine Forderung gegen B. B verliert den Wert seiner Leistung und wird zugleich von seiner Verpflichtung A gegenüber frei. C erhält den Wert der Leistung. Hier verursacht demnach ein einheitlicher Vorgang einen Gewinn bei C und einen Verlust bei A. Es vollzieht sich eine Vermögensverschiebung durch das Vermögen des B. Auch hier entsteht somit ein Dreiecksverhältnis, das sich aber durch die Art der Vermögensbewegung, die zu seiner Entstehung führt, deutlich von dem bei „Befriedigung eines Gläubigers (im Valutaverhältnis) auf Kosten eines Dritten" an-

---

[60] *Barnstedt*, Das Merkmal, 29.

zutreffenden unterscheidet. Eine Forderung, die in der hier erwähnten Art durch Leistung an einen Dritten erfüllt wird, bezeichnet man im Anweisungs- und Bereicherungsrecht als „Deckungsverhältnis“. Da keine begründeten Zweifel daran bestehen, daß es bei Schulderfüllung durch Leistung an einen Dritten ausnahmslos zur Entstehung dieser zweiten Art von Dreiecksverhältnissen kommt, könnte man definieren: „Bei Schulderfüllung (im Deckungsverhältnis) durch Leistung an einen Dritten entsteht ein Dreiecksverhältnis einer zweiten Art.“

Überprüft man diese Formulierung darauf hin, ob sie alle gleichartigen Vermögensverschiebungen erfaßt, so stößt man auf die Fälle wirksamer Leistungen an einen Nichtberechtigten (§ 816 Abs. 2 BGB). Es zeigt sich, daß die Fälle des § 816 Abs. 2 BGB im Gegensatz zu denen des § 816 Abs. 1 BGB, die soeben der ersten Art von Dreiecksverhältnissen zugeordnet wurden, nach der hier in Erwägung gezogenen Definition zu der zweiten Art von Dreiecksverhältnissen gehören, da bei ihnen eine Schulderfüllung durch Leistung an einen Dritten vorliegt.

Auch die Definition für die zweite Art von Dreiecksverhältnissen ist aber zu eng, solange sie sich nur auf „Leistungen an einen Dritten“ erstreckt. Vermögensverschiebungen, die den bei Schulderfüllung durch Leistung an einen Dritten eintretenden völlig gleichen, ergeben sich nämlich unter Umständen auch im Zusammenhang mit auf andere Weise eintretenden Rechtsverlusten eines Schuldners. Vor allem ist es nicht ausgeschlossen, daß es infolge von Handlungen eines Gläubigers A, durch Verbindung, Vermischung, Verarbeitung (§§ 946ff. BGB) oder durch Ersitzung (§§ 937ff. BGB) oder durch Verbrauch zu einem Rechtsübergang von einem Schuldner B auf einen Dritten C kommt, auf Grund dessen die Forderung des Gläubigers A gegen den Schuldner B erlischt. Die Gleichartigkeit der Vermögensverschiebung zwingt zu der Annahme, daß auch in diesen Fällen ein Dreiecksverhältnis der zweiten Art entsteht. Eine Gemeinsamkeit dieser Fälle mit den Fällen der Schulderfüllung durch Leistung an einen Dritten (§ 362 Abs. 2 BGB) besteht darin, daß es immer zu einem „Erwerb der Erfüllungsleistung durch einen Dritten“ anstelle des Gläubigers kommt.

Ersetzt man die Worte „durch Leistung an einen Dritten“ dementsprechend durch die soeben gebrauchte Formulierung, so läßt sich sagen: „Bei Schulderfüllung (im Deckungsverhältnis) infolge Erwerbs der Erfüllungsleistung durch einen Dritten kommt es zur Entstehung eines Dreiecksverhältnisses einer zweiten Art.“

3. Zusammenfassung

Die vorstehenden Ausführungen dienten dazu, für eine Definition Klarheit über die Voraussetzungen zu schaffen, unter denen es zur Entstehung von Dreiecksverhältnissen kommt. Kurz gesagt hat sich gezeigt, daß bei den Dreiecksverhältnissen ein enger Zusammenhang zwischen dem Recht der Schulderfüllung und dem Recht der ungerechtfertigten Bereicherung besteht.

Diese Erkenntnis ist nicht völlig neu[61]. Ganz allgemein weist zum Beispiel *Krawielicki*[62] auf einen Zusammenhang zwischen Bereicherungs- und Erfüllungsrecht hin. Unausgesprochen liegt der Gedanke daran auch vielen Erörterungen über die besondere Problematik der Dreiecksverhältnisse zugrunde. Ausdrücklich wird von zahlreichen Autoren[63] in der durch die eingangs erwähnte „Idealheimentscheidung" des Bundesgerichtshofes[64] wiederaufgelebten Diskussion über die Fälle „Irrtümlicher Zahlung fremder Schulden" auf die Bedeutung der Frage der Schulderfüllung für etwaige Bereicherungsansprüche hingewiesen. Noch deutlicher betont wird der Zusammenhang zwischen Schulderfüllung und Bereicherungsansprüchen von den Autoren[65], welche die Dreiecksverhältnisse als Fälle der „Simultantilgung" bezeichnen. Vor allem aber weist *Barnstedt*[66] ausdrücklich auf den hier dargestellten Zusammenhang der beiden Rechtsgebiete hin. Das Gewicht, das er der Schulderfüllung für die Problematik der Dreiecksverhältnisse beimißt, darf als Bestätigung der Richtigkeit des Ausgangspunktes dieser Arbeit gewertet werden.

Soweit ersichtlich ist aber bisher nirgends mit derselben Entschiedenheit ausgesprochen worden, daß es immer und nur dann zur Entstehung von Dreiecksverhältnissen kommt, wenn ein Dritter an der Erfüllung eines Schuldverhältnisses beteiligt ist. Ebensowenig ist bisher die hier verfochtene Meinung vertreten worden, daß entsprechend den beiden Möglichkeiten der Beteiligung eines Dritten an der Erfüllung eines Schuldverhältnisses zwei hinsichtlich der bei ihnen stattfindenden Vermögensverschiebung grundverschiedene Arten von Dreiecksverhältnissen zu unterscheiden sind. Beide lassen sich, berücksichtigt man neben den Fällen der §§ 267 und 362 Abs. 2 BGB die ähnlich gelagerten

---

[61] *Eichele* (Irrtümliche Eigenleistung, 17) meint, der systematische Zusammenhang zwischen Bereicherungs- und Erfüllungsrecht finde in der neueren Dogmatik immer größere Beachtung.

[62] *Krawielicki*, Grundlagen, 79ff.

[63] *Bartels*, Indirekte und mittelbare Bereicherungsansprüche, 17.
Maier, AcP 152 (1952/3), 97 (104).
Scheyhing, AcP 157 (1958/9), 371 (376f.).
Thomä, JZ 1962, 623ff.
Zeiss, JZ 1963, 7 (8).
Molitor, Schuldrecht II, 5. Aufl., § 29 II 2
Hülsmann, Dreiecksverhältnisse, 13f., 98 (Fußnote 450).

[64] Oben Fußnote 14.

[65] *Stampe*, AcP 107 (1911), 274 (283ff.).
Ulmer, AcP 126 (1926), 129 (143).
Gottschalk, JherJb 78 (1927/8), 290 (291f.).

[66] *Barnstedt*, Das Merkmal, passim.
Vgl. ferner *v. d. Pfordten*, LZ 1919, 221ff.

Situationen, in denen es nicht zu einer „Schulderfüllung“ kommt oder in denen eine „Leistung“ fehlt, wie folgt definieren:

Ein Dreiecksverhältnis liegt vor:

1. wenn ein Gläubiger (im Valutaverhältnis) auf Kosten eines Dritten befriedigt wird und
2. wenn eine Schuld (im Deckungsverhältnis) bei Erwerb der Erfüllungsleistung durch einen Dritten erlischt.

C. BEI DREIECKSVERHÄLTNISSEN ANGEWANDTE RECHTSNORMEN UND THEORIEN

Um die Eigenarten der hier besprochenen Fälle zu verdeutlichen, wird in den folgenden Kapiteln eine Art von System der Dreiecksverhältnisse entworfen. Dabei soll von tatsächlichen Unterschieden verschiedener Sachverhalte ausgegangen werden. Eine Erkenntnis des systematischen Zusammenhangs der in den einzelnen Fällen angewandten Rechtsnormen und Theorien ist bei diesem Vorgehen stark erschwert oder unmöglich.

Um diesem Mangel abzuhelfen, wird hier zunächst als Wegweiser durch den Irrgarten des Rechts der Dreiecksverhältnisse, getrennt für das deutsche und das amerikanische Recht, ein Überblick über die Rechtssätze gegeben, die für Dreiecksverhältnisse von Bedeutung sind.

I. Deutsches Recht

Der Überblick über die einschlägigen Normen des deutschen Rechts läßt erstmals ahnen, was für eine bunte Fülle von Sachverhalten als Dreiecksverhältnis im Sinne der soeben erarbeiteten Definition anzusehen ist. Vor allem aber wird er dartun, was für eine Vielzahl von Normen aus den verschiedensten Rechtsgebieten Ansprüche in Dreiecksverhältnissen gewährt. Dabei wird auch bereits deutlich, was für eine Vereinfachung der anschließend in dieser Untersuchung gemachte Vorschlag mit sich bringt, wonach grundsätzlich nur zwei kurze Regeln über die Ausgleichsansprüche in Dreiecksverhältnissen entscheiden sollen.

Soweit die für Dreiecksverhältnisse bedeutsamen Rechtssätze gesetzlich normiert sind, erscheint es nicht erforderlich, hier näher auf sie einzugehen. Ausführlich sollen bei dieser Gelegenheit nur einige bereicherungsrechtliche Sondertheorien für Dreiecksverhältnisse dargelegt werden.

1. Bereicherungsrechtliche Vorschriften und Theorien

Die Regeln für den Bereicherungsausgleich in Dreiecksverhältnissen werden, wenn auch nicht ausschließlich, so doch in erster Linie dem Bereicherungsrecht (§§ 812ff. BGB) entnommen.

Wie bereits kurz angedeutet, trifft dieses in § 816 BGB nach der hier vertretenen Ansicht eine ausdrückliche Regelung für einige Dreiecksverhältnisse.

Die drei in § 816 Abs. 1 Satz 1 und 2 sowie Abs. 2 BGB enthaltenen Rechtssätze betreffen Dreiecksverhältnisse, die infolge gesetzlich vorgesehenen Gutglaubensschutzes entstehen.

In zahlreichen anderen Fällen wird § 812 BGB angewandt.

Weiter scheint auf den ersten Blick § 951 BGB wegen der Bedeutung der Einbaufälle für den Bereicherungsausgleich in Dreiecksverhältnissen eine große Rolle zu spielen. Die Vorschrift ist jedoch in Wahrheit für die Voraussetzungen von Bereicherungsansprüchen in Dreiecksverhältnissen ohne besondere Bedeutung, da sie nach jetzt herrschender Auffassung[67] keine eigene Anspruchsgrundlage darstellt, sondern nur auf die §§ 812ff. BGB verweist[68].

Bedauerlicherweise stößt die Anwendung von § 812 BGB wegen seiner generalklauselartigen Weite auf Schwierigkeiten. Das hat Anlaß zu umfangreichen dogmatischen Bemühungen um eine Konkretisierung der Tatbestandsmerkmale der Bereicherungsansprüche gegeben. Ein Nebenprodukt dieser Bemühungen sind drei „Sonderregeln für Dreiecksverhältnisse", die zusammen mit einer vierten „Faustregel der Praxis" zu § 812 BGB im folgenden dargestellt werden sollen. Die drei Sonderregeln sind im Zusammenhang mit drei Theorien über das Bereicherungsrecht zu sehen, die sich durch verschiedene Antworten auf die Frage unterscheiden, auf wieviele Ansprüche das Bereicherungsrecht zurückzuführen ist.

Nach einer ersten Auffassung, die hier als „ältere Bereicherungslehre" bezeichnet werden soll, läßt sich das ganze Bereicherungsrecht auf einen einheitlichen Bereicherungsanspruch zurückführen. Diese Lehre war im Schrifttum bis zu Beginn der dreißiger Jahre herrschend[69]. Die Rechtsprechung hat bis in die jüngste Zeit hinein an ihr festgehalten[70].

---

[67] BGH Urt. v. 31. 10. 1963 — VII ZR 285/61 = BGHZ 40, 272 (276) = LM § 951 BGB Nr. 18 = NJW 1964, 399 = MDR 1964, 224 = BB 1964, 58.
BGH Urt. v. 29. 1. 1964 — V ZR 185/61 = MDR 1964, 586 (587).
Palandt-Hoche, BGB, 26. Aufl., § 951 Anm. 1.
Hülsmann, Dreiecksverhältnisse, 36f.
Baur-Wolf, JuS 1966, 393 (r. Sp.) mit zahlreichen Nachweisen.
a.A. *Imlau*, NJW 1964, 1999f.
kritisch auch *Sturm* JZ 1956, 361f.

[68] Lediglich für die Rechtsfolgen von ungerechtfertigten Bereicherungen, die auf Verbindung, Vermischung oder Verarbeitung zurückgehen, enthält § 951 BGB eine besondere Regelung. Es kann nur Wertersatz in Geld verlangt werden.

[69] *v. Mayr*, Bereicherungsanspruch, 35ff. (41), 110ff.
Heck, Schuldrecht, § 141.
Hedemann, Schuldrecht, 3. Aufl., § 61 IV f.
Titze, Schuldrecht, 4. Aufl., § 51, 1.
Krawielicki, Grundlagen, 1ff.

[70] BGH Urt. v. 5. 10. 1961 — VII ZR 207/60 = BGHZ 36, 30ff. = NJW 1961, 2251 = MDR 62, 46 = JZ 1962, 280.
BGH Urt. v. 21. 12. 1961 — III ZR 130/60 = BGHZ 36, 232.

Immer weiter abgelöst wird die „ältere Bereicherungslehre“ von der „Lehre von Leistungs- und Eingriffskondiktion“. Nach dieser liegen dem Bereicherungsrecht zwei verschiedene Gruppen von Ansprüchen zugrunde, die als „Leistungs-“ und „Eingriffskondiktion“ (oder „Kondiktion in sonstiger Weise“) bezeichnet werden. Obwohl diese Lehre im Schrifttum[71] schon seit langem vertreten wird, wird sie vom Bundesgerichtshof erst seit der im Jahre 1963 in dem „Elektroherdefall“ ergangenen Entscheidung angewandt[72, 73].

Hier soll letzlich der dritten und neuesten Auffassung vom Bereicherungsrecht gefolgt werden. Bei dieser handelt es sich um eine Fortbildung der „Lehre von Leistungs- und Eingriffskondiktion“. Sie geht davon aus, daß der in § 812 BGB normierte Generaltatbestand der Bereicherung einer ganzen Anzahl von Kondiktionstypen Raum bietet[74], die entsprechend den praktischen Erfordernissen herauszuarbeiten sind. Demnach hat man nicht nur zwischen zwei, sondern noch mehr wesensverschiedenen Arten von Kondiktionsansprüchen zu unterscheiden. So soll es neben der Eingriffskondiktion nicht nur eine, sondern zwei Leistungskondiktionen geben, eine „technische“ und eine „materielle“. Ferner werden eine „Rückgriffs-“ und eine „Verwendungskondiktion“ sowie eine „unentgeltliche Bereicherung zum Schaden eines anderen“ und „Versionsansprüche“ unterschieden[75]. Im folgen-

---

[71] *Jung*, Bereicherungsansprüche, 26 und passim
Leonhardt, Schuldrecht II, § 239.
Wilburg, Die Lehre, 18.
Kress, Schuldrecht II, § 35, 1 und 2.
Enneccerus-Lehmann, Schuldrecht, 15. Bearb., § 220 II.
Larenz, Schuldrecht II, 7. Aufl., § 62.
Esser, Schuldrecht, 2. Aufl., § 189, 1.
v. Caemmerer, Festschrift für Rabel I, 333ff.
Kötter, AcP 153 (1954), 193 (194).
Rothoeft, AcP 163 (1963), 215 (223).

[72] BGH Urt. v. 31. 10. 1963 — VII ZR 285/61 = BGHZ 40, 272 = LM § 951 BGB Nr. 18 = NJW 1964, 399 = MDR 1964, 224 = BB 1964, 58.
BGH Urt. v. 29. 5. 1967 — VII ZR 66/65 = MDR 1967, 754 = WPM 1967, 686 (687 r. Sp.) = DB 1967, 1363 = BB 1967, 857.

[73] *Baur-Wolf*, JuS 1966, 393 (394 l. Sp.).

[74] *v. Caemmerer*, gemäß *Schwarz*, AcP 152 (1952/3), 445 (452ff.).

[75] *v. Caemmerer*, Rev. int. dr. comp. 1966, 573ff. (590ff.) und Festschrift für Rabel I, 333ff.
Fikentscher, Schuldrecht, § 97 III, 1; IV; § 99.
Scheyhing, AcP 157 (1958/9), 371 (372ff).
Soergel-Siebert-Mühl, BGB, 9. Aufl., § 812 Rdn. 26, 27.
Brandi, Bereicherung, 118 (Anm. 5).
Jakobs, Eingriffserwerb, 169.
Hülsmann, Dreiecksverhältnisse, 31ff.
H. P. Westermann, Die causa, 255.
Rothoeft, AcP 166 (1966), 246 (249).

den wird dieser Gedanke einer Auffächerung der Generalklausel des § 812 BGB für die Dreiecksverhältnisse nutzbar gemacht, indem für diese zwei Sonderkondiktionen herausgearbeitet werden. Von besonderer Bedeutung wird dabei die im Rahmen dieser modernen Auffassung entwickelte „Lehre von der Rückgriffskondiktion" sein. Eine der beiden Sonderkondiktionen für Dreiecksverhältnisse stellt nämlich nur eine Ausdehnung des Anwendungsbereiches der „Rückgriffskondiktion" dar.

a) „Ältere Bereicherungslehre"

Für das Verständnis der ersten Sonderregel für Dreiecksverhältnisse ist bedeutsam, daß der einheitliche Bereicherungsanspruch der „älteren Bereicherungslehre" vier[76] Tatbestandsmerkmale aufweist: Eine „Bereicherung" muß „unmittelbar" und „ohne Rechtsgrund" auf eine „Entreicherung" zurückgehen. Als Hilfskonstruktion oder Abwandlung dieser „älteren Bereicherungslehre" knüpft die erste Sonderregel für Dreiecksverhältnisse an das Tatbestandsmerkmal der „Unmittelbarkeit" an.

Dieses läßt sich im Gegensatz zu den anderen drei Tatbestandsmerkmalen nicht dem Wortlaut von § 812 BGB entnehmen. Es wurde in Ergänzung des Gesetzeswortlauts von der „älteren Bereicherungslehre" vor allem aus der Entstehungsgeschichte des BGB entwickelt[77], um den Durchgriff bei Bereicherungsketten[78], also die Inanspruchnahme eines Dritten, an den der ursprünglich Bereicherte den Bereicherungsgegenstand weitergegeben hat, zu verhindern[79]. Dementsprechend und in Übereinstimmung mit dem allgemeinen Sprachgebrauch liegt nach der „älteren Bereicherungslehre" eine „unmittelbare" Vermögensverschiebung zunächst dann vor, wenn ein Dritter an dem Bereicherungsvorgang nicht beteiligt war, wenn also der Bereicherungsgläubiger die Leistungshandlung rein äußerlich betrachtet selbst vollzogen und der Bereicherungsschuldner die Leistung selbst angenommen hat.

Die erste Sonderregel für Dreiecksverhältnisse geht demgegenüber von einer technischen Verwendung des Begriffs der „Unmittelbarkeit" aus. In

[76] Gelegentlich werden die Merkmale „Entreicherung" und „unmittelbar" mit den im Gesetz enthaltenen Worten „auf Kosten" zusammengefaßt. Auf diese Weise bleiben dann nur drei Tatbestandsmerkmale übrig.
So z.B. *Feldhoff*, Mittelbare Bereicherung, 2.
Bartsch, Das Erfordernis, 1.

[77] *Enneccerus-Lehmann*, Schuldrecht, 15. Bearb., § 221 III.
Esser, Schuldrecht, 2. Aufl., § 195, 3.
Gegen das Erfordernis der Unmittelbarkeit:
Nebenzahl, Erfordernis, 77ff. und passim.
Nelken, Die Unmittelbarkeit, 35 und passim.

[78] siehe Abschnitt A 1.

[79] *v. Caemmerer*, JZ 1962, 385 (388).
v. Caemmerer, Festschrift für Rabel I, 333 (372).

Dreiecksverhältnissen soll eine „unmittelbare“ Vermögensverschiebung zwischen zwei Beteiligten auch dann vorliegen, wenn sich der tatsächliche, äußerlich erkennbare Übergang eines Wertes nicht unmittelbar zwischen diesen, sondern zwischen einem von ihnen und einem Dritten abspielt[80]. Man spricht dann von einer „unmittelbaren Vermögensverschiebung durch mittelbare Zuwendung“ oder von einer „im Rechtssinne unmittelbaren“ Vermögensverschiebung[81]. Zur Erläuterung dieser Verwendung des Begriffs der „Unmittelbarkeit“ führt die „ältere Bereicherungslehre“ aus, man müsse zwischen bloßen „Zuwendungen“ und „Leistungen“ unterscheiden. Auch wenn eine äußerlich in Erscheinung tretende „Zuwendung“ an einen Dritten erfolge, so könne damit doch gleichzeitig durch Vermittlung des Dritten eine „Leistung“ unmittelbar an den Bereicherten erbracht werden[82]. Gelegentlich heißt es auch, eine „unmittelbare Vermögensverschiebung durch mittelbare Zuwendung“ liege vor, wenn eine Zuwendung durch einen Dritten oder das Vermögen eines Dritten vermittelt werde[83].

Der Hauptgrund für die Entwicklung dieser etwas gekünstelt wirkenden und geradezu irreführenden[84] Konstruktion von der „unmittelbaren Vermögensverschiebung durch mittelbare Zuwendung“ ist wohl darin zu suchen, daß man einerseits erkannte, daß in Dreiecksverhältnissen Bereicherungsansprüche zu gewähren sind, auch wenn eine nach allgemeinem Sprachgebrauch „unmittelbare“ Vermögensverschiebung nicht vorliegt, während man andererseits an dem einmal herausgearbeiteten Tatbestandsmerkmal der „Unmittelbarkeit“ festhalten wollte. Die soeben geschilderte Verwendung des Begriffs der „Unmittelbarkeit“ wirft bei der praktischen Anwendung zwei Abgrenzungsfragen auf, welche die „ältere Bereicherungslehre“ beantworten mußte:

Einmal fragt sich, wie die Fälle der „unmittelbaren Vermögensverschiebung durch mittelbare Zuwendung“ von den sogenannten Bereicherungsketten zu unterscheiden sind. Wie soeben erwähnt wurde, soll das Tatbestandsmerkmal der „Unmittelbarkeit“ eine Ausdehnung der Bereicherungsansprüche auf Bereicherungsketten gerade verhindern. Bei Verwendung des Begriffs der „unmittelbaren Vermögensverschiebung durch mittelbare Zuwendung“ droht

---

[80] RG Urt. v. 13. 10. 1930 — IV 688/29 = RGZ 130, 310 = JW 1931, 2724 (*Walsmann*).

[81] BGH Urt. v. 7. 5. 1962 — VII ZR 261/60 = BB 1962, 691.

[82] *v. Tuhr*, Allgemeiner Teil des BGB, § 71 I 4 am Ende.
Luckow, Unmittelbare Vermögensverschiebung, 10ff.

[83] *v. Mayr*, Bereicherungsanspruch, 207ff.
Luckow, Unmittelbare Vermögensverschiebung, 63.
BGH Urt. v. 29. 5. 1962 — IV ZR 167/51 = NJW 1962, 1171 = LM § 313 BGB Nr. 1.

[84] So *Staudinger-Seufert*, BGB, 11. Aufl., § 812 Rdn. 8a.
Larenz, Schuldrecht II, 7. Aufl., § 62 IIb am Ende.
Gräber, Bereicherung durch Leistung, 108f. („Spielerei mit Worten“).

aber der Hauptvorzug der „Unmittelbarkeit", die eindeutige Begrenzung der Bereicherungsansprüche auf Fälle mit nur zwei Beteiligten, wieder verloren zu gehen. Nach der „älteren Bereicherungslehre" ist bei Beteiligung von drei Personen mit Hilfe des Abgrenzungskriteriums von der „Einheitlichkeit des Bereicherungsvorganges"[85] festzustellen, ob ein Dreiecksverhältnis vorliegt[86]. Nur wenn das zu bejahen ist, soll eine „unmittelbare Vermögensverschiebung durch mittelbare Zuwendung" in Betracht kommen.

Weiter kann man Zweifel an der Abgrenzung der Anwendungsbereiche der „Unmittelbarkeit" im Sinne des allgemeinen Sprachgebrauchs und im Sinne der technischen Verwendung des Begriffs haben. Diese Frage hat wohl deswegen lange keine besondere Rolle gespielt, weil die „ältere Bereicherungslehre" stillschweigend davon ausging[87], daß bei Beteiligung von drei Personen an einem einheitlichen Bereicherungsvorgang, also bei Vorliegen eines Dreiecksverhältnisses, nur die technische Verwendung des Begriffs der „Unmittelbarkeit" in Betracht komme. Im Jahre 1960 hat der Bundesgerichtshof sich näher mit der Abgrenzung des Anwendungsbereichs der „Unmittelbarkeit" im technischen Sinne befaßt[88]. Seiner Ansicht nach kommt es auf die kausalen Rechtsbeziehungen der Beteiligten an. Wenn eine Leistung nach dem Willen der Beteiligten ihren Rechtsgrund in einem unmittelbar zwischen Leistendem und Leistungsempfänger bestehenden Rechtsverhältnis finden soll, soll nur eine nach allgemeinem Sprachgebrauch „unmittelbare" Vermögensverschiebung in Betracht kommen. Voraussetzung für eine „unmittelbare Vermögensverschiebung durch mittelbare Zuwendung" soll sein, daß eine Leistung ihren Rechtsgrund in Beziehungen eines der Beteiligten zu einem Dritten finden sollte. Danach ist die Frage nach der „Unmittelbarkeit" untrennbar mit der Frage nach dem Rechtsgrund verbunden[89].

---

[85] Siehe oben Abschnitt B II 1.

[86] RG Urt. v. 13. 10. 1930 — IV 688/29 = RGZ 130, 310 = JW 1931, 2724 (*Walsmann*).
BGH Urt. v. 20. 3. 1952 — IV ZR 111/51 = BGHZ 5, 281 = LM § 813 Nr. 1.
BGH Urt. v. 29. 5. 1952 — IV ZR 167/51 = NJW 1952, 1171 = LM § 313 BGB Nr. 1.
BGH Urt. v. 24. 3. 1960 — VII ZR 61/59 = BB 1961, 1295 = JZ 1962, 404 (dazu *v. Caemmerer*, ebenda, S. 385).
BGH Urt. v. 21. 12. 1961 — III ZR 130/60 = BGHZ 36, 232.
Enneccerus-Lehmann, Schuldrecht, 15. Bearb., § 221 III 2.

[87] RG Urt. v. 23. 3. 1910 — Rep. V 277/09 = RGZ 73, 173 .
RG Urt. v. 13. 10. 1930 — IV 688/29 = RGZ 130, 310 = JW 1931, 2724.
BGH Urt. v. 20. 3. 1952 — IV ZR 111/51 = BGHZ 5, 281 = LM § 813 BGB Nr. 1.
BGH Urt. v. 29. 5. 1952 — IV ZR 167/51 = NJW 1952, 1171 = LM § 313 BGB Nr. 1.

[88] BGH Urt. v. 24. 3. 1960 — VII ZR 61/59 = BB 1961, 1295 = JZ 1962, 404 (dazu *v. Caemmerer*, ebenda, 385).

[89] BGH Urt. v. 7. 5. 1962 — VII ZR 261/60 = BB 1962, 691.

Ein Beispiel mag die Anwendung der Sonderregel der „älteren Bereicherungslehre“ für Dreiecksverhältnisse erläutern:

B erfüllt eine Forderung, die C gegen A hat, in der irrigen Annahme, A gegenüber dazu verpflichtet zu sein.

In diesem Fall ist B nach der „älteren Bereicherungslehre“ „entreichert“, A dahingegen durch die Befreiung von der Forderung des C „ohne Rechtsgrund“ „bereichert“. Diese Vermögensverschiebung ist zwar nicht nach allgemeinem Sprachgebrauch, aber doch im Rechtssinne unmittelbar erfolgt. Es liegt eine „unmittelbare Vermögensverschiebung durch mittelbare Zuwendung“ vor. B hat also nach der „älteren Bereicherungslehre“ einen Bereicherungsanspruch gegen A.

Neben der soeben erörterten Sonderregel bedarf im Zusammenhang mit der Darstellung der „älteren Bereicherungslehre“ eine von *Barnstedt* aufgestellte Theorie für Dreiecksverhältnisse besonderer Erwähnung. *Barnstedt* steht noch auf dem Boden der „älteren Bereicherungslehre“[90]. Dementsprechend geht er von deren vier Tatbestandsmerkmalen aus. Zur Lösung der bei Dreiecksverhältnissen auftauchenden Fragen will er nicht an das Tatbestandsmerkmal „Unmittelbarkeit“, sondern an das Tatbestandsmerkmal „ohne Rechtsgrund“ anknüpfen[91]. Wie bereits erwähnt, mißt er der Frage der Erfüllung von Schuldverhältnissen ausschlaggebende Bedeutung zu. Seiner Ansicht nach ist eine Vermögensverschiebung nur dann „mit Rechtsgrund“ erfolgt, wenn durch sie ein Schuldverhältnis erfüllt worden ist[92]. Mit Hilfe dieser These beantwortet *Barnstedt* die bei Dreiecksverhältnissen auftauchenden Fragen. Gegen sein Vorgehen lassen sich insofern Bedenken anmelden, als die Frage der „Unmittelbarkeit“ der Vermögensverschiebung logische Priorität vor der nach der „Rechtsgrundlosigkeit“ der Vermögensverschiebung hat. Nicht zu Unrecht betont *Kötter*[93], daß die „ganze Konstruktion“ *Barnstedts* ohne stillschweigende Anwendung der Sonderregel von der „unmittelbaren Vermögensverschiebung durch mittelbare Zuwendung“ gar nicht denkbar wäre. Im einzelnen soll auf *Barnstedts* Lösungen weiter unten eingegangen werden.

b) „Lehre von Leistungs- und Eingriffskondiktion“

Ebenso wie die Anhänger der „älteren Bereicherungslehre“ waren ursprünglich auch alle Verfechter der „Lehre von Leistungs- und Eingriffskondiktion“ der Ansicht, kondizierbare Bereicherungen müßten „unmittelbar“ erfolgt sein. Demgemäß wandten sie bei Dreiecksverhältnissen ebenfalls die soeben dargestellte Sonderregel von der „unmittelbaren Vermögensverschiebung durch

---

[90] *Barnstedt*, Das Merkmal, 19ff., 100.

[91] Ähnliche Versuche haben vom Boden der „Lehre von Leistungs- und Eingriffskondiktion“ aus *Hülsmann* und *Gräber* unternommen. (Vgl. *Hülsmann*, Dreiecksverhältnisse, 104 und passim; *Gräber*, Bereicherung durch Leistung, 103ff. und passim).

[92] *Barnstedt*, Das Merkmal, 13, 16 und passim.

[93] *Kötter*, AcP 153 (1954), 193 (203).

mittelbare Zuwendung" an. Seit einigen Jahren sind jedoch unter den Vertretern dieser Lehre die Ansichten über die Erforderlichkeit des Tatbestandsmerkmals der „Unmittelbarkeit" geteilt.

Zahlreiche Autoren wollen nach wie vor an der „Unmittelbarkeit" festhalten[94]. Einige von ihnen schlagen allerdings eine terminologische Änderung vor, nach welcher der Ausdruck „Einheitlichkeit des Bereicherungsvorganges" an die Stelle des Ausdrucks „Unmittelbarkeit der Vermögensverschiebung" treten soll[95].

Im Hinblick auf eine zweite Sonderregel für Dreiecksverhältnisse ist hier eine Variante der „Lehre von Leistungs- und Eingriffskondiktion" von größerem Interesse, nach der für die Leistungskondiktion schlechthin[96] oder zumindest für bestimmte Unterfälle von ihr[97] im Gegensatz zur Eingriffskondiktion auf das Tatbestandsmerkmal der „Unmittelbarkeit" verzichtet werden kann. Die Vertreter dieser Ansicht glauben, auf die „Unmittelbarkeit" verzichten zu können, weil sie den Begriff „Leistung" als neues Tatbestandsmerkmal einführen. Das neue Tatbestandsmerkmal soll die Funktion der „Unmittelbarkeit", die Begrenzung der Bereicherungsansprüche auf bestimmte Fallgruppen, mit übernehmen[98].

---

[94] *Enneccerus-Lehmann*, Schuldrecht, 15. Bearb. § 221 III.
Larenz, Schuldrecht II, 7. Aufl., § 62 II am Anfang, II b.
Staudinger-Seufert, BGB, 11. Aufl., § 812 Rdn. 1 und 8a.
v. Caemmerer, JZ 1962, 385 (Fußnote 8).
Fikentscher, Schuldrecht, § 99 I, unterscheidet zwischen „technischer" und „materieller" Leistungskondiktion. Er will für die „technische" Leistungskondiktion ebenfalls an der „Unmittelbarkeit" festhalten (aaO, § 99 II 1).
Dazu *Raisch*, BB 1965, 795f.

[95] *Larenz*, Schuldrecht II, 7. Aufl., § 62 II b.
Staudinger-Seufert, BGB, 11. Aufl., § 812 Rdn. 8a.

[96] *v. Lübtow*, Beiträge zur Lehre, 15ff.
Esser, Schuldrecht, 2. Aufl., § 189, 7 und § 195, 3.
Rothoeft, AcP 163 (1964), 215 (263f.).
Zeiss, JZ 1963, 7.
Kötter, AcP 153 (1954), 193 (201 f).
Hülsmann, Dreiecksverhältnisse, 16.
Baur-Wolf, JuS 1966, 393 (395).
Vgl. auch:
BGH Urt. v. 31. 10. 1963 — VII ZR 285/61 = BGHZ 40, 272
= LM § 951 BGB Nr. 18 = NJW 1964, 399
= MDR 1964, 224 = BB 1964, 58.
Berg, AcP 160 (1961), 505 (507f.).
Berg, JuS 1964, 137 (138 Fußnote 4).

[97] *Fikentscher*, Schuldrecht, § 99 III 3b, will nur für die „materielle" Leistungskondiktion auf die „Unmittelbarkeit" verzichten (s. oben Fußnote 94).

[98] *Esser*, Schuldrecht, 2. Aufl., § 195, 3.
Berg, JuS 1964, 137 (138 Fußnote 4).
Zeiss, JZ 1963, 7.

Die Tatbestandsvoraussetzungen der Leistungskondiktion nach der zuletzt erwähnten Ansicht sind denkbar einfach. Eine Leistungskondiktion soll nur voraussetzen, daß der „Zweck“ einer „Leistung“ verfehlt worden ist[99]. Das Tatbestandsmerkmal „Leistung“ wird als „bewußte, zweckgerichtete Zuwendung“ definiert[100]. Jeder „Leistung“ liegt nach dieser Theorie also eine „Zuwendung“ zugrunde, die erst durch die Verbindung mit einem „Zweck“ zur „Leistung“ wird[101].

aa) Da diese Tatbestandsvoraussetzungen sowohl in den Normalfällen der Beteiligung von nur zwei Personen als auch in Dreiecksverhältnissen gelten sollen, scheint zunächst eine Sonderregel für Dreiecksverhältnisse bei dieser Variante der „Lehre von Leistungs- und Eingriffskondiktion“ zu fehlen.

Dieser Schein trügt aber, denn in Wahrheit verwenden auch die Vertreter dieser Auffassung von der Leistungskondiktion eine Sonderregel für Dreiecksverhältnisse. Die Ablösung des Tatbestandsmerkmals der „Unmittelbarkeit“ durch das der „Leistung“ hat nur zur Folge, daß die neue Sonderregel an das Tatbestandsmerkmal der „Leistung“ anknüpft. Trotzdem die „Leistung“ für Dreiecksverhältnisse ebenso wie für die normalen Zwei-Personen-Fälle als „bewußte, zweckgerichtete Zuwendung“ definiert wird, kann sich nämlich die „Leistung“ in Dreiecksverhältnissen von der in anderen Fällen unterscheiden. Das ist darauf zurückzuführen, daß unter dem Begriff „Zuwendung“ bei Dreiecksverhältnissen etwas anderes verstanden werden kann als in den Normalfällen.

Bei Beteiligung von nur zwei Personen ist die der „Leistung“ zugrunde liegende „Zuwendung“ die tatsächliche, unmittelbare Vermehrung des Vermögens des einen durch den anderen. Anders ausgedrückt sind Leistender und Leistungsempfänger mit demjenigen, der tatsächlich eine Zuwendung erbringt und dem Empfänger dieser Zuwendung identisch.

---

99 *Esser*, Schuldrecht, 2. Aufl., § 189, 6.
Zeiss, JZ 1963, 7.
Berg, NJW 1962, 101.
Hülsmann, Dreiecksverhältnisse, 17.

100 *Esser*, Schuldrecht, 2. Aufl., § 189, 6.
Zeiss, JZ 1963, 7 (8).
Berg, AcP 160 (1961), 505 (507).
Berg, JuS 1964, 137 mit weiteren Nachweisen.
Rothoeft, AcP 163 (1964), 215 (224).
Kötter, AcP 153 (1954), 193 (195ff.).

101 Abweichend *Hülsmann* und *Gräber*: Nach Auffassung von *Hülsmann* (Dreiecksverhältnisse, 10ff.) gibt es keine zweckfreien Zuwendungen. Bei Dreiecksverhältnissen soll der Zweck der Zuwendung aber in bestimmten Fällen nicht ausreichen, um die Zuwendung als Leistung zu bezeichnen. *Gräber* (Bereicherung durch Leistung, 66ff., 102) will auf die Einschränkung, daß erst die „Zweckbestimmung“ die Zuwendung zur Leistung macht, verzichten. „Leistung“ ist seiner Ansicht nach jede Vermehrung des Vermögens eines anderen, also auch die sogenannten „Zuwendungen“.

Die Sonderregel für Dreiecksverhältnisse sieht demgegenüber vor, daß es nicht nur einfache „Leistungen" in dem soeben erwähnten Sinn, sondern auch „Leistungen durch mittelbare Zuwendung"[102] oder „mittelbare Leistungen"[103] geben soll. Es wird auch von „fremd bezogener Finalität" und „unmittelbaren Leistungen zweiten Grades" gesprochen[104]. Hinter diesen Zusätzen zu dem Begriff „Leistung" steht eine Auffassung, nach der bei Dreiecksverhältnissen zwischen „unmittelbaren" und „mittelbaren" Zuwendungen zu unterscheiden ist. Mit dieser Auffassung greift die hier besprochene Variante der „Lehre von Leistungs- und Eingriffskondiktion" eine Unterscheidung auf, die zwar schon früher gemacht wurde[105], der aber beim Festhalten an dem Tatbestandsmerkmal der „Unmittelbarkeit" keine besondere Bedeutung zukam. Mit „unmittelbaren Zuwendungen" sind nach dieser Unterscheidung die tatsächlichen Vermögensvermehrungen gemeint, die den „Zuwendungen" bei nur zwei Beteiligten zumindest äußerlich gleichen. „Mittelbare Zuwendungen" sollen bei Dreiecksverhältnissen gleichzeitig mit den „unmittelbaren" erbracht werden. Eine „mittelbare Zuwendung" an einen anderen soll erstens (zwischen B und A) dann vorliegen, wenn jemand (B) zugunsten eines anderen (A) eine „unmittelbare Zuwendung" an einen Dritten (C) macht oder zweitens (zwischen A und C), wenn ein Dritter (B) im Auftrag des „mittelbar" Zuwendenden (A) eine „unmittelbare Zuwendung" an den anderen (C) macht. „Unmittelbare" und „mittelbare Zuwendung" haben also entweder, wie im ersten Fall, einen gemeinsamen Zuwendenden und zwei verschiedene Zuwendungsempfänger oder umgekehrt, wie im zweiten Fall, zwei verschiedene Zuwendende und nur einen Zuwendungsempfänger. Der sachliche Gehalt der Sonderregel für Dreiecksverhältnisse besteht nun darin, daß einer „Leistung" auch eine „mittelbare" und nicht nur wie bei den Normalfällen eine „unmittelbare Zuwendung" zugrunde liegen kann. Praktisch führt diese zunächst etwas kompliziert wirkende Theorie dazu, daß in Dreiecksverhältnissen der Empfänger der tatsächlichen Zuwendung ein anderer ist als der Leistungsempfänger, oder aber der tatsächlich Zuwendende ein anderer als der Leistende.

Zur Erläuterung mag wiederum das Beispiel dienen, das oben bereits zur Veranschaulichung der Sonderregel der „älteren Bereicherungslehre" verwandt wurde:

---

[102] *Esser*, Schuldrecht, 2. Aufl., § 190, 3.
[103] *Zeiss*, JZ 1963, 7 (8).
Rothoeft, AcP 163 (1964), 215 (229).
[104] *Rothoeft*, AcP 163 (1964), 215 (226, 232).
[105] RG Urt. v. 29. 5. 1915 — Rep V 60/15 = RGZ 87, 36.
RG Urt. v. 22. 12. 1927 — IV 183/27 = RGZ 119, 332.
Enneccerus-Lehmann, Schuldrecht, 15. Bearb., § 221 III 1b.
Larenz, Schuldrecht II, 7. Aufl., § 62 IIb.
Palandt-Gramm, BGB, 26. Aufl., § 812 Anm. 4 B b cc.

B erfüllt eine Forderung, die C gegen A hat, in der irrigen Annahme, seinerseits dem A gegenüber dazu verpflichtet zu sein[106]. Eine Analyse nach der soeben beschriebenen Theorie zeigt in diesem Fall das Vorliegen von drei „Zuwendungen“[107]: Eine „unmittelbare“ Zuwendung erfolgte von B an C, je eine „mittelbare“ von B an A und von A an C. Von einem Leistungszweck kann bei den „mittelbaren“ Zuwendungen gesprochen werden: Die Forderung des C gegen A und eine angenommene Forderung des A gegen B sollten erlöschen. Daher sind nur die beiden „mittelbaren“ Zuwendungen zugleich als „Leistungen“ des B an A und des A an C anzusehen[108]. Eine Leistungskondiktion des A gegen C entfällt, da mit der Erfüllung der Forderung des C der Zweck der „Leistung“ des A erreicht wurde. B hat aber eine Leistungskondiktion gegen A, da wegen des Fehlens einer Forderung des A der Zweck der „Leistung“ des B an A verfehlt wurde.

bb) Neben dieser Sonderregel für Dreiecksverhältnisse ist bei Anwendung der „Lehre von Leistungs- und Eingriffskondiktion“ noch ein Auslegungsgrundsatz zu beachten, der formell für alle Fälle der Leistungskondiktion gilt, praktisch aber nur bei Dreiecksverhältnissen bedeutsam wird. Er betrifft die Frage, auf wessen Standpunkt es bei der Ermittlung des Leistungszwecks ankommt. In der Praxis sind die Beteiligten sich nämlich nicht immer darüber einig, welcher „Zweck“ mit einer „Zuwendung“ verfolgt werden soll. Nach dem soeben Gesagten kommt es aber für die Bestimmung der an einem Leistungsverhältnis Beteiligten und damit für etwaige Kondiktionen entscheidend auf eine eindeutige Festlegung des Leistungszwecks an. Es ist streitig, ob es bei der Entscheidung dieser Frage auf den Standpunkt desjenigen, der eine unmittelbare Zuwendung erbringt, oder auf den desjenigen, der die unmittelbare Zuwendung erhält, ankommt[109]. Der für das Bereicherungsrecht zuständige VII. Senat des Bundesgerichtshofs hält, ähnlich wie bei der Abgabe

[106] Vgl. *Zeiss*, JZ 63, 7 (8 r. Sp.).

[107] *Kötter*, AcP 153 (1954), 193 (196).

[108] So schon *Jung*, Bereicherungsansprüche, 88.

[109] Den Standpunkt des Empfängers halten für entscheidend:
Esser, Schuldrecht, 2. Aufl., § 190, 2.
Thomä, JZ 1962, 623 (625 r. Sp.).
Zeiss, JZ 1963, 7ff.
Brandi, Bereicherung, 114 ff.
Larenz, Schuldrecht II, 7. Aufl., § 62 Ia (Fußnote 4).
Zeiss, AcP 165 (1965), 332 (333ff.).
Rietschel, LM § 951 BGB Nr. 18.
Eichele, Irrtümliche Eigenleistung, 49ff.
Hülsmann, Dreiecksverhältnisse, 13ff., 103.
Baur-Wolf, JuS 1966, 393 (395f.).
H. Westermann, Sachenrecht, 5. Aufl., § 54, 3.
Den Standpunkt des Zuwendenden halten für entscheidend:
Berg, NJW 1964, 720 und wohl auch
v. Caemmerer, Festschrift für Dölle I, 135 (140f., 158f.).

von Willenserklärungen, den Standpunkt des Empfängers für maßgebend[110]. Für das soeben erwähnte Beispiel würde das heißen:

Ist streitig, ob B die Schuld des A gegenüber C erfüllen wollte, so kommt es nicht auf die Vorstellungen des B, sondern auf die des C an.

cc) Neben der Sonderregel für Dreiecksverhältnisse und dem soeben erwähnten Auslegungsgrundsatz spielt endlich bei der Anwendung der „Lehre von Leistungs- und Eingriffskondiktion" in Dreiecksverhältnissen das Verhältnis der beiden Kondiktionen zueinander eine Rolle. Vielfach wird die Auffassung vertreten, daß eine Eingriffskondiktion nicht möglich sei, sobald eine Leistungskondiktion auch nur in Betracht komme, weil die eine die andere begrifflich ausschließe. Man spricht daher von einer Subsidiarität oder Alternativität der Eingriffskondiktion[111]. Die Subsidiarität der Eingriffskondiktion ist jedoch nicht unumstritten. Es wird auch die Ansicht vertreten, die Leistungskondiktion schließe die Eingriffskondiktion nicht aus. Die Verfechter dieser Ansicht[112] räumen ein, daß bei Rechtsverhältnissen, an denen nur zwei Personen beteiligt sind, eine Vermögensverschiebung nur entweder „durch Leistung" oder „in sonstiger Weise" erfolgen könne. Deshalb sei es gerechtfertigt, bei Zwei-Personen-Fällen von einem Anschluß der Eingriffskondiktion durch die Leistungskondiktion zu sprechen. Bei Dreiecksverhältnissen könne das Ergebnis einer Vermögensverschiebung jedoch im Verhältnis zu einem Beteiligten als „Bereicherung durch Leistung" und im Verhältnis zu dem anderen als Bereicherung „in sonstiger Weise" anzusehen sein. Daher werde die Eingriffskondiktion bei Dreiecksverhältnissen nicht durch die Leistungs-

---

[110] BGH Urt. v. 31. 10. 1963 — VII ZR 285/61 = BGHZ 40, 272 = LM § 951 BGB Nr. 18 = NJW 1964, 399 = MDR 1964, 224 = BB 1964, 58.
Ebenso:
OLG Nürnberg Urt. v. 17. 9. 1963 — 3 U 81/63 = MDR 1964, 55.
OLG Köln Urt. v. 7. 6. 1966 — 4 U 294/65 = NJW 1966, 2364 (r. Sp.).
Anderer Ansicht aber wohl:
BGH Urt. v. 21. 12. 1966 — IV ZR 224/65 = NJW 1967, 559 (560 r. Sp.).

[111] BGH Urt. v. 31. 10. 1963 — VII ZR 285/61 = BGHZ 40, 272 = LM § 951 BGB Nr. 18 = NJW 1964, 399 = MDR 1964, 224 = BB 1964, 58.
Kötter, AcP 153 (1954), 193 (208 Anm. 53).
Thomä, JZ 1962, 623 (624 r. Sp.).
Zeiss, JZ 1963, 7 (8 r. Sp.).
Berg, NJW 1964, 720.
Rothoeft, AcP 163 (1964), 215 (237).
Emmerich, Nebenfolgen, 102ff.

[112] *Erman-Seiler*, BGB, 4. Aufl., § 812 Anm. 4 c aa β.
H. P. Westermann, Die causa, 259ff. (265).
Gräber, Bereicherung durch Leistung, 71—81, 148—153.
Hülsmann, Dreiecksverhältnisse, 20ff., 103.
Auch *Fikentscher* will offenbar Leistungs- und Eingriffskondiktion nebeneinander zulassen (Schuldrecht, § 99 IV 2a α).

kondiktion ausgeschlossen. Auf den Beispielfall sind die beiden Ansichten wie folgt anzuwenden:

Unabhängig von der Prüfung der Frage, wem eine Leistungskondition gegen wen zusteht, könnte man an eine Eingriffskondition des B gegen C denken.

Hält man die Eingriffskondiktion für subsidiär, so ist eine Eingriffskondiktion des B gegen C gar nicht zu prüfen, weil für C eine „Leistung" des A vorliegt, die allenfalls mit einer Leistungskondiktion kondiziert werden könnte.

Hält man die Eingriffskondiktion bei Vorliegen einer Leistung in Dreiecksverhältnissen nicht für schlechthin ausgeschlossen, so ist zumindest zu untersuchen, ob im Verhältnis zwischen B und C die Voraussetzungen einer Eingriffskondiktion gegeben sind.

c) Lehre von der „Rückgriffskondiktion"

Bisher ist von den Sonderregeln derer gesprochen worden, die das Bereicherungsrecht nach der „älteren Bereicherungslehre" auf eine einzige oder nach der „Lehre von Leistungs- und Eingriffskondiktion" auf zwei Anspruchsgrundlagen zurückführen wollen. Nunmehr ist eine Sonderregel zu erörtern, die von Autoren vorgeschlagen wird, die noch mehr als zwei bereicherungsrechtliche Anspruchsgrundlagen unterscheiden wollen.

Zwischen der hier zu besprechenden Sonderregel und den beiden bereits erwähnten besteht ein bemerkenswerter Unterschied. Die beiden vorigen waren Abwandlungen einzelner Tatbestandsmerkmale, nämlich der „Unmittelbarkeit" beziehungsweise der „Leistung", allgemeingültiger Bereicherungstatbestände für den Gebrauch in Dreiecksverhältnissen. Die Sonderregel, von der jetzt die Rede sein soll, stellt dagegen selbst einen vollständigen, eigens auf bestimmte Dreiecksverhältnisse zugeschnittenen Bereicherungstatbestand dar. Sie tritt in Form einer selbständigen „dritten, wichtigen"[113] Anspruchsgrundlage gleichrangig neben Leistungs- und Eingriffskondiktion.

Diese Sonderregel wird im allgemeinen unter der Bezeichnung „Rückgriff bei Zahlung fremder Schulden"[114] behandelt. Im folgenden soll von ihr kurz als der „Rückgriffskondiktion" gesprochen werden. Die Tatbestandsvoraussetzungen der „Rückgriffskondiktion" lauten etwas umständlich wie folgt: Wer eine fremde Schuld zahlt (vgl. § 267 BGB) oder aus der Mithaftung für Schulden, die ein anderer letztlich ganz oder zum Teil tragen muß, in Anspruch genommen wird, hat einen Bereicherungsanspruch gegen den entlasteten Schuldner oder Mitschuldner[115].

---

[113] *v. Caemmerer*, Festschrift für Rabel I, 333 (360).

[114] Siehe oben Fußnote 75.
Fikentscher, Schuldrecht, § 99 V, faßt die „Rückgriffskondiktion" mit einer „Verwendungskondiktion" unter dem Oberbegriff der „auf Auslagenersatz gerichteten Kondiktion" zusammen.

[115] *Hülsmann* scheint in seiner Schrift über die Dreiecksverhältnisse (S. 34) eine weitere Sonderkondiktion für Dreiecksverhältnisse zu befürworten, die „Kondiktion

Die Fälle der „Rückgriffskondiktion" sollen nach Ansicht der Verfechter dieser Kondiktionsart deswegen neben Leistungs- und Eingriffskondiktion eine selbständige Gruppe bilden, weil sie in diese beiden Kondiktionsgruppen nicht einzuordnen seien. Einerseits soll eine Leistungskondiktion ausscheiden, weil man von „Leistung" nur sprechen könne, wo schuldrechtliche Absprachen durchgeführt oder sonstige Ansprüche erfüllt werden sollten[116]. Andererseits sollen die Regeln der Eingriffskondiktion nicht passen, weil doch in gewisser Weise „Leistungen" erbracht würden, da in der Regel Leistungsbeziehungen wenigstens eines Rückgriffspartners nach außen vorlägen[117]. *Fikentscher*[118] sieht die Eigenart dieser Gruppe darin, daß eine „Ent"reicherung und nicht wie bei Leistungs- und Eingriffskondiktion eine „Be"reicherung nach Ausgleich verlange.

Das Anwendungsgebiet der Sonderregel von der „Rückgriffskondiktion" umfaßt, im Gegensatz zu den beiden zuvor beschriebenen Sonderregeln, keineswegs alle Dreiecksverhältnisse. Es ist vielmehr aus einem doppelten Grunde beschränkt. Einmal erfaßt schon der soeben erwähnte, recht spezielle Tatbestand nur eine beschränkte Anzahl von Fällen. Ausgeschlossen sollen zum Beispiel, wie der Hinweis auf § 267 BGB andeuten soll, die Fälle sein, in denen eine fremde Schuld auf Anweisung des Schuldners gezahlt wird[119]. Ferner wird der Anwendungsbereich der unmittelbar auf § 812 BGB gestützten Rückgriffskondiktion dadurch eingeengt, daß der Ausgleich in zahlreichen Fällen mit Hilfe von Anspruchsnormen erfolgt, denen zwar der Gedanke der „Rückgriffskondiktion" zugrunde liegt, die aber nicht zum Bereicherungsrecht der §§ 812ff. BGB gehören. Auf diese nicht bereicherungsrechtlichen Ausgleichsansprüche wird noch eingegangen werden.

Zur Erläuterung der „Rückgriffskondiktion" kann wiederum das bereits zur Erläuterung der anderen beiden Sonderregeln für Dreiecksverhältnisse benützte Beispiel dienen:

Falls B ohne Aufforderung des A dessen Schuld bei C erfüllt, hat er eine „fremde Schuld gezahlt" (vgl. § 267 BGB). Damit steht ihm auch nach der Lehre von der „Rückgriffskondiktion" ein Bereicherungsanspruch gegen A zu.

---

für Zuwendungsfälle". Es soll sich dabei um einen von mehreren Unterfällen der Eingriffskondiktion handeln. Da *Hülsmann* die Unterfälle der Eingriffskondiktion bei der Erörterung verschiedener Fallgruppen nicht unterscheidet, wird nicht deutlich, wann eine „Kondiktion für Zuwendungsfälle" gegeben sein soll. Möglicherweise ist an die Fälle gedacht, in denen nach Auffassung von *Hülsmann* dem Zuwendenden B (bei *Hülsmann* A) ein direkter Anspruch gegen den Zuwendungsempfänger C (auch bei *Hülsmann* C) zusteht (Dreiecksverhältnisse Seite 60, 62, 65, 85, 96, 102).

[116] *v. Caemmerer*, JZ 1962, 385 (386).

[117] *Scheyhing*, AcP 157 (1958/59), 371 (380).

[118] *Fikentscher*, Schuldrecht, § 99 V.

[119] *v. Caemmerer*, Festschrift für Rabel I, 333 (360 Anm. 106).
Kötter, AcP 153 (1954), 193 (197 Anm. 19 und 203 Anm. 40).
Hülsmann, Dreiecksverhältnisse, 92.

d) „Faustregel für Dreiecksverhältnisse“

Zweck der drei Sonderregeln von der „unmittelbaren Vermögensverschiebung durch mittelbare Zuwendung“, der „Leistung durch mittelbare Zuwendung“ und der „Rückgriffskondiktion“ ist es, wie gesagt, die Anwendung von § 812 BGB in Dreiecksverhältnissen zu erleichtern oder überhaupt erst zu ermöglichen. Demselben Zweck dient auch ein oft angeführter[120] rechtlicher Grundsatz, der hier als „Faustregel für Dreiecksverhältnisse“ bezeichnet werden soll.

Eine genaue Abgrenzung des Anwendungsbereiches der „Faustregel“ fehlt. Man könnte sie bei allen Dreiecksverhältnissen anwenden. Das ist aber nicht üblich. *Gottschalk*[121] hat ausführlich dargestellt, warum die Faustregel bei Verträgen zugunsten Dritter anzuwenden ist. Vor allem wird sie jedoch bei Anweisungen (§§ 783ff. BGB) verwandt. Dementsprechend knüpft sie in ihrer gebräuchlichen Fassung an die bei Anweisungen übliche Terminologie an, nach der die Rechtsbeziehungen zwischen Anweisendem und Angewiesenem als „Deckungs-“ und die zwischen Anweisendem und Anweisungsempfänger als „Valutaverhältnis“ bezeichnet werden. Sie lautet:

> „Es kommt für das Bestehen von Bereicherungsansprüchen auf Valuta- und Deckungsverhältnis an.
> Sind beide wirksam, so bestehen keine Kondiktionsansprüche.
> Fehlt ein gültiges Deckungsverhältnis, so hat der Angewiesene einen Bereicherungsanspruch gegen den Anweisenden.
> Fehlt ein gültiges Valutaverhältnis, so hat der Anweisende einen Bereicherungsanspruch gegen den Anweisungsempfänger.
> Fehlen beide Verhältnisse, so kann der Angewiesene unmittelbar von dem Empfänger zurückfordern, um den überflüssigen Umweg einer doppelten Kondiktion zu ersparen.“

Auffällig ist, daß für die „Faustregel“ im Gegensatz zu den drei Sonderregeln, die jeweils im Rahmen verschiedener Systeme des Bereicherungsrechts

---

[120] Vor allem: BGH Urt. v. 24. 3. 1960 — VII ZR 61/59 = BB 1961, 1925 = JZ 1962, 404.
Ferner:
RG Urt. v. 21. 10. 1931 — IX 187/31 = JW 1932, 735.
RG Urt. v. 18. 4. 1934 — V 334/33 = JW 1934, 2458.
BGH Urt. v. 20. 3. 1952 — IV ZR 111/51 = BGHZ 5, 281 = LM § 813 BGB Nr. 1.
BGH Urt. v. 30. 10. 1952 — IV ZR 89/52 = LM § 812 BGB Nr. 14 = BB 1952, 903.
BGH Urt. v. 7. 5. 1962 — VII ZR 261/60 = BB 1962, 691.
v. Tuhr, Allgemeiner Teil des BGB, § 72 V 3.
Wilburg, Die Lehre, 113.
Enneccerus-Lehmann, Schuldrecht, 15. Bearb. § 221 III 1 b.
Flume, JZ 1962, 281 (unter 4.).
Palandt-Gramm, BGB, 24. Aufl., § 812 Anm. 4 B b cc.
Soergel-Siebert-Mühl, BGB, 9. Aufl., § 812 Rdn. 58.

[121] *Gottschalk*, JherJb 78 (1927/28), 290 (323f.).

zu sehen sind, eine theoretische Begründung fehlt. Das wird aber bei der Verwendung dieser Regel nicht als Mangel empfunden. Als Zusammenfassung bewährter praktischer Erfahrung[122] dient sie häufig gerade der Überprüfung von Ergebnissen, die mit Hilfe theoretischer Überlegungen, insbesondere solcher, die sich im Rahmen der „älteren Bereicherungslehre" halten, gewonnen wurden[123].

Zur Illustration mag auch die „Faustregel" auf den zur Erläuterung der anderen Sonderregeln gebrauchten Beispielfall angewandt werden:

Wenn B eine Forderung des C gegen A in der irrigen Annahme erfüllt, A gegenüber dazu verpflichtet zu sein, liegt zwar keine Anweisung vor, die Beziehungen der drei Beteiligten zueinander sind aber ähnlich wie bei einer Anweisung. Es fehlt ein Deckungsverhältnis zwischen B und A, während ein Valutaverhältnis zwischen A und C vorhanden ist. Nach der „Faustregel" hat B also, ebenso wie nach den bisher erwähnten drei Sonderregeln, einen Bereicherungsanspruch gegen A.

2. *Nichtbereicherungsrechtliche Ausgleichsansprüche*

Neben den bereicherungsrechtlichen §§ 812, 816 und 951 BGB kommt für den Ausgleich von Vermögensverschiebungen in Dreiecksverhältnissen eine Reihe von in den verschiedensten Rechtsgebieten verstreuten Anspruchsgrundlagen in Betracht, denen eine gewisse Gemeinsamkeit nicht abzusprechen ist.

Alle im folgenden erwähnten Ansprüche sind im Zusammenhang mit dem Bereicherungsrecht zu sehen[124]. Es handelt sich zwar formell um nichtbereicherungsrechtliche Ansprüche, die aber auch den Ausgleich ungerechtfertigter Vermögensverschiebungen ermöglichen sollen, in einem weiteren Sinne also doch bereicherungsrechtlicher Natur sind.

aa) Der weitaus größte Teil der nichtbereicherungsrechtlichen Ausgleichsansprüche betrifft nur Dreiecksverhältnisse der ersten Art, also Fälle der Befriedigung eines Gläubigers (im Valutaverhältnis) auf Kosten eines Dritten. Es handelt sich um Rückgriffsansprüche nach Erfüllung fremder Pflichten, d.h. hauptsächlich nach Zahlung fremder Schulden.

Zu nennen ist hier zunächst § 426 Abs. 1 Satz 1 BGB, der in echten Gesamtschuldverhältnissen dem leistenden Gesamtschuldner einen besonderen ge-

---

[122] Vergleiche die Hinweise in BGH Urt. v. 24. 3. 1960 — VII ZR 61/59 = BB 1961, 1295 = JZ 1962, 404 auf
RG Urt. v. 12. 1. 1905 — Rep VI 111/04 = RGZ 60, 24.
RG Urt. v. 29. 5. 1915 — Rep V 60/15 = RGZ 87, 36.
RG Urt. v. 12. 3. 1920 — II 398/19 = RGZ 98, 237.
BGH Urt. v. 20. 3. 1952 — IV ZR 111/51 = BGHZ 5, 281 = LM § 813 BGB Nr. 1.

[123] Vergleiche:
BGH Urt. v. 24. 3. 1960 — VII ZR 61/59 = BB 1961, 1295 = JZ 1962, 404.
BGH Urt. v. 7. 5. 1962 — VII ZR 261/60 = BB 1962, 691.

[124] *v. Caemmerer*, Festschrift für Rabel I, 333 (363).
Erman, NJW 1965, 421 (423 r. Sp.).

setzlichen Ausgleichsanspruch gegen mithaftende und dem Gläubiger gegenüber von ihrer Schuld befreite Mitschuldner gibt.

Ein ganz ähnlicher Ausgleichsanspruch findet sich gelegentlich auch in unechten Gesamtschuldverhältnissen. Man denke etwa an Art. 43 WG, Art. 40 SchG und § 52 BVersG. Mit diesen Ansprüchen gleichzustellen ist der von der Rechtsprechung aus allgemeinen Überlegungen gewährte „familienrechtliche Ausgleichsanspruch" einer Frau gegen ihren Mann für den gemeinsamen Kindern gewährten Unterhalt[125].

Ferner ist an die Ansprüche auf „Erstattung" des Kaufpreises, die gemäß § 1100 Satz 1 BGB der „neue Eigentümer" gegen denjenigen, der ein dringliches Vorkaufsrecht ausübt, und der Erbteilskäufer gegen den sein Vorkaufsrecht (§ 2035 BGB) ausübenden Miterben[126] hat, zu denken.

Weiter kommen in Dreiecksverhältnissen häufig Ansprüche aus Geschäftsführung ohne Auftrag (§§ 683, 670; 684, 812 BGB) in Frage.

Eine ganz besondere Bedeutung für den Bereicherungsausgleich in Dreiecksverhältnissen kommt Forderungsübergängen zu, durch die ein leistender Dritter an die Stelle eines befriedigten Gläubigers tritt. Je nachdem, ob der Forderungsübergang durch Rechtsgeschäft, durch Verwaltungsakt oder kraft Gesetzes erfolgt, lassen sich drei Fallgruppen unterscheiden.

Zu einem rechtsgeschäftlichen Forderungsübergang kommt es, wenn sich aus vertraglichen Vereinbarungen oder aus einer gesetzlichen Vorschrift ein Anspruch eines leistenden Dritten auf Abtretung ergibt. Beispiele für derartige vertragliche Vereinbarungen bieten vor allem private Kranken- und Unfallversicherungsverträge und Arbeitsverträge [127], die einen Anspruch auf Lohnfortzahlung bei Dienstunfähigkeit vorsehen[128]. Ein gesetzlicher Anspruch auf Forderungsabtretung ergibt sich aus § 255 BGB, der nach Meinung einiger Autoren einen Rechtsgedanken enthält, der über den Wortlaut der Vorschrift hinaus von Bedeutung ist[129].

Ist der leistende Dritte ein Sozialhilfeträger, so bietet ihm § 90 BSHG die einfache Möglichkeit, durch einen Verwaltungsakt in Form einer schriftlichen Anzeige den Übergang von Unterhaltungsansprüchen eines Sozialhilfsempfängers gegen andere zu bewirken.

---

[125] BGH Urt. v. 9. 12. 1959 — IV ZR 178/59 = BGHZ 31, 329 = NJW 60, 957.

[126] BGH Urt. v. 8. 5. 1952 — IV ZR 163/51 = BGHZ 6, 85ff.
BGH Urt. v. 21. 10. 1954 — IV ZR 128/54 = BGHZ 15, 102ff.

[127] *Larenz*, Schuldrecht I, 8. Aufl., § 14 III c.

[128] Vgl. BGH Beschl. v. 31. 5. 1954 — GSZ 2/54 = BGHZ 13, 360.
BGH Urt. v. 22. 6. 1956 — VI ZR 140/55 = BGHZ 21, 112.
Selb, Schadensbegriff, 53ff.

[129] *Selb*, Schadensbegriff, 21ff.
Larenz, Schuldrecht I, 8. Aufl., § 14 III c.
a.A. wohl *Esser*, Schuldrecht, 2. Aufl., § 64, 7.

Einen gesetzlichen Forderungsübergang sieht das deutsche Recht in zahlreichen Fällen vor, die sich in fünf Gruppen einteilen lassen:

1. Bei Zahlung fremder Schulden durch einen Lösungsberechtigten: §§ 268, 1150, 1249 BGB.
2. Bei Zahlung durch Sicherungsgeber: §§ 774 Abs. 1 Satz 1, 1143 Abs. 1, 1225 Satz 1, 1247 Satz 1 in Verbindung mit 268 Abs. 3 BGB.
3. Bei Zahlung durch Gesamtschuldner, Mitbürgen und Mitverpfänder: §§ 426 Abs. 2 Satz 1, 774 Abs. 2, 1225 Satz 2 BGB.
4. Bei Zahlungen auf den Gebieten des privaten und öffentlichen Versicherungs- sowie des Beamten- und Versorgungsrechts z.B.: §§ 67, 158f VVG, 1542 RVO, 105 RKnappschG, 49 AngVG, 218 AVAVG, 87a BBG, 52 BRRG (und entsprechende Vorschriften der Landesbeamtengesetze), 81 BVersG.
5. Bei Zahlung durch subsidär Unterhaltspflichtige: §§ 1607 Abs. 2, 1608 Satz 3, 1709 Abs. 2 BGB, 63 Abs. 2 EheG.

Fraglich ist, in welchem Umfang man aufgrund von Analogien zu den soeben aufgeführten Vorschriften in anderen Fällen einen gesetzlichen Forderungsübergang zugunsten von zahlenden Dritten annehmen darf[130]. Angesichts der Vielzahl der Bestimmungen liegt es nahe, davon auszugehen, daß in ihnen ein allgemeiner Rechtsgedanke Ausdruck im Gesetz gefunden hat. Möglicherweise ist aber zwischen den fünf oben genannten Fallgruppen zu unterscheiden.

bb) Neben den erwähnten Regreßvorschriften spielen die Vorschriften über den Verwendungsersatz (§§ 994ff., 2022 BGB) und über die Ersatzaussonderung im Konkurs (§ 46 Satz 2 KO) bei gewissen Dreiecksverhältnissen eine Rolle. An ihre Anwendung ist auch bei Dreiecksverhältnissen der zweiten Art, also bei Schulderfüllung (im Deckungsverhältnis) bei Erwerb der Erfüllungsleistung durch einen Dritten, zu denken.

II. Amerikanisches Recht

1. Das amerikanische Bereicherungsrecht

Dem Common Law war im Gegensatz zu den auf dem römischen Recht aufbauenden kontinentaleuropäischen Rechtsordnungen ein selbständig neben Vertrags- und Deliktsrecht stehendes Bereicherungsrecht ursprünglich fremd.

---

[130] In Rechtsprechung und Schrifttum werden folgende Fälle erörertert:
Eigentümer sicherungsübereigneter Sachen:
vgl. *v. Caemmerer*, Festschrift für Rabel I, 333 (363).
Wechselschuldner, die nur Sicherheit leisten wollten:
vgl. RG Urt. v. 26 .6. 1919 — VI 139/19 = RGZ 96, 136; siehe unten Fußnote 303
Arbeitgeber bei Lohnfortzahlung:
vgl. BGH Beschl. v. 31. 5. 1954 — GSZ 2/54 = BGHZ 13, 360.
Unterhaltszahlungen durch Scheinväter:
vgl. unten Abschnitt D I 3 c cc 1 b.

In England sind auch heute kaum mehr als einige Ansätze vorhanden. Im Gegensatz dazu ist in den USA seit der Mitte des neunzehnten Jahrhunderts ein Bereicherungsrecht entwickelt worden, das sich mit dem deutschen vergleichen läßt. Man spricht von „Unjust Enrichment", „Restitution" oder „Quasi Contracts". Wesentlichen Anteil an dieser Entwicklung hatten zwei Monographien von *Keener* (1893) und *Woodward* (1913) über das Recht der „Quasi Contracts". Noch bedeutsamer war wohl die im Jahre 1937 erfolgte Veröffentlichung des „Restatement of the Law of Restitution, Quasi Contracts and Constructive Trusts", das sich bemüht, die von der Rechtsprechung entwickelten Bereicherungsgrundsätze in 215 Paragraphen zusammenzufassen[131]. Angeregt durch die große Bedeutung, die gerade in den USA und in Deutschland dem Bereicherungsrecht zukommt, haben *Friedmann* (1930) und *Dawson* (1951)[132] ausführlichere Vergleiche zwischen dem deutschen und amerikanischen Bereicherungsrecht angestellt.

Wenn dem amerikanischen Bereicherungsrecht, wie dem angelsächsischen Recht im allgemeinen, auch eine strenge Systematik[133] fehlt, lassen sich doch interessante Parallelen zu den deutschen bereicherungsrechtlichen Theorien aufzeigen.

Einmal ist der Gedanke der deutschen „älteren Bereicherungslehre", nach welchem sich das ganze Kondiktionsrecht auf einen einheitlichen Grundsatz zurückführen läßt, auch amerikanischen Juristen nicht völlig fremd. Das zeigt § 1 Rest., Restitution, der gleichsam als Motto an der Spitze dieses Restatements steht. In starkem Anklang an § 812 Abs. 1 BGB heißt es dort:

„A person who has been unjustly enriched at the expense of another ist required to make restitution to the other."

Aber auch die Trennung der neueren deutschen Lehre zwischen „Leistungs-" und „Eingriffskondiktion" klingt im amerikanischen Recht an. Man unterscheidet deutlich zwischen „benefits conferred by another" und „benefits obtained by wrongdoing". Das kommt auch in der Einleitung des Restatement of Restitution zum Ausdruck, in der auf den soeben zitierten § 1 ein § 3 folgt, welcher einen auch der deutschen „Eingriffskondiktion" bekannten Grundgedanken wie folgt zum Ausdruck bringt:

„A person ist not permitted to profit by his own wrong at the expense of another."

Eine besondere Ähnlichkeit mit dem amerikanischen Recht weist jedoch die moderne deutsche Lehre auf, nach welcher eine ganze Anzahl von verschiedenen Kondiktionstypen zu unterscheiden ist. Versucht man nämlich, das ameri-

---

[131] Einige weitere Bereicherungsregeln finden sich darüber hinaus noch in anderen Restatements.

[132] *Friedmann*, Die Bereicherungshaftung.
Dawson, Unjust Enrichment.

[133] *Dawson*, Unjust Enrichment, 111.

kanische Restitutionsrecht in eine Art von System zu bringen, so zeigt sich, daß die Amerikaner mehrere verschiedene „Affirmative Grounds for Restitution" unterscheiden, die als Anspruchsvoraussetzungen praktisch die Funktion unserer Kondiktionstypen haben[134]. Daneben spielen im amerikanischen Recht die Rechtsfolgen eine große Rolle. Während bei uns einfach Herausgabe oder Wertersatz geschuldet wird, kennt man in den USA einen ganzen Fächer von „Remedies".

Die folgende Aufzählung der „Affirmative Grounds for Restitution" zeigt, wie fein man einzelne Fallgruppen differenziert und wieviel weniger das amerikanische Bereicherungsrecht von anderen schuldrechtlichen Fragen abstrahiert ist: Zunächst können aufgrund eines wenigstens vorläufig gültigen Vertrages erbrachte Leistungen zurückverlangt werden: nach Vertragsverletzungen („breach of contract"), nach Unmöglichkeit und Wegfall der Geschäftsgrundlage („impossibility and frustration"), nach arglistiger Täuschung („fraud") und Nötigung („duress"), bei Irrtum („mistake"), Minderjährigkeit („infancy"), mangelnder Geschäftsfähigkeit („insanity") und Formmangel („lack of form"). Weiter müssen auch bei Fehlen eines Vertrages auf Grund eines Irrtums erbrachte Leistungen zurückerstattet werden. Alle diese „Leistungskondiktionen" erfahren eine Einschränkung dadurch, daß in der Regel freiwillig, ohne Rechtspflicht (von „volunteers") erbrachte Leistungen nicht zurückverlangt werden können[135]. Bei den durch Eingriffe des Bereicherten erfolgten Vermögensverschiebungen unterscheidet man auf Grund der alten Trennung von „law" und „equity" zwei Restitutionsgründe, nämlich unerlaubte Handlungen („tortious acts") und Verletzungen von Treuepflichten („breach of fiduciary relations").

Was für Ansprüche ein Kläger hat, der eine der soeben aufgezählten Restitutionsvoraussetzungen geltend machen kann, ergibt sich aus den Grundsätzen der fünf „Remedies", die nicht frei wählbar, sondern jeweils bestimmten Fallgruppen zugeordnet sind[136]: „quasi contract" (Herausgabe oder Wertersatz), „constructive trust" (Herausgabe oder Wertersatz), „equitable lien" (Einräumung eines Sicherungsrechts), „subrogation" (Forderungsübergang) und „equitable accounts" (Auseinandersetzung).

2. *Sonderregeln des amerikanischen Rechts für Dreiecksverhältnisse*

Der Gedanke an eine isolierte Betrachtung der besonderen Problematik der Dreiecksverhältnisse ist dem amerikanischen Recht fremd. Ein Grund dafür

---

[134] *Dawson*, Unjust Enrichment, 117f.

[135] Vgl. Rest., Restitution:
§ 2. Officious Conferring of a Benefit.
A person who officiously confers a benefit upon another is not entitled to restitution therefor.

[136] *Dawson*, Unjust Enrichment, 10ff.

dürfte darin zu suchen sein, daß das amerikanische Recht, anders als das deutsche, Kondiktionsansprüche in Bereicherungsketten nicht grundsätzlich ablehnt. Infolgedessen hat es sich nicht als erforderlich erwiesen, zwischen unmittelbaren und mittelbaren Bereicherungen zu unterscheiden[137]. Gerade diese Unterscheidung hat in Deutschland das Augenmerk auf die Dreiecksverhältnisse gelenkt.

Andererseits beschäftigen die in dieser Arbeit als Dreiecksverhältnisse bezeichneten Sachverhalte auch amerikanische Juristen. Das Restatement of Restitution enthält, wie im folgenden jeweils an geeigneter Stelle noch gezeigt wird, mehrere Vorschriften für Dreiecksverhältnisse[138].

Darüber hinaus finden sich in Rechtsprechung und Schrifttum zwei besondere Rechtsgedanken, die das allgemeine Recht der „restitution" für Dreiecksverhältnisse ergänzen.

Einmal handelt es sich um das Konzept der „privity" der Parteien (relative Wirkung von Schuldverhältnissen; im Bereicherungsrecht fast gleichbedeutend mit Unmittelbarkeit). Dieses stammt aus dem Vertragsrecht, wo es einfach das Vorliegen rechtlicher Beziehungen zwischen Vertragsparteien bezeichnet[139]. Da in dieser Hinsicht bei Verträgen meist kein Zweifel besteht, ist dort die Bedeutung der „privity" gering. Keineswegs selbstverständlich ist aber das Bestehen bereicherungsrechtlicher Beziehungen zwischen den an einem Dreiecksverhältnis beteiligten Parteien. Um ihre Zweifel in dieser Hinsicht auszudrücken, haben sich vor allem in früheren Jahren amerikanische Gerichte auch im Recht der „restitution" des Konzepts der „privity" bedient. So war das Gericht im Falle Sergeant v. Stryker[140] der Ansicht, daß der Kläger, der Anspruch auf eine Belohnung hatte, diese nicht von dem Beklagten verlangen könne, an den ein Sheriff sie irrtümlich ausgezahlt hatte. Das Gericht begründet seine Entscheidung mit dem Fehlen von „privity". Andererseits lassen sich amerikanische Gerichte durch das scheinbare Fehlen von „privity" nicht davon abzuhalten, einem Anspruch stattzugeben, den sie im übrigen für begründet halten, genauso, wie deutsche Juristen eine unmittelbare Vermögensverschiebung auch in Fällen annehmen, in denen kein tatsächlicher Übergang eines Vermögensstücks zwischen den Parteien stattgefunden hat. *Dawson*[141] hält die Verwendung des „privity"-Gedankens für einen überholten und unzweckmäßigen Versuch, Bereicherungsansprüche einzuschränken.

---

137 *Dawson*, Unjust Enrichment, 122, 127.

138 Rest., Restitution.
§§ 13, 14, 17, 23, 33, 43, 76, 79, 81, 84, 103, 110, 112—115, 117, 118, 120, 124, 126, 128, 131, 133, 165, 204.

139 Corbin on Contracts, § 777.

140 Sergeant v. Stryker. 16 N.J.L. 464, 32 Am. Dec. 404 (1838).
Vgl. auch England v. Clark, 4 Scam. (5 Ill.) 486 (1843).

141 *Dawson*, Unjust Enrichment, 126.

Der zweite besondere Rechtsgedanke für Dreiecksverhältnisse ist der an ein Auseinanderfallen von tatsächlicher Zuwendung und rechtlicher Leistung, wie es oben für das deutsche Bereicherungsrecht dargestellt wurde. Eine ähnliche Vorstellung findet sich auch in amerikanischen Entscheidungen. So wird zum Beispiel in der soeben erwähnten Entscheidung Sergeant v. Stryker[142] ausgeführt, eine Zahlung von B an C sei „by implication of law" eine Zahlung von A an C. Dasselbe ist in Merchants' Insurance Co. v. Abbott[143] mit der Formulierung „the money paid to C was in legal effect a payment by B to A" gemeint. Es soll aber nicht unerwähnt bleiben, daß *Friedmann*[144], der diese Frage erörtert, im Gegensatz zu der hier vertretenen Ansicht zu der Auffassung gelangt, der abstrakte Gedanke eines Auseinanderfallens von tatsächlicher Zuwendung und rechtlicher Leistung sei dem amerikanischen Rechtsdenken fremd. Seiner Ansicht nach bleiben die fraglichen Entscheidungen bei der Vorstellung eines zeitlichen Nacheinanders, wie es von den Bereicherungsketten her bekannt ist, stehen, ohne zu der Vorstellung einer Simultanwirkung zu gelangen.

---

[142] Sergeant v. Stryker, 16 N.J.L. 464, 32 Am. Dec. 404 (1838).
Ganz ähnliche Ausführungen finden sich in:
Walker v. Conant, 69 Mich. 321, 37 N.W. 292, 13 Am. St. 391 (1888).
Grand Lodge, A.O.U.W. v. Towne, 136 Minn. 72, 161 N.W. 403 (1917).
Gaffner v. American Finance Co., 120 Wash. 76, 206 P. 916, 28 A.L.R. 624 (1922).

[143] Merchants Insurance Co. v. Abbott, 131 Mass. 397 (1881).

[144] *Friedmann*, Bereicherungshaftung, 70—74.

D. PRINZIPIEN FÜR DEN BEREICHERUNGSAUSGLEICH IN DREIECKSVERHÄLTNISSEN

Bis hierher war die Rede davon, was unter dem Begriff Dreiecksverhältnis zu verstehen ist und was für Rechtssätze für den Ausgleich von Vermögensverschiebungen in Dreiecksverhältnissen herangezogen werden. Nunmehr wird auf das Hauptanliegen der vorliegenden Untersuchung eingegangen. Es soll gezeigt werden, daß für den Ausgleich von Vermögensverschiebungen in Dreicksverhältnissen zwei verhältnismäßig einfache, nur von wenigen Ausnahmen durchbrochene Prinzipien oder Grundregeln maßgebend sind, die jeweils für eine der beiden, in der oben erarbeiteten Definition zusammengefaßten Arten von Dreiecksverhältnissen gelten.

Nach der eingangs erwähnten Methode[145] wird im folgenden zunächst das für jede der beiden Arten von Dreiecksverhältnissen „entdeckte“ Ausgleichsprinzip mitgeteilt. Alsdann folgt eine abstrakte Analyse der Vermögensverschiebungen, die für die betreffende Art von Dreiecksverhältnissen typisch sind. Schon durch sie wird jeweils die Geltung der beiden Ausgleichsprinzipien verständlich. Im Anschluß daran wird dargestellt werden, wie die von Rechtsprechung und Lehre nach deutschem und amerikanischem Recht in einschlägigen Fällen gefundenen Lösungen die Richtigkeit des Prinzips bestätigen und wie und warum das Prinzip in gewissen Ausnahmefällen durchbrochen wird. Abschließend wird jeweils gezeigt, wie sich aus den beiden Prinzipien ein neuer Kondiktionstyp ableiten läßt.

I. Befriedigung eines Gläubigers (im Valutaverhältnis) auf Kosten eines Dritten „Rückgriffskondiktion im weiteren Sinne“

1. Prinzip für den Bereicherungsausgleich

Das erste der beiden Ausgleichsprinzipien gilt für die Dreiecksverhältnisse die bei „Befriedigung eines Gläubigers (im Valutaverhältnis) auf Kosten eines Dritten“ entstehen. Es lautet: Bei Befriedigung eines Gläubigers C im Valutaverhältnis auf Kosten eines Dritten B hat dieser in der Regel einen Ausgleichsanspruch nur gegen den Schuldner A.

[145] Siehe oben Abschnitt A 3.

2. Bestätigung des Prinzips durch eine Analyse der Vermögensverschiebung

Das soeben erwähnte Prinzip entspricht in hohem Maße natürlichen Vorstellungen von einer ausgleichenden Gerechtigkeit. Das zeigt sich, wenn man das Ergebnis der Vermögensverschiebung betrachtet, zu der es kommt, wenn ein Gläubiger C nicht auf Kosten seines Schuldners A, sondern auf Kosten eines Dritten B befriedigt wird, ohne daß ein anderes Schuldverhältnis, etwa zwischen B und A, erfüllt wird.

In derartigen Fällen verringert sich das Vermögen des Dritten B um den Wert dessen, was der Gläubiger C erhält[146]. Dieser erhält zwar etwas, verliert aber zugleich seine Forderung gegen den Schuldner A, so daß sich bei ihm Gewinn und Verlust ausgleichen[147]. Das Vermögen des Schuldners A wird größer, da er von der Forderung des C befreit wird. Im Ergebnis ist also B entreichert und A bereichert[148]. Stellt man nur auf diese Vermögensverschiebung und nicht auf andere möglicherweise zu berücksichtigende Interessen ab, so muß ein Ausgleich zwischen B und A stattfinden.

Gegen diese Analyse der Vermögensverschiebung lassen sich Einwände erheben, die letztlich aber wohl nicht stichhaltig sind.

Zu erwähnen ist einmal eine von *Jakobs*[149] vertretene Auffassung, nach welcher eine Vermögensverschiebung nur zwischen dem Dritten B und dem Gläubiger C stattfindet. *Jakobs* meint, wenn B eine Sache an C übereigne, diesem sein Geld zahle, so bekomme der Schuldner A nichts in sein Vermögen, was zuvor im Bemögen des B gewesen wäre. Das Angreifbare dieser Betrachtungsweise liegt darin, daß sie am Äußerlichen haften bleibt und die Befriedigung einer Forderung im Valutaverhältnis zwischen C und A außer Betracht läßt. Das ist unrichtig, da die Erfüllung einer Forderung die Höhe der Vermögen von Gläubiger und Schuldner beeinflußt.

Ein zweiter Einwand wird von *Hülsmann* erhoben. *Hülsmann*[150] erwähnt zwar das Erlöschen einer Forderung des C gegen A. Er meint aber, eine etwaige Schulderfüllung im Valutaverhältnis müsse bei der Frage nach dem Bestehen eines Bereicherungsanspruchs außer Betracht bleiben. Sie gewinne erst bei der nachrangigen Bestimmung des Umfangs der Herausgabepflicht im Rahmen des § 818 Abs. 3 BGB Bedeutung. Eine Berücksichtigung des Erlöschens einer Forderung des Zuwendungsempfängers C gegen A stelle nämlich, ebenso wie die Berücksichtigung von Aufwendungen auf den Bereicherungsgegenstand und von erbrachten Gegenleistungen, eine Saldierung im Sinne der Saldotheorie dar. Nach dieser Ansicht wäre C um den Wert dessen, was er von B

---

146 *Barnstedt*, Das Merkmal, 47.

147 *v. Mayr*, Bereicherungsanspruch, 220.

148 *Bartels*, Indirekte und mittelbare Bereicherungsansprüche, 17.

149 *Jakobs*, Eingriffserwerb, 158.

150 *Hülsmann*, Dreiecksverhältnisse, 37f., 67.

erhält, bereichert. Ihr ist aber nicht zuzustimmen. Eine Saldierung im Sinne der Saldotheorie[151] findet bei der Abwicklung fehlgeschlagener Austauschverträge statt. Sie führt zu einer nachträglichen Verknüpfung von gegenseitigen Ansprüchen, die sich zunächst gegenüberstehen. So ist in der Tat eine Saldierung eines Anspruchs auf Rückgewähr einer Leistung mit einem Anspruch auf Ersatz von Aufwendungen und einem Anspruch auf Rückgewähr einer erbrachten Gegenleistung möglich. Wenn aber infolge einer von B an C erbrachten Leistung eine Forderung des C gegen A im Valutaverhältnis erlischt, kann einmal von einem fehlgeschlagenen Austauschvertrag zwischen B und C keine Rede sein. Darüber hinaus steht der Anspruch des C gegen A keinem anderen Anspruch gegenüber, da er automatisch sogleich mit Erhalt der Leistung durch C erlischt. Eine nachträgliche Saldierung im Sinne der Saldotheorie liegt demgemäß bei der Berücksichtigung des Erlöschens einer Schuld im Valutaverhältnis nicht vor. Vielmehr stellt eine derartige Schulderfüllung einen Teilaspekt der Vermögensverschiebung dar, zu deren Ausgleich ein Bereicherungsanspruch gegeben sein kann. Das Erlöschen einer Forderung des C gegen A ist demgemäß bereits bei der Prüfung der Voraussetzungen des Bereicherungsanspruchs und nicht erst bei der Ermittlung seines Umfangs zu berücksichtigen.

Ein drittes Bedenken gegen die soeben dargestellte Analyse der Vermögensverschiebung ergibt sich daraus, daß es formell erscheinen könnte, die Leistung des Dritten B und die Forderung des C gegen A gleichzusetzen. Wenn der Schuldner A etwa vermögenslos, ist, liegt es zunächst nahe, den Gläubiger C, der für Erhalt der vollen Leistung nur eine „wertlose“ Forderung verliert, für bereichert zu halten. Derartige Bedenken sind aber nicht begründet, weil im Schuldrecht davon auszugehen ist, daß Schuld und Erfüllungsleistung gleichwertig sind. Wäre das nicht so, dann könnte jeder schwache Schuldner, der wider Erwarten doch geleistet hat, gegen seinen endlich befriedigten Gläubiger Bereicherungsansprüche geltend machen, weil dessen Forderung „wertlos“ gewesen sei. Es mag aber hier schon erwähnt werden, daß ähnliche Bedenken, man spricht von der Verlagerung des „Insolvenzrisikos“[152], dazu geführt haben, dem Dritten B in vielen Fällen ein Wahlrecht[153] zuzubilligen, das ihn in die Lage versetzt, nachträglich selbst darüber zu entscheiden, ob eine wertlose Forderung als erloschen angesehen werden soll oder nicht.

Besonders zu betonen ist, daß das vorangestellte Prinzip und alle in diesem Zusammenhang gemachten Ausführungen, von einer Ausnahme, auf die so-

---

[151] Zur Saldotheorie vergleiche:
BGH Urt. v. 24. 6. 1963 — VII ZR 229/62 = NJW 1963, 1870.
Fikentscher, Schuldrecht, § 100 VI 3.
Larenz, Schuldrecht I, 8. Aufl., § 25 II b.
Larenz, Schuldrecht II, 7. Aufl., § 64 II.

[152] *Zeiss*, AcP 165 (1965), 332ff.

[153] siehe unten Abschnitt D I 3 g.

gleich hingewiesen wird, abgesehen, nur für den hier beschriebenen Fall gelten, in dem der Gläubiger C seine Forderung gegen den Schuldner A verliert. Wenn das nicht geschieht, C also seine Forderung gegen A behält, kann nicht von einem Ausgleich von Gewinn und Verlust bei C gesprochen werden. Demzufolge ist das Ergebnis der Vermögensverschiebung ein anderes und das hier besprochene Prinzip kann keine Gültigkeit beanspruchen.

Die erwähnte Ausnahme liegt dann vor, wenn durch eine Leistung des B an C eine Darlehensforderung des A gegen C begründet wird (sog. Leistung credendi causa). In solchen Fällen kann von einer „Befriedigung eines Gläubigers" nicht gesprochen werden. Das Reichsgericht hat aber mit Recht schon in einer frühen Entscheidung[154] darauf hingewiesen, daß derartige Fälle der Befriedigung eines Gläubigers (sog. Leistung solvendi causa) gleichzuachten sind, da die Vermögensverschiebung wirtschaftlich die gleiche ist. Auch im Schrifttum wird der Sonderfall, daß eine Forderung eines Anweisenden A gegen den Empfänger C begründet wird, dem Normalfall der Schuldtilgung gleichgestellt[155].

3. Bestätigung des Prinzips durch in praktischen Fällen gefundene Lösungen

Im folgenden wird dargestellt, wie von Rechtsprechung und Rechtslehre in einschlägigen Fällen gefundene Lösungen die Richtigkeit des Prinzips bestätigen. In einem anschließenden Abschnitt[156] bleibt darzulegen, wie und warum das Prinzip in Ausnahmefällen durchbrochen wird.

Vorausgeschickt sei, daß bei der Darstellung der Fälle von „Befriedigung eines Gläubigers (im Valutaverhältnis) auf Kosten eines Dritten" nur „reine" Fälle dieser Art behandelt werden, also nicht Fälle, in denen außer einem Valutaverhältnis zwischen einem Gläubiger C und einem Schuldner A auch noch ein Deckungsverhältnis zwischen einem Dritten B und dem Schuldner A erlischt. Auch auf derartige Fälle wird eingegangen[157], aber erst nachdem die beiden Arten von Dreiecksverhältnissen in reiner Form erörtert worden sind.

Die Fälle der Befriedigung eines Gläubigers (im Valutaverhältnis) auf Kosten eines Dritten, deren Lösungen das Prinzip bestätigen, sind außerordentlich häufig. Sie werden im folgenden in Fallgruppen gegliedert, die sich stark voneinander unterscheiden. Deutlich heben sich Fälle, in denen die Vermögensverschiebung auf eine Handlung des Schuldners A oder auf andere Gründe zurückgeht („Übergang eines Rechtes von einem Dritten auf einen Gläubiger in sonstiger Weise")[158], von Fällen ab, in denen eine Leistung des Dritten B

[154] RG Urt. v. 16. 3. 1914 — IV 664/13 = JW 1914, 643.

[155] *Jung*, Bereicherungsansprüche, 88.
Larenz, Schuldrecht II, 7. Aufl., § 62 II b.

[156] Siehe unten Abschnitt D I 4.

[157] Siehe unten Abschnitt D III.

[158] Vgl. die Darstellung bei *Barnstedt*, Das Merkmal.

zu der Vermögensverschiebung führt. Besonders letztere sind zahlreich. Diese Leistungsfälle werden zunächst erörtert, wobei wiederum nach den im einzelnen sehr verschiedenen Motivationen des Leistenden B unterschieden werden soll[159].

a) Leistung an den Gläubiger eines anderen auf Weisung des Schuldners in der irrigen Annahme einer eigenen Verpflichtung letzterem gegenüber „Anweisungsfälle mit fehlendem Deckungsverhältnis"

aa) Allgemeine Beschreibung dieser Fallgruppe

Zu einer „Befriedigung eines Gläubigers auf Kosten eines Dritten" (ohne gleichzeitige Erfüllung eines anderen Schuldverhältnisses (Deckungsverhältnis)) kommt es besonders häufig, wenn ein Dritter B in der irrigen Annahme einer eigenen Verpflichtung gegenüber einem Schuldner A auf dessen Weisung an dessen Gläubiger C leistet und so die Schuld des A gegenüber C erfüllt. *Barnstedt*[160] hat ausführlich dargelegt, wie es in solchen Fällen zur Erfüllung im Valutaverhältnis kommt. Man spricht hier weniger exakt[161] aber plastisch gewöhnlich von „Anweisungsfällen mit fehlendem Deckungsverhältnis". Dieser allgemein übliche Ausdruck ist deswegen wenig exakt, weil keineswegs immer eine „Anweisung" vorliegt und es nicht auf das Fehlen sondern auf die Nichterfüllung eines Deckungsverhältnisses ankommt. Hervorzuheben ist vor allem, daß die folgenden Ausführungen auch für Fälle gelten, in denen ein Deckungsverhältnis zwar vorliegt aber nicht erfüllt[162] wird.

Die Leistung des Dritten B ist bei der hier besprochenen Fallgruppe meistens rechtsgeschäftlicher Natur. Sie kann in der Übertragung des Eigentums an einer Sache, etwa an Geld, oder in der Eingehung einer eigenen Verpflichtung gegenüber dem Gläubiger C, etwa in Form einer Gutschrift auf einem Konto des C bestehen, wie in folgendem ersten Beispiel:

A ist Kunde der Bank B. Obwohl er kein Guthaben hat und die Bank auch nicht bereit ist, ihm Kredit zu gewähren, gibt er seinem Gläubiger C einen auf die Bank B gezogenen Scheck. Diese löst den Scheck versehentlich ein.

Häufig ist die Leistung des Dritten B aber auch ein bloßer Realakt[163], wie die Verbindung eigener beweglicher Sachen mit einem Grundstück des C, wie in folgendem zweiten Beispiel:

---

[159] Vgl. die Darstellung bei *v. Mayr*, Bereicherungsanspruch, 219—257.

[160] *Barnstedt*, Das Merkmal, 49.

[161] Zu derartigen Fällen vgl. *Victor Wolff*, JherJb 84 (1934), 107 (168ff.).

[162] Der Nichterfüllung einer Schuld im Deckungsverhältnis steht der Nichteintritt eines mit der Leistung nach dem Inhalt des Rechtsgeschäfts bezweckten Erfolges (vgl. § 812 Abs. 1 Satz 2 zweite Alternative BGB; RG Urt. v. 8. 6. 1931 — IV 474/30 = HRR 1931 Nr. 1752) und der spätere Fortfall eines Deckungsverhältnisses durch Anfechtung (vgl. *v. d. Pfordten*, LZ 1919, 221 (224f.)) gleich.

[163] *H. P. Westermann*, Die causa, 228.

Der Architekt A verpflichtet sich zur Errichtung eines Hauses auf dem Grundstück des C. Er beauftragt seinerseits den Bauunternehmer B mit der Ausführung der Arbeiten. B baut eigenes Baumaterial in den Neubau ein. Wie sich später herausstellt, ist der Vertrag zwischen dem Architekten A und dem Bauunternehmer B nichtig.

Trotz großer Ähnlichkeit mit dem vorigen Beispiel verdienen Fälle, in denen der Dritte B unrechtmäßiger Besitzer eines Sache des C ist, besondere Beachtung. Man denke an folgendes dritte Beispiel:

A verpflichtet sich als Vorbehaltskäufer, Reparaturen an einem Auto, das noch dem Vorbehaltsverkäufer C gehört, ausführen zu lassen. Mit der Ausführung einer Reparatur beauftragt A den Werksunternehmer B. B repariert den Wagen des C. Dann stellt sich heraus, daß der Vertrag zwischen B und dem Käufer A nichtig ist.

Da derartige „Anweisungsfälle" innerhalb der Dreiecksverhältnisse eine besonders wichtige Gruppe bilden, soll auf ihre Struktur hier näher eingegangen werden. Dabei ist zu beachten, daß die folgenden Hinweise nicht nur für „Anweisungsfälle mit fehlendem Deckungsverhältnis", sondern auch für andere Anweisungsfälle gelten, auf die erst weiter unten[164] eingegangen werden soll.

Typisches Kennzeichen dieser Fälle ist die Beteiligung von drei Personen. Eine davon ist gleichzeitig tatsächlich oder scheinbar Gläubiger der einen und Schuldner der anderen beteiligten Partei. Dieser Beteiligte mit der Doppelstellung als Gläubiger-Schuldner wird hier immer A genannt. Der zweite Beteiligte ist nur Schuldner des A. Er wird in dieser Arbeit immer B genannt. Der Dritte, welcher nur Gläubiger des A ist, wird ständig C heißen.

Die Bezeichnung „Anweisungsfälle" für Sachverhalte, an denen drei Personen in der soeben beschriebenen Art beteiligt sind, ist irreführend. Häufig liegt nämlich keine „Anweisung" sondern ein „Vertrag zugunsten Dritter" vor[165]. Immer aber findet sich eine mit einer Ermächtigung zur Leistung verbundene Weisung[166] des wahren oder vermeintlichen Gläubiger-Schuldners A an den Schuldner B zur Leistung an den Gläubiger C. Ein wesentlicher Unterschied zwischen „Anweisungen" und „Verträgen zugunsten Dritter" ist, daß nur durch letztere dem Schuldner B eine Leistung an den Gläubiger C zur Pflicht gemacht wird[167].

Von einer „Anweisung im weiteren Sinne"[168] kann man eigentlich nur sprechen, wenn der wahre oder angebliche Gläubiger-Schuldner A seinen Schuldner B durch eine einseitige Erklärung auffordert und ermächtigt[169],

---

[164] siehe unten Abschnitt D II 3a sowie D III 3 a.

[165] *v. Tuhr*, Allgemeiner Teil des BGB, § 71 I 4 (57); § 72 V 3 (100).

[166] Ein absichtlich farblos gewählter Begriff.
Vgl. *Ulmer*, AcP 126 (1926), 129 (134 Anm. 11).

[167] *Victor Wolff*, JherJb 84 (1934), 107 (108).
a.A. *Ulmer*, AcP 126 (1926), 129 (136ff.).

[168] *Larenz*, Schuldrecht II, 7. Aufl., § 61 I.
Erman-Hense, BGB, 4. Aufl., vor § 783 Anm. 5 (Druckfehler, die „5" fehlt).

[169] *Larenz*, Schuldrecht I, 8. Aufl., § 26 II 2.

an seinen Gläubiger C zu leisten. Diese „Anweisung" kann unmittelbar an B oder, wie in den klassischen Anweisungsfällen (§ 783 ff. BGB), an den Gläubiger C gegeben werden. Sie kann mündlich oder, wie bei Wechseln und Schecks, schriftlich erteilt werden. Kennzeichnend ist, wie gesagt, daß der Angewiesene B durch die bloße Anweisung nicht zur Leistung an den Gläubiger C verpflichtet wird, sondern weiterhin auch an A leisten kann[170]. Ferner wird im Schrifttum darauf hingewiesen, daß der Angewiesene im „eigenen Namen" leiste[171].

Keine „Anweisung im weiteren Sinne" sondern ein „Vertrag zugunsten eines Dritten" liegt dann vor, wenn die Weisung und Ermächtigung des Gläubiger-Schuldners A an den Schuldner B zur Leistung an C nicht durch einseitige Erklärung, sondern im Rahmen eines Vertrages[172] erteilt wird. Eine solche Vertragsgestaltung findet sich häufig bei Kaufverträgen (§§ 433ff. BGB), Aufträgen (§§ 662ff. BGB)[173], Geschäftsbesorgungsverträgen (§ 675 BGB)[174] und Werkverträgen (§ 631 ff. BGB). Anders als bei den Anweisungen im weiteren Sinne ist oder scheint hier der wahre oder vermeintliche Schuldner B dem A gegenüber zur Leistung an C verpflichtet. Anders als bei den Anweisungen soll B bei Aufträgen zugunsten Dritter und dementsprechend wohl auch bei anderen Verträgen zugunsten Dritter seine Leistung an C „im fremden Namen" erbringen[175, 176].

---

170 *Larenz*, Schuldrecht II, 7. Aufl., § 61 II a.

171 *Staudinger-Müller*, BGB, 11. Aufl., Vorbem. vor § 783 Rdn. 4.
Molitor, Schuldrecht II, 5. Aufl., § 29 II 2.
Enneccerus-Lehmann, Schuldrecht, 15 Bearb., § 221 III 1 b (am Anfang).
Esser, Schuldrecht, 2. Aufl., § 151, 3 (5)
RG Urt. v. 12. 1. 1905 — Rep VI 111/04 = RGZ 60, 24.

172 *Larenz*, Schuldrecht I, 8. Aufl., § 26 II 2.

173 Gelegentlich werden die Aufträge selbständig neben Anweisungen und Verträgen zugunsten Dritter genannt und nicht als Unterfälle der letzteren gesehen:
Vgl. *Staudinger-Seufert*, BGB, 11. Aufl., § 812 Rdn. 8c a.
Esser, Schuldrecht, 2. Aufl., § 151, 3 (5).
Enneccerus-Lehmann, Schuldrecht, 15 Bearb., § 221 III 1 b.

174 Man denke an Banküberweisungen.
Esser, Schuldrecht, 2. Aufl., § 151, 3 (1).

175 *Molitor*, Schuldrecht, II, 5. Aufl., § 29 II 2.
Esser, Schuldrecht, 2. Aufl., § 151, 3 (5).
Staudinger-Müller, BGB, 11. Aufl., Vorbem. vor § 783 Rdn. 4.
Vgl. OLG Bamberg, Urt. v. 7. 1. 1905 — I CS = OLGRspr. 10, 183 („Im Interesse" des anderen)
a.A. wohl *Enneccerus-Lehmann*, Schuldrecht, 15. Bearb., § 221 III 1 b (am Anfang).

176 Ob der Schuldner B „im eigenen Namen" oder „im fremden Namen" an C leistet, ist für den Bereicherungsausgleich nach der hier vertretenen Auffassung unerheblich (vgl. auch unten Abschnitt D II 3 a dd.). Die Unterscheidung ist jedoch wichtig für eine Antwort auf die Frage, ob es auch bei Einschaltung eines Vertreters zur Entstehung von Dreiecksverhältnissen kommen kann. Nimmt man mit der im Text erwähnten Ansicht an, daß B bei Aufträgen zugunsten eines Dritten C an diesen

Wie sich im folgenden zeigen wird, spielt der Unterschied zwischen „Anweisungen im weiteren Sinne“ und „Verträgen zugunsten Dritter“ für den Bereicherungsausgleich keine Rolle. Darum soll hier für alle Fälle, in denen eine wie immer geartete „Weisung“ erteilt worden ist, an der unpräzisen aber eingebürgerten Bezeichnung „Anweisungsfälle“[177] festgehalten werden.

Das zuletzt Gesagte gilt, wie erwähnt, für alle Anweisungsfälle. Die Eigenart der hier zunächst zu besprechenden „Anweisungsfälle mit fehlendem Deckungsverhältnis“ besteht nun darin, daß die Forderung nicht besteht, zu deren Erfüllung durch Leistung an einen Gläubiger C ein vermeintlicher Gläubiger-Schuldner A seinen scheinbaren Schuldner B durch „Anweisung im weiteren Sinne“ oder im Rahmen eines „Vertrages zugunsten eines Dritten“ auffordert und ermächtigt.

bb) Keine Ansprüche des Dritten B gegen den Gläubiger C nach deutschem Recht

In „Anweisungsfällen mit fehlendem Deckungsverhältnis“ besteht kein Zweifel daran, daß B, der als Dritter außerhalb des Schuldverhältnisses C—A steht, seine Leistung zurückfordern kann. B sieht sich aber, wenn man das soeben erwähnte Prinzip über den Bereicherungsausgleich bei „Befriedigung eines Gläubigers auf Kosten eines Dritten“ als noch unbewiesen zunächst außer Betracht läßt, in A und C zwei möglichen Anspruchsgegenern gegenüber. Hier soll zunächst von Ansprüchen des leistenden Dritten B gegen den befriedigten Gläubiger C gesprochen werden.

Ein solcher Anspruch besteht, das sei vorweg bemerkt, nur in zwei Ausnahmefällen, nämlich bei „Schenkungen auf Kosten eines Dritten“ und „Verwendungen durch nicht zum Besitz berechtigte Dritte“, wie etwa in dem dritten Beispielfall. Auf diese Ausnahmen wird weiter unten[178] gesondert eingegangen.

Im übrigen lehnen die Rechtsprechung und der weitaus größte Teil des Schrifttums Ansprüche des Dritten B gegen den Gläubiger C ab.

„im fremden Namen“, also als Vertreter des A, leistet, so gibt es damit Dreiecksverhältnisse, an denen ein Vertreter beteiligt ist. Im Gegensatz dazu wird die Auffassung vertreten, bei Auftreten eines Vertreters oder Boten liege nie ein Dreiecksverhältnis vor (*Erman-Seiler*, BGB, 4. Aufl., § 812 Anm. 4c cc; *H. P. Westermann*, Die causa, 224f; *Hülsmann*, Dreiecksverhältnisse, 1 mit weiteren Nachweisen; ebenso wohl *Palandt-Gramm*, BGB, 26. Aufl., § 812 Anm. 4 B b aa). Richtig dürfte es sein, die Möglichkeit der Entstehung von Dreiecksverhältnissen bei Handeln eines Vertreters nicht völlig auszuschließen. Wenn B als Vertreter des A an C leistet, kann es zur Erfüllung einer Schuld des B gegenüber A und damit zur Entstehung eines Dreiecksverhältnisses kommen. Das Innenverhältnis zwischen Vertreter und Vertretenem ist dann als Deckungsverhältnis zu betrachten.

[177] *v. Caemmerer*, JZ 1962, 385 (387) spricht von „Anweisungs- und Clearingleistungen“

[178] Siehe unten Abschnitt D I 4 a und c.

Zu denken wäre an Ansprüche aus Geschäftsführung ohne Auftrag (§§ 677ff. BGB). Derartige Ansprüche entfallen aber schon deswegen, weil der Dritte kein Geschäft des Gläubigers, sondern nur ein eigenes[179] und allenfalls ein solches des A führen will.

Eher käme ein Bereicherungsanspruch des Dritten B gegen den Gläubiger C in Betracht. Ein solcher Anspruch könnte sich entweder, etwa in Einbau-Fällen von der Art des zweiten Beispiels, aus § 951 in Verbindung mit §§ 812ff. BGB[180] oder unmittelbar aus §§ 812ff. BGB ergeben.

Bei der Untersuchung von Bereicherungsansprüchen gemäß §§ 812ff. BGB ist zwischen den verschiedenen bereicherungsrechtlichen Theorien zu unterscheiden.

Nach der „älteren Bereicherungslehre" entfällt ein Bereicherungsanspruch schon deswegen, weil der Gläubiger C nicht „bereichert"[181] ist. Bei ihm gleichen sich der Verlust der Forderung gegen A und der Wert der von B empfangenen Zuwendung aus. Der Gläubiger erhält nicht mehr als ihm zukommt. Mit dieser Begründung hat das Reichsgericht in dem häufig zitierten „Postanweisungsfall"[182] eine Klage der Post abgewiesen[183]. In einem Fall, dem das erste der drei soeben erwähnten Beispiele nachgebildet ist, gab dement-

---

[179] *Esser*, Fälle und Lösungen, 2. Aufl., 125.

[180] Aus der Anwendung von § 951 BGB ergeben sich für die Anspruchsvoraussetzungen keine Besonderheiten (siehe oben Abschnitt C I 1).

[181] RG Urt. v. 21. 10. 1931 — IX 187/31 = JW 1932, 735
v. d. Pfordten, LZ 1919, 221 (222f.) (für Fälle, in denen B die Forderung des C gegen A nicht erfüllen wollte).
Ascher, LM § 813 BGB BNr. 1.
Leonhard, Allgemeines Schuldrecht, § 179.
Victor Wolff, JherJb 84 (1934), 107 (135)
a.A. *Hülsmann*, Dreiecksverhältnisse, 37 (Fußnote 190), 67.

[182] RG Urt. v. 12. 1. 1905 (nicht 1904, wie es irrtümlich in der amtlichen Sammlung heißt) — Rep VI 111/04 = RGZ 60, 24 (29). In diesem Fall hatte die Post (B) Postanweisungsbeträge an einem Empfänger C ausbezahlt, weil sie zu Unrecht glaubte, dem Absender A gegenüber dazu verpflichtet zu sein. Eine solche Verpflichtung bestand deswegen nicht, weil A, ein ungetreuer Posthalter, die Postanweisungsbeträge nicht eingezahlt hatte. Durch die Zahlung der Post war eine Forderung des C gegen A erfüllt worden. Diese Entscheidung wird häufig als grundlegend für den hier besprochenen Fragenkreis zitiert. Die weitaus h. L. stimmt ihr zu: *Staudinger-Seufert*, BGB, 11. Aufl., § 812 Anm. 8 ca; *Palandt-Gramm*, BGB, 26. Aufl., § 812 Anm. 4 B b cc; *Erman-Seiler*, BGB, 4. Aufl., § 812 Anm. 4 c aa α; *Jung*, JherJb 70 (1921), 207ff.; *Jung*, Reichsgerichtspraxis III, 143 (159); *Kötter*, AcP 153 (1954), 193 (208 Anm. 54); *Leonhard*, Allgemeines Schuldrecht, § 179 (S. 368); *Esser*, Schuldrecht, 2. Aufl., § 190, 3; *H. P. Westermann*, Die causa, 227. — Abgelehnt wird die Entscheidung unter anderem von: *Stampe*, AcP 107 (1911), 274 (288); *Neugebauer*, Postarchiv 1923, 442ff; *Bull*, AcP 136 (1932), 321ff; *Meyer-Cording*, Das Recht der Banküberweisung, 51, 103f; Es ist zu beachten, daß die Tätigkeit der Post nach heutiger Auffassung (*v. Mayr*, Bereicherungsanspruch, 261, entschied sich noch anders) öffentlich-rechtlich geregelt ist. Demgemäß käme heute wohl für die Rückforderung von Postanweisungsbeträgen ebenso wie etwa für die Rückforderung von Versorgungsleistungen, welche an die

sprechend das OLG Naumburg[184] unter Hinweis auf das Fehlen einer ungerechtfertigten „Bereicherung" der Klage einer Bank B gegen den Empfänger C eines ungedeckten Schecks nicht statt. — Diejenigen, die der „älteren Bereicherungslehre" folgen, sprechen allerdings meist nicht vom Fehlen einer „Bereicherung" sondern davon, daß zwischen B und C keine „unmittelbare" Vermögensverschiebung vorliege[185]. Gelegentlich wird sogar argumentiert, daß ein Bereicherungsanspruch entfalle, weil die Leistung des B an C in Fällen dieser Art nicht „ohne Rechtsgrund" erfolge[186]. So hat das OLG Naumburg in der soeben erwähnten Entscheidung ergänzend ausgeführt, die Zahlung an C „erfolge nicht ohne rechtlichen Grund, im Verhältnis zum Empfänger betrachtet." Auch das Reichsgericht[187] hat einmal im gleichen Sinne gesagt, die irrige Annahme einer Bank B, sie sei einem A gegenüber zur Leistung an einen Dritten C verpflichtet, berühre den „rechtlichen Grund" der Leistung nicht. Diese Auffassung geht davon aus, daß der „Rechtsgrund" für die Leistung in den Beziehungen des Anweisenden A zu dem Empfänger C zu suchen ist, oder wie das Reichsgericht es bei anderer Gelegenheit wenig glücklich ausgedrückt hat, daß „der Untergang des Anspruchs des C gegen A den Rechtsgrund für die von C erlangte Leistung bildet"[188].

Auch nach der „Lehre von Leistungs- und Eingriffskondiktion" hat der Leistende B bei fehlendem Deckungsverhältnis gegen C weder einen Bereiche-

Kinder eines „wiederaufgetauchten Verschollenen" erbracht worden sind (vgl. *Lenze*, FamRZ 1963, 354ff.; BVerfG Beschl. vom 11. 5. 65 — 2 BvR 747/64 = NJW 65, 1267) nicht ein privatrechtlicher Bereicherungsanspruch sondern ein öffentlich-rechtlicher Erstattungsanspruch in Betracht. Auf diesen wären aber die Grundsätze des Bereicherungsrechts entsprechend anzuwenden, so daß sich an dem vom Reichsgericht gefundenen Ergebnis, dem, wie sich aus dem Text ergibt, zuzustimmen ist, nichts ändern würde. (Vgl. zu diesem Fragenkreis BGH, Urt. v. 9. 1. 1967 — VII ZR 129/64 = NJW 1967, 781ff. und unten Fußnoten 217 und 243.)

[183] Vgl. RG Urt. v. 16. 3. 1914 — IV 664/13 = JW 1914, 643, wo es in einem obiter dictum heißt, wenn ein Käufer B auf Anweisung des Verkäufers A an eine Zahlstelle C gezahlt habe und der Kaufvertrag nichtig sei, sei die Zahlstelle C nicht zur Herausgabe verpflichtet. Vgl. auch RG Urt. v. 21. 10. 1931 — IX 187/31 = JW 1932, 735, wo es ebenfalls in einem obiter dictum heißt, die Gläubigerin C erhalte nur, was sie von dem Schuldner A zu fordern habe.

[184] OLG Naumburg Urt. v. 14. 1. 1914 — 4 U 165/13 = SeuffA 69, Nr. 103.

[185] *Berg*, JuS 1964, 137 (138 Fußnote 4).
Vgl. *Brandi*, Bereicherung, 107
a.A. *Hülsmann*, Dreiecksverhältnisse, 69.

[186] *v. d. Pfordten*, LZ 1919, 221 (222f.).
Victor Wolff, JherJb 84 (1934), 107 (136).
Barnstedt, Das Merkmal, 49.
Brandi, Bereicherung, 107.
Collatz, Vermögensverschiebung, 17.

[187] RG Urt. v. 21. 10. 1931 — IX 187/31 = JW 1932, 735 r. Sp. unten.

[188] RG Urt. v. 15. 6. 1932 — V 11/32 = SeuffA 86,325.
Vgl. auch RG Urt. v. 28. 12. 1910 — I 471/09 = WarnRspr. IV (1911), 122 (Nr. 114).

rungsanspruch[189] aus § 812 BGB allein noch einen solchen aus § 951 in Verbindung mit § 812 BGB. Für die Anwendung dieser Theorie ist in Fällen der hier besprochenen Art, wie oben dargestellt[190], von dem Vorliegen zweier „mittelbarer Leistungen", nämlich von B an A und von A an C, auszugehen, weil B „bewußt und zweckgerichtet" nur im Hinblick auf die irrtümlich angenommene Verpflichtung A gegenüber handelt und weil sich die Zuwendung des B aus der Sicht des Empfängers C als „Leistung" des A darstellt[191]. Eine „Leistungskondiktion" des B gegen C entfällt unter diesen Umständen, da B dem C keine „Leistung", sondern nur eine „unmittelbare, tatsächliche Zuwendung" erbracht hat[192]. — Mit einer abweichenden Begründung lehnt *Rothoeft*[193] eine Leistungskondiktion des B gegen C ab. Er erörtert einen Fall von der Art des zweiten Beispiels und sagt, die inhaltliche Bezugnahme der „Leistung" auf das intakte Schuldverhältnis zwischen Architekt A und dem Bauherrn C lasse im Verhältnis des letzteren zu dem Bauunternehmer B einen rechtlich geschützten Erwerbsgrund entstehen.

---

[189] *Berg*, NJW 62, 101.
Berg, JuS 1964, 137 (138).
Larenz, Schuldrecht II, 7. Aufl., § 62 II b.
Esser, Schuldrecht, 2. Aufl., § 190, 3.
v. Caemmerer, Festschrift für Rabel I, 333 (372).

[190] Vgl. oben Abschnitt C I 1 b.
Ascher, LM § 813 BGB Nr. 1.
H. P. Westermann, Die causa, 226f.

[191] OLG Nürnberg Urt. v. 17. 9. 1963 — 3 U 81/63 = MDR 1964, 55.
Jung, Bereicherungsansprüche, 90.

[192] BGH Urt. v. 29. 5. 1967 — VII ZR 66/65 = MDR 1967, 754 = WPM 1967, 686 (687 r. Sp.) = DB 1967, 1363 = BB 1967, 867.
Esser, Fälle und Lösungen, 2. Aufl., 127.
Kötter, AcP 153 (1954), 193 (203).
Vgl. OLG Köln Urt. v. 7. 6. 1966 — 4 U 294/65 = NJW 1966, 2364 = MDR 1966, 847 = BB 1966, 1206 = VersR 1966, 748. Der Entscheidung liegt folgender Sachverhalt zugrunde: Eine Versicherung B glaubt irrtümlich dem Versicherungsnehmer A eine Versicherungsleistung zu schulden. Sie zahlt an das Kreditinstitut C, das einen Teil der gezahlten Summe an A weiterleiten soll. Das OLG nimmt an, es liege eine „Dreiecksbeziehung" der hier besprochenen Art vor, und verneint einen Bereicherungsanspruch von B gegen C entsprechend der „Lehre von Leistungs- und Eingriffskondiktion". Dabei übersieht das OLG aber wohl, daß es nicht auf Grund eines einheitlichen Bereicherungsvorganges zu einer Befriedigung eines Gläubigers im Valutverhältnis kommt. Wenn zunächst B an C zahlt und C dann einen Teil des Geldes an A weiterleitet, liegen zwei aufeinanderfolgende Bereicherungsvorgänge vor. Es handelt sich daher um eine Bereicherungskette und nicht um ein Dreiecksverhältnis. Ein Bereicherungsanspruch des B gegen C läßt sich nur mit der vom Landgericht gegebenen Begründung verneinen, eine Bereicherung des C sei entfallen (§ 818 Abs. 3 BGB).

[193] *Rothoeft*, AcP 163 (1964), 215 (228 Fußnote 53).

Eine „Eingriffskondiktion" des B gegen C scheidet aus. Das ist nicht etwa mit § 814 BGB zu begründen, da diese Vorschrift nur die „Leistungskondiktion" in gewissen Fällen ausschließt[194]. Gegen eine „Eingriffskondiktion" spricht vielmehr nach Auffassung vieler Verfechter der „Lehre von Leistungs- und Eingriffskondiktion" deren Subsidiarität[195]. Eine „Eingriffskondiktion" soll entweder deswegen entfallen, weil schon die bloße soeben erörterte Möglichkeit einer „Leistungskondiktion" jede „Eingriffskondiktion" ausschließt[196], oder aber deswegen, weil, wie erwähnt, eine „Leistung" des A an C vorliegt[197].

Aus den Grundsätzen der „Rückgriffskondiktion" kann sich ein Anspruch des Leistenden B gegen den Empfänger C nicht ergeben, da die „Rückgriffskondiktion" nur Ansprüche gegen den befreiten Schuldner oder Mitschuldner A gibt.

Nach der „Faustregel für Dreiecksverhältnisse" kommt ein Anspruch des B gegen C deswegen nicht in Frage, weil zwischen C und A bei der hier besprochenen Fallgruppe ein Valutaverhältnis besteht, Ansprüche des B gegen C nach der „Faustregel" aber nur dann gegeben sind, wenn weder ein Deckungs- noch ein Valutaverhältnis vorliegt.

Die soeben dargelegten dogmatischen Überlegungen sind der Grund dafür, daß die Rechtsprechung und der überwiegende Teil des Schrifttums Bereicherungsansprüche des B gegen C ablehnen. Es werden aber auch andere Ansichten vertreten[198].

Stampe[199] will B einen Anspruch gegen C geben, wenn B lediglich einen Leistungsakt an C vollzogen hat, beide aber keine Erfüllungsabrede getroffen haben. Er begründet das damit, daß nicht einzusehen sei, warum die Stellung des B im Kondiktionsstadium eine andere sein solle als im Obligationsstadium. Was damit gemeint ist, bleibt unklar.

v. Caemmerer meint, eine Bank könne gelegentlich doch eine Gutschrift von einem Begünstigten C kondizieren, etwa dann, wenn sie auf Grund gefälschten

---

194 So aber *Brandi* (Bereicherung 119f.) und *Gräber* (Bereicherung durch Leistung, 97) unter Bezugnahme auf eine wohl mißverstandene Bemerkung *Wilburgs* (Die Lehre, 117). *Wilburg* erwähnt § 814 BGB nur im Zusammenhang mit Fällen von Schulderfüllung (im Deckungsverhältnis) bei Erwerb der Erfüllungsleistung durch einen Dritten.

195 Siehe oben Abschnitt C I 1 b cc.

196 *Esser*, Fälle und Lösungen, 2. Aufl., 128.
Berg, NJW 1964, 720.
Kötter, AcP 153 (1954), 193 (208).
Rothoeft, AcP 163 (1964), 215 (243).

197 BGH Urt. v. 31. 10. 1963 — VII ZR 285/61 = BGHZ 40, 272 = LM § 951 BGB Nr. 18 = NJW 1964, 399 = MDR 1964, 224 = BB 1964, 58.
Brandi, Bereicherung, 121.

198 Außer den im Text Genannten:
Amrhein, Mittelbare Bereicherung, 56.

199 *Stampe*, AcP 107 (1911), 274 (288).

Überweisungsauftrages oder gefälschten Schecks geleistet habe oder wenn ein Überweisungsauftrag von einem geisteskranken Kunden gegeben worden sei. Eine ausführliche Begründung für diese Auffassung gibt *v. Caemmerer* nicht. Er fügt aber selbst hinzu, die Abgrenzung derartiger Fälle von anderen Fällen mangelhafter Deckungsverhältnisse sei schwierig[200].

Ähnlich meint *Gräber*[201], ein Angewiesener B, der nur beschränkt geschäftsfähig sei, könne von dem Anweisungsempfänger C kondizieren. Dieses Ergebnis entspreche dem gesetzlich vorgeschriebenen Minderjährigenschutz. Dogmatisch sei es zu begründen, wenn man annehme, daß auch nicht auf einen Zweck bezogene Zuwendungen als „Leistung" anzusehen seien.

Ulmer[203] will in den von *v. Caemmerer* erwähnten Fällen dem B wenigstens bei indirekten Anweisungen einen Anspruch gegen C einräumen, also dann, wenn C als erster die nichtige Anweisung in die Hand bekam und sie seinerseits dem B präsentierte. Ulmer meint, C sei dann das erste Opfer der Täuschung geworden. In seiner Sphäre liege die Fehlerquelle. Es sei deshalb interessengerecht, C einer Kondiktion des B auszusetzen.

Endlich will *Hülsmann*[203] dem Angewiesenen B in gewissen Fällen eine „Eingriffskondiktion" gegen den Anweisungsempfänger C zubilligen. Es soll entscheidend darauf ankommen, ob C dem Anweisenden A eine Gutschrift erteilt, weil das der mit der Zuwendung an C von B verfolgte Zweck sein soll[204].

Gegen diese abweichenden Auffassungen spricht entscheidend, daß C gar keinen Vermögenszuwachs hat, wenn er, wie in den hier besprochenen Fällen, mit Erhalt der Leistung des B eine auf eben diese Leistung gerichtete Forderung gegen A verliert. Nach der hier vertretenen Ansicht nehmen, wie gesagt, nur die Fälle der „Schenkungen auf Kosten eines Dritten" und die „Verwendungen durch nicht zum Besitz berechtigte Dritte", auf die noch einzugehen sein wird[205], eine Ausnahmestellung ein.

cc) Keine Ansprüche des Dritten B gegen den Gläubiger C nach amerikanischem Recht

Auch nach amerikanischem Recht hat der leistende Dritte B keinen Anspruch gegen den Zuwendungsempfänger C.

---

[200] *v. Caemmerer*, JZ 1962, 385 (387).
Kritisch dazu: *Schlosser*, ZZP 76 (1963), 73 (77) und *Hülsmann*, Dreiecksverhältnisse, 73.

[201] *Gräber*, Bereicherung durch Leistung, 98f., 155.

[202] *Ulmer*, AcP 126 (1926), 129 (165f.).

[203] *Hülsmann*, Dreiecksverhältnisse, 70ff. (74), 85.

[204] *Hülsmann*, Dreiecksverhältnisse, 10f.;
vgl. oben Fußnote 101.

[205] Siehe unten Abschnitt D I 4 a und c.

Die Begründungen einschlägiger Gerichtsentscheidungen sind nicht einheitlich. In Meeme Mutual Home Protective Fire Ins. Co. v. Lorfeld[206] hatte eine Feuerversicherungsgesellschaft B auf Weisung ihres Versicherungsnehmers A eine Versicherungssumme an C, einen Gläubiger des A, ausgezahlt. Später stellte sich heraus, daß A keinen Anspruch gegen die Versicherung hatte, weil er selbst das Feuer angelegt hatte. Die Versicherung B hatte fahrlässig auf eine Untersuchung der Brandursache verzichtet. Das Gericht lehnte Ansprüche gegen C mit der Begründung ab, B habe freiwillig und nicht auf Grund eines Tatsachenirrtums gezahlt. Wörtlich heißt es:

„The plaintiff B was not unconscious or forgetful of the fact that the fire might be of incendiary origin, but in spite of that knowledge and conscious of the fact concluded to pay. The payment under such circumstances was voluntary, was not made under a mistake of fact and cannot be recovered by the plaintiff."

In Merchants' Insurance Co. v. Abbott[207] betonte das Gericht, daß C die Leistung des B gutgläubig und gegen Entgelt (vgl. § 816 Abs. 1 Satz 1 BGB) erhalten haben:

„C received the money honestly for value."

In einem obiter dictum in National Shawmut Bank v. Fidelity Mut. Life Ins. Co.[208] wird sehr deutlich zum Ausdruck gebracht, daß in Fällen der hier besprochenen Art noch nicht einmal ein „mutual mistake" B einen Anspruch gegen C gebe, weil C seine Forderung gegen A verliere. Zur Begründung seiner Ansicht beruft sich das Gericht in dieser Entscheidung unter anderem auf § 14 Rest., Restitution.

Dort lehnt das Restatement in der Tat ausdrücklich Ansprüche eines Dritten B gegen einen Gläubiger C ab. Derselbe Grundsatz kommt darüber hinaus auch in den §§ 13 und 33 Rest., Restitution zum Ausdruck[209].

---

[206] Meeme Mutual Home Protective Fire Ins. Co. v. Lorefeld, 194 Wis. 322, 216 N.W. 507 (1927).

[207] Merchants' Insurance Co. v. Abbott, 131 Mass. 397 (1881).

[208] National Shawmut Bank v. Fidelity Mut, Life Ins. Co., 318 Mass. 142, 61 N.E. 2d 18, 159 A.L.R. 478 (1945).

[209] Rest., Restitution:

§ 13. Bona Fide Purchaser

A person who has entered into a transaction with another under such circumstances that, because of mistake, he would be entitled to restitution from the other,

(a) is not entitled to restitution from a third person who has received title to or a legal interest in the subject matter either from the other or from the transferor at the direction of the other, and has given value therefor without notice of the circumstances.

(b) . . . .

Vgl. insbesondere Illustration 3

§ 14. Discharge for Value

(1) A creditor of another or one having a lien on another's property who has received from a third person any benefit in discharge of the debt or lien, is under no duty

In dem gleichen Sinne äußern sich auch amerikanische Autoren. Zwar lehnt *Woodward*[210] Ansprüche des B gegen C nicht grundsätzlich ab. *Keener*[211] stimmt aber ausführlich der hier vertretenen Auffassung zu. *Williston*[212] betont die „Freiwilligkeit" des B und die „Gutgläubigkeit" des C:

„Where B under a mistaken belief in his liability to A on direction of the latter pays C a claim, which C has against A, B cannot recover the payment from C. If the money was voluntarily and intentionally paid by B to C to satisfy the latter's claim against A and C had a genuine claim against A, it seems clear, that no recovery should be allowed. C is a purchaser of the money for value and in good faith."

dd) Ansprüche des Dritten B gegen den Schuldner A nach deutschem Recht

Wenn der leistende Dritte B auch keinen Bereicherungsanspruch gegen den Gläubiger C hat, so steht ihm nach durchaus herrschender Auffassung[213] doch ein Anspruch gegen den durch die Leistung befreiten Schuldner A zu.

Dieser Anspruch kann sich, was in der Regel bei „Anweisungsfällen" der hier besprochenen Art kaum beachtet wird, zunächst aus den Vorschriften über die Geschäftsführung ohne Auftrag (§ 677ff. BGB) ergeben[214].

---

to make restitution therefor, although the discharge was given by mistake of the transferor as to his interests or duties, if the transferee made no misrepresentation and did not have notice of the transferor's mistake.

(2) An assignee of a non-negotiable chose in action who, having paid value therefor, has received payment from the obligor is under no duty to make restitution although the obligor had a defense thereto, if the transferee made no misrepresentation and did not have notice of the defense.

Vgl. insbesondere Illustrations 3, 6, 7, 10. Diese Vorschrift betrifft allerdings auch Fälle „Irrtümlicher Zahlung fremder Schuld" (vgl. Illustrations 2 und 5), in denen B sich nicht wie hier über seine Beziehungen zu A, sondern über solche zu C irrt.

§ 33. Mistaken Belief by Drawee as to Duty to Drawer
The holder of a check or other bill of exchange who, having paid value in good faith therefor receives payment from the drawee without reason to know that the drawee is mistaken, is under no duty of restitution to him although the drawee pays because of a mistaken belief that he has sufficient funds of the drawer or that he is otherwise under a duty to pay.

[210] *Woodward*, Quasi Contracts, 28.

[211] *Keener*, Quasi Contracts, 74—85.

[212] *Williston*, Law of Contracts, § 1574.

[213] RG Urt. v. 21. 10. 1931 — IX 187/31 = JW 1932, 735,
Berg, JuS 1964, 137 und die dort in Fußnote 2 Genannten.
Scheyhing, AcP 157 (1956/58), 371 (383)
a. A. für Sonderfälle.
v. Caemmerer und andere (siehe oben Abschnitt D I 3 a bb.).

[214] *v. Mayr*, Bereicherungsanspruch, 225.
Bartels, Indirekte und mittelbare Bereicherungsansprüche, 18.
Maier, AcP 152 (1952/53), 97.

Daneben hat B, unabhängig davon, ob der Gläubiger C durch ein Rechtsgeschäft, wie in dem ersten, oder durch einen Realakt, wie in dem zweiten der beiden Beispiele, befriedigt wurde, einen Anspruch aus § 812 BGB.

Der Bereicherungsanspruch besteht nach der „älteren Bereicherungslehre", weil die von ihr herausgearbeiteten vier Tatbestandsmerkmale erfüllt sind[215]. — Die „Entreicherung" des Leistenden B erfolgt durch dessen Leistung oder durch den infolge der §§ 946ff. BGB eintretenden Rechtsverlust. — Die „Bereicherung" des Anweisenden A besteht in der Tilgung einer gegenüber C bestehenden Schuld[216]. Das hat das Reichsgericht[218] für einen geradezu klassischen Fall dieser Art, in dem eine Bank B versehentlich, ohne Anweisung ihres Kunden A, an dessen Gläubiger C 30400 Gulden überwiesen und so eine Schuld des A gegenüber C getilgt hatte, dargelegt. Ebenso hat es mehrfach[219] eine Bereicherung des A in Fällen festgestellt, in denen ein Käufer B auf Anweisung des Verkäufers A den Kaufpreis an eine Zahlstelle C gezahlt hatte, obwohl der Kaufvertrag nichtig war. Das Reichsgericht hat dabei ausdrücklich betont, eine Bereicherung liege auch dann vor, wenn nicht eine Schuld des A getilgt, sondern eine Darlehensforderung für diesen gegen C begründet werde.— Die Vermögensverschiebung soll „unmittelbar" durch mittelbare Zuwendung erfolgen[220]. — Ein „Rechtsgrund" fehlt, wenn in den hier besprochenen Fällen ein wirksames Deckungsverhältnis zwischen B und A nicht vorliegt[221] oder wenn der mit der Leistung nach dem Inhalt des Rechtsgeschäfts bezweckte Erfolg nicht eintritt[222].

Die „Lehre von Leistungs- und Eingriffskondiktion" gewährt dem Leistenden B eine „Leistungskondiktion" gegen den Anweisenden A, da er an diesen durch seine unmittelbare „Zuwendung" an C, auch wenn ein Eigentumsverlust gemäß

Victor Wolff, JherJb 84 (1934), 107 (115ff., 135f.)
a.A. *Esser*, Fälle und Lösungen, 2. Aufl., 128

[215] *Victor Wolff*, JherJb 84 (1934), 107 (136ff.).
Barnstedt, Das Merkmal, 50.

[216] *Enneccerus-Lehmann*, Schuldrecht, 15. Bearb., § 221 III 1 b β.

[217] OLG Düsseldorf Urt. v. 13. 10. 1965 — 3 U 50/65 = NJW 1966, 738 (739 a.E.). An der Entscheidung ist besonders bemerkenswert, daß im Valutaverhältnis eine öffentlich-rechtliche Verbindlichkeit erlosch.

[218] RG Urt. v. 25. 4. 1922 — III 491/21 = Recht 1922, 354 (Nr. 1555).
Vgl. *v. Caemmerer*, JZ 1962, 385 (387 r. Sp.).

[219] RG Urt. v. 16. 3. 1914 — IV 664/13 = JW 1914, 643;
RG Urt. v. 12. 3. 1920 — II 398/19 = RGZ 98, 237.

[220] RG Urt. v. 12. 3. 1920 — II 398/19 = RGZ 98, 237.
Im Rahmen der „Leistungskondiktion" bejahen die „Unmittelbarkeit":
Enneccerus-Lehmann, Schuldrecht, 15. Bearb., § 221 III 1 b.
Wolff-Raiser, Sachenrecht, 10. Bearb., § 74 I 3 b und ebenda Fußnote 5.
Larenz, Schuldrecht II, 7. Aufl., § 62 II b.

[221] RG Urt. v. 25. 4. 1922 — III 491/21 = Recht 1922, 354 (Nr. 1555).

[222] RG Urt. v. 8. 6. 1931 — IV 474/30 = HRR 1931 Nr. 1752.

§ 946 BGB erfolgt ist, eine „mittelbare Leistung"[223] erbracht hat und da wegen des mangelhaften Deckungsverhältnisses oder wegen Nichteintritts des mit der Leistung bezweckten Erfolges[224] zwischen B und A ein „Rechtsgrund" fehlt oder, anders ausgedrückt, der „Leistungszweck" nicht erreicht wird[225]. — Eine andere Auffassung, die schon bei *v. Mayr* anklingt, vertritt neuerdings *Rothoeft*[226]. Er hält es nicht für angebracht, die Erfüllungswirkung im Verhältnis A—C als „Leistung" anzusehen. Er meint, es läge nur ein „Reflex aus der Leistungsebene" vor. Die Bereicherung des Schuldners A erfolge „in sonstiger Weise", dem Dritten B stehe gegenüber A die „Eingriffskondiktion" als Hilfsmittel zur Verfügung, die man hier auch als „Leistungskondiktion zweiten Grades" bezeichnen könne.

Die „Lehre von der Rückgriffskondiktion" gewährt einem Leistenden B einen Anspruch gegen einen befreiten Schuldner A. Es liegt daher nahe, B eine „Rückgriffskondiktion" gegen A zu gewähren[227]. Nach Ansicht von *v. Caemmerer*[228] sollen allerdings die hier allein erörterten Anweisungsfälle nicht unter die „Rückgriffskondiktion" fallen, da bei ihnen „nicht eine fremde Schuld" getilgt, sondern eine „Leistung" erbracht werde, die als „Leistung" des Anweisenden gelte.

Mit Hilfe der „Faustregel für Dreiecksverhältnisse" läßt sich dagegen wieder eine Kondiktion des B gegen A begründen, da nach ihr, wie der Bundesgerichtshof in einer Entscheidung aus dem Jahre 1952[229] beiläufig erwähnt, Mängel im Deckungsverhältnis zu einem Bereicherungsanspruch des Leistenden B gegen den Anweisenden A führen.

---

[223] *Kötter*, AcP 153 (1954), 193 (204).
Larenz, Schuldrecht II, 7. Aufl., § 62 II b spricht hier von „mittelbarer Leistung durch Leistung an einen Dritten".

[224] BGH Urt. v. 29. 5. 1967 — VII ZR 66/65 = MDR 1967, 754 = WPM 1967, 686 (688 l. Sp.) = DB 1967, 1363 = BB 1967, 857.

[225] *Berg*, AcP 160 (1961), 505 (509).
Berg, JuS 1964, 137.
Wolff-Raiser, Sachenrecht, 10. Bearb., § 74 I 3b und ebenda Fußnote 5.
Esser, Schuldrecht, 2. Aufl., § 190, 3.
v. Lübtow, Beiträge zur Lehre, 14.
Molitor, Schuldrecht II, 5. Aufl., § 29 II 2.
Esser, Fälle und Lösungen, 2. Aufl., 130.

[226] *Rothoeft*, AcP 163 (1964), 215 (231ff. Fußnote 62, 66).
v. Mayr Bereicherungsanspruch, 222, meint, A erlange nur „in sonstiger Weise etwas".

[227] So *Fikentscher*, Schuldrecht, § 99 V 1a.

[228] *v. Caemmerer*, Festschrift für Rabel I, 333 (360 Fußnote 106).
Ebenso: *Hülsmann*, Dreiecksverhältnisse, 92.
H. P. Westermann, Die causa, 255.

[229] BGH Urt. v. 30. 10. 1952 — IV ZR 89/52 = LM § 812 BGB Nr. 14 = BB 1952, 903.

ee) Ansprüche des Dritten B gegen den Schuldner A nach amerikanischem Recht

Auch nach amerikanischem Recht hat der Dritte B in den hier besprochenen Fällen irriger Annahme einer eigenen Verpflichtung gegenüber dem Schuldner A einen Bereicherungsanspruch gegen diesen.

Ein viel diskutiertes[230] Beispiel aus der amerikanischen Rechtssprechung ist der bereits mehrfach erwähnte Fall Merchants' Ins. Co. v. Abbott[231]. Eine Feuerversicherung B leistete auf Anweisung ihres Versicherungsnehmers A an dessen Gläubiger C. Später stellte sich heraus, daß A keinen Anspruch auf die Versicherungsleistung gegen B hatte, weil er die versicherten Gegenstände selbst in Brand gesetzt hatte. Das Gericht gab der Klage der Versicherung B gegen den Versicherungsnehmer A statt. Wie sich aus der Begründung des Gerichts „die Schuldbefreiung des A stehe dem Empfang des Geldes gleich“ ergibt, war einer der entscheidenden Gesichtspunkte die Erfüllung der Schuld des A gegenüber C und die daraus resultierende Bereicherung des A. Kurze Besprechungen der ähnlich gelagerten Fälle Walker v. Conant[232] und Grand Lodge v. Towne[233] finden sich bei *Friedmann*. Dieser weist aber mit Recht darauf hin, daß sich gelegentlich auch abweichende Entscheidungen finden[234].

Das Restatement of Restitution erwähnt den Anspruch des Dritten B gegen den befreiten Schuldner A in § 43 Abs. 1[235]. In der Begründung[236] wird darauf hingewiesen, daß sich nach amerikanischem Recht niemand aus bloßer Liberalität durch Zahlung fremder Schulden zum Gläubiger eines anderen machen dürfe. Diese Regel greife hier jedoch nicht ein. Wenn jemand in der irrtümlichen Annahme einer eigenen Verpflichtung an einen Gläubiger eines anderen leiste, sei eine Rückforderung von dem Schuldner ebenso gerechtfertigt, wie

---

230 *Friedmann*, Bereicherungshaftung, 71.

231 Merchants' Ins. Co. v. Abbott, 131 Mass. 397 (1881).

232 *Walker v. Conant*, 69 Mich. 321, 37 N.W. 292, 13 Am. St. 391 (1888).

233 Grand Lodge, A. O. U. W. v. Towne, 136 Minn. 72, 161 N. W. 403 (1917).

234 *Friedmann*, Bereicherungshaftung, 72,
Vgl. auch Pennsylvania Casualty Co. v. Brooks, 24 S. 2d 262 (La. App. 1945).

235 Rest., Restitution:
§ 43. Performance of Another's Duty or Discharge of Lien Against His Property.
(1) A person who, by payment to a third person, has discharged the duty of another or has released another's property from an adverse interest, doing so unintentionally or acting because of an erroneous belief induced by mistake of fact that he was thereby discharging a duty of his own or releasing property of his own from a lien, is entitled to restitution from such other of the value of the benefit conferred up to the value of what was given, unless the other disclaims the transaction.
(2) ....
(3) ....

236 Rest., Restitution, § 45. Comment on Subsections (1) and (2), a.

wenn auf Grund eines Irrtums („by mistake") unmittelbar an den Schuldner geleistet worden sei. Schon hier ist jedoch darauf hinzuweisen, daß § 43 Abs. (1) ebenso wie der korrespondierende § 14 Abs. (1) Rest., Restitution nicht nur die an dieser Stelle behandelten Fälle sondern auch die sog. „Irrtümlichen Leistungen auf fremde Schuld" betrifft. Das ist darauf zurückzuführen, daß nicht zwischen Irrtümern des B über seine Beziehungen zu dem Schuldner A und dem Gläubiger C unterschieden wird.

b) Leistung an den Gläubiger eines anderen zum Schutz eigener Interessen

aa) Allgemeine Beschreibung dieser Fallgruppe

B leistet nicht immer, wie in den soeben besprochenen Fällen, auf Weisung eines Schuldners A und im Hinblick auf Rechtsbeziehungen zu diesem. Ein anderer Grund, der einen Dritten B veranlassen kann, gleichsam von sich aus einen Gläubiger C zu befriedigen, ist der „Schutz eigener Interessen", die Abwendung eines dem Zahlenden B sonst drohenden Nachteils[237]. Es handelt sich insbesondere um Fälle, in denen wirtschaftliche Interessen des B mittelbar durch von einem Gläubiger C gegen seinen Schuldner A betriebene oder angedrohte Zwangsmaßnahmen bedroht werden, wie in folgendem ersten Beispiel:

C und B haben Hypotheken an einem Grundstück des A. C betreibt aus seiner vorrangigen Hypothek die Zwangsversteigerung. Um ein Erlöschen seiner Hypothek gemäß §§ 91, 52, 44 ZVG zu verhindern, befriedigt B anstelle des A den C.

Ganz ähnlich ist die Lage in diesem zweiten Beispiel[238]:

B, ein Gläubiger des A, hat bei diesem einen Eisschrank gepfändet, den A unter Eigentumsvorbehalt von C gekauft und noch nicht voll bezahlt hat. Um die Vollstreckung durchführen zu können, zahlt B die letzte Rate an C.

In den beiden bis jetzt erwähnten Beispielfällen wird ein Gläubiger C durch die Leistung des B befriedigt. Zu einer ganz ähnlichen Gläubigerbefriedigung kann es nach einer „Zwangsversteigerung schuldnerfremder Sachen" kommen. Wie am Ende dieser Untersuchungen[239] noch ausführlicher darzustellen ist, entsteht in diesen Fällen normalerweise kein Dreiecksverhältnis. Der Vollstreckungsgläubiger C wird durch die Auszahlung des Steigerlöses nicht befriedigt. Er behält seine Forderung gegen den Vollstreckungsschuldner A. B, der Eigentümer der versteigerten Sache, kann den Erlös von dem Gläubiger C kondizieren. Hier ist von Interesse, daß B es durch Ausübung eines Wahlrechts zu einer „Befriedigung eines Gläubigers (im Valutaverhältnis) durch

---

[237] *Larenz*, Schuldrecht II, 7. Aufl., § 62 II b a. E.

[238] *v. Caemmerer*, Festschrift für Rabel I, 333 (361). *Larenz*, Schuldrecht II, 7. Aufl., § 62 II b, 377 Fußnote 1.

[239] Siehe unten Abschnitt E 3 c.

Leistung zum Schutz eigener Interessen“ kommen lassen kann[240]. Wenn in Ausnahmefällen die Vermögenslage des Schuldners A besser ist als die des Gläubigers C, hat nämlich der Dritte B, um gegen A vorgehen zu können, die Möglichkeit, auf seinen Bereicherungsanspruch gegen C zu verzichten und die Zwangsvollstreckung in sein Vermögen zu genehmigen. Dadurch tritt eine Befriedigung des Gläubigers C ein, so daß nunmehr von einer Befriedigung eines Gläubigers zum Schutze eigener Interessen gesprochen werden kann. Die Ausübung des Wahlrechts führt also zur Entstehung eines Dreiecksverhältnisses. Ähnliche Wahlrechte werden im Verlauf dieser Untersuchung noch mehrfach zu erwähnen sein. Folgendes dritte Beispiel mag das Gesagte verdeutlichen:

Ein Gläubiger C hat versehentlich nicht in das Vermögen seines Schuldners A, sondern in einen dem Dritten B gehörenden Gegenstand vollstreckt. Weil die Vermögenslage des Schuldners A besser ist als die des C, „genehmigt“ B die Zwangsvollstreckung in sein Eigentum.

Eine Leistung des B „zum Schutz eigener Interessen“ kann auch durch andere Umstände als durch eine Zwangsvollstreckung in das Vermögen des A ausgelöst werden, wie folgendes vierte Beispiel zeigt:

Die Polizei A hat den Abschleppunternehmer C beauftragt, Fahrzeuge von Parksündern aus Parkverbotszonen abzuschleppen. C schleppt den Wagen des Parksünders B fort und will ihn nur gegen Zahlung der Abschleppkosten herausgeben. B zahlt die geforderte Summe an C, weil er seinen Wagen dringend benötigt. C verrechnet den Betrag mit seinem vertraglichen Anspruch gegen die Polizei A.

Nicht hierher gehören die weiter unten[241] zu besprechenden Gesamtschuldverhältnisse, in denen nicht nur wirtschaftliche Interessen des B bedroht werden, sondern in denen er sich auf Grund einer eigenen, neben der des A bestehenden Verpflichtung gezwungen sieht, an C zu leisten.

Fälle von „Leistung zum Schutz eigener Interessen“ sind wesentlich seltener als die zuvor besprochenen Anweisungsfälle.

bb) Keine Ansprüche des Dritten B gegen den Gläubiger C nach deutschem Recht

Wie bei jeder Befriedigung eines Gläubigers (im Valutaverhältnis) auf Kosten eines Dritten führt auch eine „Leistung zum Schutz eigener Interessen“ zu einer Verringerung des Vermögens des B und zu einer Vergrößerung des Vermögens des A, der von seiner Schuld gegenüber C befreit wird, während der Wert des Vermögens des C gleichbleibt.

---

[240] *v. Mayr*, Bereicherungsanspruch, 241.
Esser, Schuldrecht, 2. Aufl., § 187, 5c.
Erman-Seiler, BGB, 4. Aufl., § 812 Anm. 5 C b.

[241] Siehe unten Abschnitt D I 3 c.

Dementsprechend entfallen Ansprüche des Dritten B gegen den Gläubiger C. Dogmatisch ist das mit den soeben bei den Anweisungsfällen[242] dargestellten Argumenten zu begründen.

Das Amtsgericht Düsseldorf[243] hat allerdings in einer Entscheidung, deren Sachverhalt das vierte Beispiel nachgebildet ist, die Auffassung vertreten, der Parksünder B können die von ihm gezahlte Summe von dem Abschleppunternehmer C zurückverlangen. Zur Begründung hat es ausgeführt, B sei um die Zahlung entreichert, da eine etwaige Forderung der Polizei A (im Deckungsverhältnis) gegen ihn nicht erloschen sei. C sei bereichert. Die Entscheidung geht nicht auf die Frage ein, ob (im Valutaverhältnis) durch die Zahlung des B ein vertraglicher Anspruch des Abschleppunternehmers C gegen die Polizei A erloschen ist. Dafür, daß C seine Forderung für erloschen hielt, spricht die Berücksichtigung der Zahlung des B bei der sogenannten Verrechnung mit der Polizei. Hat C seinen Anspruch gegen die Polizei A verloren, so ist er nicht „bereichert". Schon deswegen entfällt, wenn man wie das Amtsgericht Düsseldorf der „älteren Bereicherungslehre" folgt, ein Bereicherungsanspruch des Parksünders B gegen den Abschleppunternehmer C[244]. Ob B einen Bereicherungsanspruch gegen die Polizei A hat, hängt davon ab, ob das Abschleppen zu Recht angeordnet worden ist.[245]

cc) Keine Ansprüche des Dritten B gegen den Gläubiger C nach amerikani- Recht

Auch nach amerikanischem Recht kann der Dritte B keine Bereicherungsansprüche gegen C geltend machen.

Das zeigt die Entscheidung Sears v. Leland[246]. Dieser Entscheidung liegt folgender Sachverhalt zu Grunde: B pfändete Waren, die A in Besitz hatte. Diese waren aber schon vorher von A an dessen Gläubiger C als Sicherheit verpfändet („mortgaged"). B zahlte die Schuld des A gegenüber C, um das Pfandrecht des C abzulösen. Von B gegen C geltend gemachte Bereicherungs-

---

[242] Siehe oben Abschnitt D I 3 a bb.

[243] AG Düsseldorf Urt. v. 20. 7. 1966 — 14 C 2450/65 = MDR 1966, 1000 = BB 1966, 1003 = JZ 1967, 62. Zu beachten ist, daß die Beziehungen des Parksünders B zur Polizei A (Deckungsverhältnis) öffentlich-rechtlich, die der Polizei A zu dem Abschleppunternehmer C (Valutaverhältnis) privatrechtlich sind. Mit Rücksicht darauf ist sehr zweifelhaft, ob ein ordentliches oder ein Verwaltungsgericht zur Entscheidung über einen Rückforderungsanspruch des B gegen C zuständig ist. (Vgl. oben Fußnote 182).

[244] Ebenso allgemein für das Verhältnis zwischen einem Polizeipflichtigem und einem mit der Durchführung einer Ersatzvornahme beauftragten Dritten: *Drews-Wacke*, Allgemeines Polizeirecht, 7. Aufl., § 22, 4.

[245] Vgl. zu diesem Fall *Medicus*, JZ 1967, 63 (64 r. Sp., 65).

[246] Sears v. Leland, 14 N. E. 111 (1887).

ansprüche wies das Gericht mit der Begründung ab, B habe die Rechte des C erworben: „Because he received an assignment of C's interest."

dd) Ansprüche des Dritten B gegen den Schuldner A nach deutschem Recht

Rechtsprechung und Lehre räumen jedoch auch in Fällen dieser Art dem Leistenden B einen Ausgleichsanspruch gegen A ein. Die Begründungen wechseln je nach der Fallgestaltung.

Für den ersten Beispielfall und ähnlich gelagerte Fälle trifft das Gesetz in den §§ 268, 1150 und 1249 BGB eine besondere Regelung. Das Interesse des Dritten B an der Befriedigung des Gläubigers C wird dadurch anerkannt, daß B in solchen Fällen auf dem Wege gesetzlichen Forderungsübergangs die Forderung des C gegen A mit etwa bestehenden Sicherungsrechten, im Beispielfall der Hypothek des C, erwirbt (§§ 268 Abs. 3, 401, 412 BGB). Fehlt eine derartige besondere gesetzliche Regelung, so kommt ein Aufwendungsersatzanspruch des Dritten B gegen den Schuldner A nach den Regeln über die Geschäftsführung ohne Auftrag (§§ 677ff. BGB) in Betracht[247]. Der Umfang dieses Anspruchs richtet sich, wenn B gegen den Willen des A an C geleistet hat, nach den Vorschriften über die Herausgabe einer ungerechtfertigten Bereicherung (§ 684 Satz 1 BGB).

Das weist darauf hin, daß in allen hier besprochenen Fällen auch an eine unmittelbare Anwendung der §§ 812ff. BGB zu denken ist.

Die Literatur zur „älteren Bereicherungslehre" hat sich, soweit ersichtlich, mit Fällen dieser Art nicht befaßt. Nach der „älteren Bereicherungslehre" ist aber eine Kondiktion des B gegen A zu bejahen, da B „entreichert" und A „unmittelbar" durch mittelbare Zuwendung „ohne rechtlichen Grund" „bereichert" ist.

Die Ansichten der Vertreter der „Lehre von Leistungs- und Eingriffskondiktion" über diese Fälle sind geteilt. Es wird die Auffassung vertreten, auch eine Zahlung an einen Dritten C zur Abwendung eines dem Zahlenden B drohenden Nachteils stelle eine „mittelbare Leistung" an den Schuldner A dar, die mit Hilfe der Leistungskonduktion zurückverlangt werden könne[248]. Bedenken dagegen ergeben sich daraus, daß nicht recht ersichtlich ist, welcher „Zweck" im Verhältnis von B zu A dabei verfehlt wird. *Esser*[249] ist daher der Meinung, zumindest in Fällen der cessio legis, wie dem ersten Beispiel, erbringe B keine „mittelbare Leistung" an A. Es liege nur eine Zuwendung an C vor. Ein Dreiecksverhältnis entstehe nicht. Wie der Kondiktionsanspruch im zweiten und dritten[250] Beispiel zu begründen ist, läßt *Esser* offen.

---

[247] *v. Mayr*, Bereicherungsanspruch, 221, 241.

[248] *Larenz*, Schuldrecht II, 7. Aufl., § 62 II b a.E.

[249] *Esser*, Schuldrecht, 2. Aufl., § 190, 2b.

[250] *Esser*, Schuldrecht, 2. Aufl., § 187, 5c.

Schwierigkeiten dieser Art vermeidet die „Lehre von der Rückgriffskondiktion“. Nach ihr ist der Anspruch des B gegen A in den hier behandelten Fällen ein typischer Fall der Rückgriffskondiktion[251].

Die „Faustregel für Dreiecksverhältnisse“ wird bei Leistungen zum Schutz eigener Interessen nicht erwähnt, was wohl darauf zurückzuführen ist, daß ihr Charakter als „Dreiecksverhältnisse“ nicht klar erkannt oder sogar bestritten wird. Man könnte aber auch hier sagen, B habe „wegen des Fehlens eines Deckungsverhältnisses“ einen Bereicherungsanspruch gegen A.

ee) Ansprüche des Dritten B gegen den Schuldner A nach amerikanischem Recht

Auch nach amerikanischem Recht hat der zum Schutz eigener Interessen leistende B einen Bereicherungsanspruch gegen den Schuldner A[252]. B kann sich wie in den nach deutschem Recht gesetzlich geregelten Fällen auf einen Erwerb der Ansprüche des C gegen A berufen.

Ein Beispiel aus der Rechtsprechung ist Bartels v. Seefuß[253]. In diesem Fall befriedigte ein Pächter B einen Hypothekengläubiger C, um sich den Besitz des Grundstücks zu erhalten. Das Gericht erlaubte B, dem Eigentümer A gegenüber die Hypothek des C geltend zu machen[254]. Dasselbe ergibt sich aus der Begründung der oben erwähnten Entscheidung Sears v. Leland[255], in der es allerdings nur um Ansprüche des B gegen C geht.

Das Restatement regelt die hier besprochenen „Leistungen zum Schutz eigener Interessen“ nicht ausdrücklich. Man könnte aber an eine Anwendung des in § 103[256] zum Ausdruck gebrachten Grundsatzes denken, wonach derjenige, der, durch eine drohende rechtmäßige Verwertung seines Eigentums

---

[251] *v. Caemmerer*, Festschrift für Rabel I, 333 (361 f.)
Fikentscher, Schuldrecht, § 99 V 1 b.
Jakobs, Eingriffserwerb, 170.
Hülsmann, Dreiecksverhältnisse 33, 92ff. (95).
H. P. Westermann, Die causa, 255.

[252] *Friedmann*, Bereicherungshaftung, 130.

[253] Bartels v. Seefus, 273 N. W. 485 (1937).

[254] Vgl. § 268 Abs. 1 Satz 2 und Abs. 3 BGB.

[255] Sears v. Leland, 14 N.E. 111 (1887).

[256] Rest., Restitution:
§ 103. Satisfaction of Duty Owed by Another in Protection of Payor's Property.
A person who, to prevent the lawful taking or detention of his things or to redeem his things which have been lawfully taken or detained, has discharged the duty of another in whole or in part, is entitled
(a) to indemnity from the other if, as between the two, the other should have performed such duty, or
(b) to contribution if the amount so paid is greater than the proportionate share which, as between the two, should habe been borne by the person who paid.

„genötigt" („by coercion") einen Gläubiger C befriedigt, sich an den Schuldner A halten kann.

c) Leistung an den Gläubiger eines anderen auf Grund einer eigenen Verpflichtung diesem gegenüber
„Gesamtschuldverhältnisse"

aa) Allgemeine Beschreibung dieser Fallgruppe

Der soeben behandelte Schutz eigener Interessen kann ein dringender Anlaß für B sein, an C zu leisten. Einen noch wichtigeren Grund zur Leistung an C hat B, wenn er durch eine eigene Verpflichtung, die neben der Schuld des A besteht, gezwungen wird, einen Gläubiger C zu befriedigen[257]. Drei Fälle einer derartigen eigenen Verpflichtung des B lassen sich unterscheiden.

Einmal entstehen solche Verpflichtungen, wenn B für eine Schuld des A gegenüber C Sicherheit leistet. Die Verpflichtung des Sicherungsgebers B kann in diesen Fällen schuldrechtlicher Art sein, so wenn B sich für A verbürgt oder wenn er eine wechselrechtliche Haftung oder eine Haftung aus Garantievertrag übernimmt. Sie kann aber auch dringlicher Natur sein, so wenn B dem C ein Mobiliar- oder Grundpfandrecht bestellt oder wenn er ihm eine Sache zur Sicherung übereignet. Als Sicherungsgeber haftet B in diesem ersten Beispiel:

Der Gläubiger C hat eine Forderung gegen den Schuldner A. B verbürgt sich für die Schuld des A und leistet später an Stelle des A. Dann stellt sich heraus, daß rechtswirksame vertragliche Beziehungen zwischen dem Bürgen B und dem Schuldner A nicht bestehen.

Zum anderen kann B als „unechter"[258] oder „scheinbarer" Gesamtschuldner neben A haften. Auch in solchen Fällen wird nach der herrschenden Lehre ein Gläubiger C, der eine Forderung gegen einen Schuldner A hat, durch die Leistung eines „unechten" Gesamtschuldners B befriedigt. In einer 1963 erschienenen Schrift vertritt allerdings *Selb*[259] die Auffassung, durch die Leistung eines „unechten" Gesamtschuldners B könne eine Schuld des A nicht getilgt werden. Es gäbe keine „zufällige Tilgungsgemeinschaft" im Sinne der bisherigen Lehre von der „unechten Gesamtschuld"[260]. Wenn man dem folgen wollte, müßten die Fälle „unechter Gesamtschuld" hier ausscheiden, da bei ihnen nicht von einer „Befriedigung eines Gläubigers auf Kosten eines Dritten" gesprochen werden könnte. Die Richtigkeit der Ansicht von *Selb* erscheint aber zweifelhaft. Es handelt sich im Grunde um eine Frage des Rechts der Schuld-

---

[257] *Esser*, Schuldrecht, 2. Aufl., § 190, 5 spricht von „Leistung bei Schuldnermehrheit".

[258] Zum Begriff:
Palandt-Danckelmann, BGB, 26. Aufl., § 421 Anm. 2.
Fikentscher, Schuldrecht, § 62 III.

[259] *Selb*, Schadensbegriff.

[260] *Selb*, Schadensbegriff, 51.

erfüllung, auf die näher einzugehen über den Rahmen dieser bereicherungsrechtlichen Abhandlung hinaus führen würde. Im folgenden soll mit der herrschenden Lehre davon ausgegangen werden, daß es doch entgegen der Ansicht von *Selb* zur Tilgung einer Schuld des A kommen kann. Zur Illustration der Fälle „unechter" Gesamtschuld mag dieses zweite Beispiel dienen:

Die Eisenbahn A fährt an dem Walde des C vorbei und verursacht durch Funkenflug einen Waldbrand. Die Feuerwehr der Gemeinde B löscht in Erfüllung öffentlichrechtlicher Pflichten den Brand und erfüllt damit zugleich eine Verpflichtung, die sich gemäß § 1 SachSchHG auch für die Eisenbahn A ergibt[261].

Endlich liegt eine eigene Verpflichtung des B neben einer solchen des A vor, wenn er neben diesem als „echter" Gesamtschuldner haftet. Daß C in diesen Fällen seine Forderung gegen A verliert, ergibt sich aus § 422 Abs. 1 Satz 1 BGB. Als Gesamtschuldner sind auch mehrere Sicherungsgeber im Verhältnis zueinander anzusehen (§§ 774 Abs. 2, 1225 Satz 2 BGB). Zur Veranschaulichung der Fälle „echter" Gesamtschuld mag dieses dritte Beispiel dienen:

Der Arbeitgeber B versäumt zunächst, für einen Arbeitnehmer A die Kirchensteuer an das Finanzamt C abzuführen. Auf sein Versehen aufmerksam geworden, holt B das Versäumte nach[262].

Zu keiner der drei Gruppen gehört dagegen die befreiende Schuldübernahme (§§ 414ff. BGB). Bei ihr liegt, folgt man der dieser Untersuchung zugrunde gelegten Definition, überhaupt kein Dreiecksverhältnis vor, da es weder zu einer „Befriedigung eines Gläubigers (im Valutaverhältnis) auf Kosten eines Dritten" noch zu einer „Schulderfüllung (im Deckungsverhältnis) bei Erwerb der Erfüllungsleistung durch einen Dritten" kommt. Durch die befreiende Schuldübernahme tritt vielmehr lediglich an die Stelle einer Zwei-Personen-Beziehung zwischen C und A eine solche zwischen C und B. Der alte Schuldner A scheidet völlig aus. *v. Caemmerer*[263], der wohl anderer Ansicht ist, ist allerdings zuzugeben, daß bei der befreienden Schuldübernahme den hier besprochenen Fällen wirtschaftlich vergleichbare Vorgänge vorliegen.

Weil B in diesen Fällen mit seiner Leistung auch eine eigene Verpflichtung gegenüber C erfüllt, könnte man daran zweifeln, ob das Ergebnis der Vermögensverschiebung dem oben allgemein für die „Befriedigung eines Gläubigers (im Valutaverhältnis) auf Kosten eines Dritten" geschilderten entspricht.

Insbesondere liegt der Gedanke nahe, B sei nicht entreichert, da der Verlust des Wertes seiner Leistung durch die Befreiung von der eigenen Verpflichtung

---

261 BGH Urt. v. 20. 6. 1963 — VII ZR 263/61 = BGHZ 40, 28 = LM § 683 BGB Nr. 15 = NJW 1963, 1825 = MDR 1963, 753 = BB 1963, 919.

262 Das Beispiel ist bemerkenswert, weil B in voller Höhe Regreß nehmen kann: LAG Hamm, Urt. v. 9. 7. 1957 — 2 Sa 161/57 = Arbeitsrechtliche Praxis § 426 BGB Nr. 3 mit Anmerkung von *Wertenbruch*.

263 *v. Caemmerer*, JZ 1962, 385 (386 r. Sp.).

gegenüber C ausgeglichen werde[264]. Diese Argumentation erweist sich jedoch als unrichtig, weil der Befreiung des B von seiner Verbindlichkeit nicht dieselbe Bedeutung wie der Schuldtilgung des A zukommt. Das zeigt eine Betrachtung der bei C eingetretenen Vermögensänderung. Der Wert von C's Vermögen bleibt auch in diesen Fällen gleich. Dem Wert der Leistung, die C von B erhält, steht zwar der Verlust von zwei Forderungen gegenüber, diese beiden Forderungen sind aber identisch. C kann sie nur entweder gegen B oder gegen A geltend machen. Wirtschaftlich verliert er nur eine Forderung. Wenn sich diese auch gegen B und A richtet, so ergibt sich doch aus deren Beziehungen zueinander, daß ganz oder zum Teil letztlich nur A verpflichtet ist. Die volle Haftung trifft letztlich A, wenn B nur als Sicherungsgeber haftet. Bei den „unechten" und „echten" Gesamtschulden läßt sich nicht allgemein sagen, ob A letztlich die volle oder nur eine teilweise Haftung trifft. Hier genügt es festzustellen, daß A durch die Befreiung von der Forderung des C bereichert ist, soweit er letztlich haftet[265]. Hingegen ist das Erlöschen der Forderung des C gegen B, soweit dieser letztlich nicht zur Leistung verpflichtet ist, nur ein scheinbarer Vorteil, dem der Verlust des Wertes der Leistung gegenübersteht. Insofern erleidet B also einen Vermögensnachteil.

Ein anderes schwerwiegendes Bedenken dagegen, daß das Ergebnis der Vermögensverschiebung dem oben allgemein für die „Befriedigung eines Gläubigers (im Valutaverhältnis) auf Kosten eines Dritten" geschilderten entspricht, ergibt sich daraus, daß die Leistung des Dritten B in den hier besprochenen Fällen häufig einen Übergang der Forderung des befriedigten Gläubigers C auf B selbst zur Folge hat. Man könnte deshalb sagen, der Schuldner A werde in diesen Fällen nicht bereichert, da er nicht von einer Verbindlichkeit sondern nur von einem Gläubiger befreit werde[266]. Dem ist entgegenzuhalten, daß die fraglichen Legalzessionen den Sinn haben, dem Dritten B einen Ausgleich zu verschaffen. Richtiger Ansicht nach sind sie bei der Analyse der Vermögensverschiebung außer Betracht zu lassen, weil sie einen endgültigen Ausgleich noch nicht herbeiführen, sondern nur vorbereiten. Klarer als im deutschen Recht tritt die Funktion des Forderungsübergangs bei der amerikanischen „subrogation" zu Tage. Wie oben bei dem Überblick über das Recht der „Restitution" erwähnt wurde, stellt die „subrogation" eine Rechtsfolge („remedy") dar, die nur dann eintritt, wenn die Voraussetzungen für einen Bereicherungsanspruch („affirmative grounds for restitution") erfüllt sind. Für eine Prüfung der Vermögensverschiebung unter bereicherungsrechtlichen Gesichtspunkten muß also der Forderungsübergang außer Be-

---

[264] Vgl. zu dieser Frage LG Bochum, VersR 1966, 1131 (r. Sp.).
[265] *Erman-Seiler*, BGB, 4. Aufl., § 812 Anm. 4c bb *β*.
[266] *v. Mayr*, Bereicherungsanspruch, 243.

tracht bleiben. Es ist davon auszugehen, daß der Schuldner A doch einen Vermögensvorteil hat.

Das Ergebnis der Vermögensverschiebung entspricht also, soweit A im Verhältnis zu B in erster Linie haftet, dem oben[267] allgemein für die „Befriedigung eines Gläubigers (im Valutaverhältnis) auf Kosten eines Dritten" herausgearbeiteten.

bb) Keine Ansprüche des Leistenden B gegen den Gläubiger C

Entsprechend dem Ergebnis der Analyse der Vermögensverschiebung hat der Leistende B in diesen Fällen keinen Anspruch gegen den Gläubiger C. Man könnte einen solchen Anspruch vor allem dann in Betracht ziehen, wenn B an C leistete, weil er irrtümlich annahm, dem Haupt- oder Mitschuldner A. gegenüber zur Zahlung von dessen Schuld gegenüber C verpflichtet zu sein. *v. Caemmerer*[268] weist aber mit Recht darauf hin, daß das Deckungsverhältnis zwischen den beiden Schuldnern B und A den Gläubiger C grundsätzlich nicht berührt.

In einem Fall der hier besprochenen Art, in dem es um die Rückgabe eines von B an einen Gläubiger C gelieferten Dampfkessels ging, hat der Bundesgerichtshof Ansprüche des B gegen C ausdrücklich abgelehnt[269]. Der Bundesgerichtshof stützt sich in seiner Begründung auf die „ältere Bereicherungslehre". Sinngemäß führt er aus, einmal sei C nicht „bereichert", zum anderen sei eine etwaige Vermögensverschiebung zwischen B und C auch nicht „ohne Rechtsgrund" erfolgt, da in den Valutaverhältnis zwischen C und A ein Rechtsgrund für die Leistung des B liege.

Anders ist es nur dann, wenn B mehr zahlt, als der Empfänger C von A zu fordern hat. *v. Caemmerer*[270] erwähnt als Beispiel eine zu hohe Leistung eines Haftpflichtversicherers B an einen Versicherten C. Hinsichtlich einer solchen Mehrzahlung kann von einer „Befriedigung eines Gläubigers" nicht gesprochen werden. Ein Dreiecksverhältnis der hier besprochenen Art liegt hinsichtlich der Mehrzahlung nicht vor.

cc) Ansprüche des Leistenden B gegen den Hauptschuldner A nach deutschem Recht

Unzweifelhaft hat B aber bei „Leistungen an den Gläubiger eines anderen auf Grund einer eigenen Verpflichtung" einen Rückgriffsanspruch gegen A, soweit dieser letztlich haftet[271]. Etwas anderes gilt nur dann, wenn der Dritte B

[267] Siehe oben Abschnitt D I 2.
[268] *v. Caemmerer*, JZ 1962, 385 (386 r. Sp.).
[269] BGH Urt. v. 20. 3. 1952 — IV ZR 111/51 = BGHZ 5, 281 = LM § 812 Nr. 1 mit Anm. von *Ascher*.
[270] *v. Caemmerer*, JZ 1962, 385 (386 r. Sp.).
[271] Vgl. zum folgenden *Erman-Seiler*, BGB, 4. Aufl., § 812 Anm. 4c bb *β*.

als „unechter Gesamtschuldner" Versicherungs-, Sozial- oder Unterhaltsleistungen an C erbringt und A ein „Familienangehöriger" des C ist[272].

Für den Rückgriff des Leistenden B auf den Schuldner A haben Bereicherungsansprüche neben der Vielzahl der oben[273] bei dem Überblick über die Rechtssätze aufgezählten nichtbereicherungsrechtlichen Regreßansprüche, die größtenteils[274] Fälle von „Leistungen auf Grund eigener Verpflichtung" betreffen, wenig praktische Bedeutung. Dennoch sollen hier mit Rücksicht auf das Thema der vorliegenden Untersuchung die nichtbereicherungsrechtlichen Ansprüche nur kurz erörtert werden, bevor ausführlicher auf das Vorliegen der Voraussetzungen für Kondiktionsansprüche eingegangen wird.

1. Nichtbereicherungsrechtliche Regreßansprüche des B gegen den Hauptschuldner A

Bei den nichtbereicherungsrechtlichen Rückgriffsansprüchen empfiehlt es sich, zwischen Leistungen des B als „Sicherungsgeber", „unechter" und „echter" Gesamtschuldner zu unterscheiden.

(a) Nichtbereicherungsrechtliche Regreßansprüche von Sicherungsgebern

Als Sicherungsgeber hat B gewöhnlich einen vertraglichen Rückgriffsanspruch gegen A. Hier sollen aber nur die Ausnahmefälle erörtert werden, in denen, wie im ersten Beispiel, vertragliche Beziehungen (im Deckungsverhältnis) nicht bestehen. Auf die Normalfälle wird erst weiter unten[275] eingegangen, da in ihnen nicht nur eine „Befriedigung eines Gläubigers (im Valutaverhältnis) auf Kosten eines Dritten" sondern zugleich eine „Schulderfüllung (im Deckungsverhältnis) bei Erwerb der Erfüllungsleistung durch einen Dritten" vorliegt.

Auch bei Fehlen vertraglicher Beziehungen hat B einen Ausgleichsanspruch gegen A, der von Fall zu Fall verschieden ausgestaltet ist. Ähnlich wie in einigen Fällen von „Leistungen zum Schutz eigener Interessen" erleichtert das Gesetz bei Bürgschaft, Pfand- und Grundpfandrechtsbestellung B den Rückgriff gegen A durch eine Legalzession[276]. Ob auch in den gesetzlich nicht geregelten Fällen von Leistungen durch Sicherungsgeber ein Forderungsübergang stattfindet, läßt sich nicht generell sagen. Zugunsten von Eigentümern

---

[272] Siehe unten Abschnitt D I 4 b.

[273] Siehe oben Abschnitt C I 2 aa.

[274] Die §§ 268, 1150, 1249 BGB regeln, wie soeben (im Abschnitt D I 3 b dd.) dargestellt wurde, „Leistungen zum Schutz eigener Interessen". Der Anspruch aus § 1100 Satz 1 BGB und der Erstattungsanspruch des Erbteilskäufers gegen einen sein Vorkaufsrecht ausübenden Miterben entsteht in Fällen „Irrtümlicher Leistung auf fremde Schuld" (siehe unten Abschnitt D I 3 d dd.).

[275] Siehe unten Abschnitt D III 3 a.

[276] §§ 774 Abs. 1 S. 1, 1143 Abs. 1 S. 1, 1225 S. 1 BGB.

sicherungsübereigneter Sachen soll ein Forderungsübergang stattfinden[277], nicht aber zugunsten von Wechselschuldnern, die ihre Verbindlichkeit nur zur Sicherung einer fremden Schuld eingegangen sind[278].

Neben den gesetzlich übergegangenen Forderungen ist die Geltendmachung von Ansprüchen aus Geschäftsführung ohne Auftrag nicht grundsätzlich ausgeschlossen. So soll der Bürge B im ersten Beispielfall auch Ansprüche aus §§ 677, 683, 670 oder 684, 670 BGB geltend machen können.

(b) Nichtbereicherungsrechtliche Regreßansprüche „unechter" Gesamtschuldner

Auch wenn B und A als „unechte" Gesamtschuldner haften, A aber letztlich verpflichtet ist, kann B in vielen Fällen einen Ausgleichsanspruch mit Hilfe der auf ihn übergegangenen Forderung des C gegen A geltend machen. Bemerkenswert ist, daß hierher nicht nur Fälle gesetzlichen Forderungsübergangs, sondern auch solche gehören, in denen B gegen C einen Anspruch auf rechtsgeschäftliche Übertragung der Forderung gegen A hat[279], und solche, in denen B den Forderungsübergang durch Verwaltungsakt bewerkstelligen kann.

Ein Anspruch des B auf vertragliche Abtretung von C's Forderung gegen A ergibt sich zum Beispiel ausdrücklich aus privaten Krankenkassenversicherungs- und Arbeitsverträgen sowie aus § 255 BGB. Aber auch ohne ausdrückliche gesetzliche oder vertragliche Regelung besteht gelegentlich ein Anspruch auf vertragliche Abtretung der Forderung eines Gläubigers C gegen einen anderen unechten Gesamtschuldner A. Allgemein anerkannt ist zum Beispiel, daß ein Gesellschafter C einer oHG, der gemäß § 110 HGB Aufwendungsersatz von der Gesellschaft B erhalten hat, dieser seine Ersatzansprüche gegen einen Dritten A abtreten muß[280]. Soweit das Sozialversicherungs- und Versicherungsrecht keine Legalzession vorsieht, will *Selb*[281] in entsprechender Anwendung des § 255 BGB den Versicherungsträgern B oder dem Staat B wenigstens einen Anspruch auf vertragliche Forderungsabtretung zubilligen.

Eine Überleitung durch Verwaltungsakt sieht § 90 BSGH vor.

Eine cessio legis läßt das Gesetz bei Zahlungen „unechter" Gesamtschuldner in zahlreichen Fällen stattfinden, die sich in zwei Gruppen[282] einteilen lassen: Zahlungen auf den Gebieten des privaten und öffentlichen Versicherungs- sowie des Beamten- und Versorgungsrechts einerseits und Zahlungen durch

[277] *Palandt-Hoche*, BGB, 26. Aufl., § 1225 Anm. 1.
v. Caemmerer, Festschrift für Rabe[I, 333 (363).
[278] RG Urt. v. 26. 6. 1919 — VI 139/19 = RGZ 96, 136.
[279] Vgl. *Schulz*, Rückgriff und Weitergriff, 1 ff.
[280] *Baumbach-Duden*, HGB, 17. Aufl., § 110 Anm. 3.
[281] *Selb*, NJW 1963, 2056 ff.
[282] Siehe oben Abschnitt C I 2 aa unter „4." und „5.".

subsidär Unterhaltspflichtige andererseits. Ebenso wie bei den soeben behandelten Leistungen durch Sicherungsgeber taucht auch hier die Frage auf, ob auch in gesetzlich nicht geregelten Fällen eine cessio legis stattfindet. Der Große Senat für Zivilsachen des Bundesgerichtshofs[283] hat für private Arbeitsverhältnisse eine Analogie zu den Zahlungen auf den Gebieten des privaten und öffentlichen Versicherungs-, des Beamten- und Versorgungsrechts abgelehnt, während der IV. Senat des Bundesgerichtshofs einen gesetzlichen Übergang der Unterhaltsforderung gegen den Erzeuger eines unehelichen Kindes auf den sogenannten „Scheinvater" annimmt[284], sofern er der Ehemann der Mutter ist[285].

Umstritten ist, ob B als „unechter" Gesamtschuldner auch mit Hilfe der Vorschriften über die Geschäftsführung ohne Auftrag Regreßansprüche gegen A geltend machen kann. Die Rechtsprechung wendet unter Billigung eines Teiles der Lehre die §§ 677, 683, 670 BGB vor allem dann an, wenn das Gesetz einen der Interessenlage nach angemessenen Forderungsübergang versagt[286]. Das Reichsgericht hat zum Beispiel im sogenannten „Dombrand-

---

[283] BGH Beschl. v. 31. 5. 1954 — GSZ 2/54 = BGHZ 13, 360.

[284] BGH Urt. v. 27. 2. 1957 — IV ZR 290/56 = BGHZ 24, 9
OLG Düsseldorf, Urt. v. 27. 1. 1965 — 9 U 145/64 = NJW 1966, 355 und 784 (Anm. v. *Franz*).
Thomä, JZ 1962, 623 (624 1. Sp. oben, mit weiteren Nachweisen in Fußnote 21).
v. Caemmerer, Festschrift für Dölle I, 135 (148)
Schlechtriem NJW 1966, 1795 ff.
Erman-Seiler, BGB, 4. Aufl., § 812 Anm. 4c bb zu α und β.

Man kann darüber streiten, ob die Zahlungen von „Scheinvätern", so wie es hier geschieht, als „Leistungen auf Grund einer eigenen Verpflichtung" anzusehen sind. Vielfach (BGH Urt. v. 21. 12. 66 — IV ZR 224/65 = NJW 1967, 559; *Thomä; v. Caemmerer; Schlechtriem*) werden die von „Scheinvätern" erbrachten Unterhaltsleistungen als „irrtümliche Zahlung fremder Schulden" angesehen. Die hier gewählte Einordnung erscheint deswegen richtiger, weil die „Scheinväter" auf Grund der Fiktionen der §§ 1591 Abs. 1, 1717 Abs. 1, 1720 Abs. 1 BGB zunächst die von ihnen erbrachten Unterhaltsleistungen wirklich schulden. Das wird besonders in den Fällen deutlich, in denen der „Scheinvater" zur Zahlung von Unterhalt verurteilt wird. Aus § 644 ZPO läßt sich für diese Fälle entnehmen, daß nur der „Scheinvater" bis zur Feststellung der wahren Vaterschaft unterhaltspflichtig ist (BGH, Urt. v. 21. 12. 1966 — IV ZR 224/65 = NJW 1967, 559). Eine gewisse Ähnlichkeit zur „irrtümlichen Zahlung fremder Schulden" besteht allerdings insofern, als die Unterhaltspflicht sich nachträglich ex nunc als nicht bestehend erweist. Da, wie sich noch zeigen wird (siehe unten Abschnitt D I 3 d), hinsichtlich der Bereicherungsansprüche kein Unterschied zwischen „Leistung auf Grund eigener Verpflichtung" und „irrtümlicher Zahlung fremder Schulden" besteht, ist die Unterscheidung nicht bedeutsam. — Das für die „Scheinväter" Gesagte gilt auch für in nichtiger Ehe lebende „Scheingatten" (§ 23 EheG). Wenn „Scheingatten" dennoch anders zu behandeln sind als „Scheinväter", so hat das einen besonderen Grund, auf den weiter unten eingegangen werden soll (siehe unten Abschnitt D I 4 b).

[285] BGH Urt. v. 21. 12. 1966 — IV ZR 224/65 = NJW 1967, 559 (561 1. Sp.).

[286] OLG Köln Urt. v. 17. 9. 1964 — 10 U 105/64 = NJW 1965, 350.

fall"[287] diese Möglichkeit bejaht, und der Bundesgerichtshof folgt ihm unter anderen in dem „Waldbrandfall"[288], dem das zweite der eingangs angeführten Beispiele nachgebildet wurde. Gegen diese Rechtsprechung werden aber im Schrifttum Bedenken erhoben. So hält *v. Caemmerer*[289] im Anschluß an *Rabel* die Anwendung der Vorschriften über die negotorium gestio vor allem deswegen für unpassend, weil er meint, der Umstand, daß der Leistende B eine eigene Verpflichtung erfülle, schließe die Annahme eines Willens, gleichzeitig das Geschäft eines Dritten A führen zu wollen, in der Regel aus. *Selb*[290], der davon ausgeht, daß es bei „unechten" Gesamtschuldverhältnissen gar nicht zur Tilgung einer Schuld des A kommt, ist ebenfalls der Auffassung, die subjektiven Voraussetzungen der Geschäftsführung ohne Auftrag lägen nicht vor. Darüber hinaus fehlt es seiner Ansicht nach mangels Schuldtilgung aber auch objektiv an der Führung eines fremden Geschäfts. Ob diese Bedenken begründet sind, was angesichts der Rechtsprechung zweifelhaft erscheint[291], mag im Rahmen dieser Arbeit dahingestellt bleiben.

Neben übergeleiteten Forderungen und Ansprüchen aus Geschäftsführung ohne Auftrag kommen für den Regreß eines Dritten B, der als „unechter" Gesamtschuldner leistet, gelegentlich in Spezialgesetzen vorgesehene besondere Rückgriffsansprüche (§§ 52 BVersG, Art. 43 WG, 40 SchG) in Betracht.

Erwähnt werden muß ferner die elegante Lösung, die der Bundesgerichtshof in einem Fall gefunden hat, in dem eine Mutter B Ausgleichsansprüche gegen ihren Ehemann A für allein von ihr den gemeinsamen Kindern C gewährten Unterhalt geltend machte. Ein Anspruch aus Geschäftsführung ohne Auftrag schien in diesem Fall wegen fehlenden altruistischen Willens der B nicht gegeben. Der Bundesgerichtshof war der Meinung, die Mutter B habe aber einen „familien-rechtlichen Ausgleichsanspruch, der sich aus der gemeinsamen Unterhaltspflicht der Eltern" ergebe, gegen den Vater A[292].

Zusammenfassend läßt sich sagen, daß die Rückgriffsmöglichkeiten bei der „unechten" Gesamtschuld, läßt man zunächst Kondiktionsansprüche des B gegen A außer Betracht, sehr von den Gegebenheiten des Einzelfalles ab-

---

[287] RG Urt. v. 26. 4. 1913 — Rep. VI 572/12 = RGZ 82, 206.

[288] BGH Urt. v. 20. 6. 1963 — VII ZR 263/61 = BGHZ 40, 28 = LM § 683 BGB Nr. 15 = NJW 1963, 1825 = MDR 1963, 753 = BB 1963, 919.

[289] Festschrift für Rabel I, 333 (362, 374)
NJW 1963, 1402 (1403).

[290] *Selb*, Schadensbegriff, 16, 31ff.

[291] Vgl. *Wieacker*, Gesetz und Richtergskunst, 7.
Rietschel, LM § 683 BGB Nr. 15;
OLG Köln Urt. v. 17. 9. 1964 — 10 U 105/64 = NJW 1965, 350
aber: BGH Urt. v. 9. 12. 1959 — IV ZR 178/59 = BGHZ 31, 329 = NJW 1960, 957.
BVerfG Beschl. v. 11. 5. 65 — 2 BvR 747/64 = NJW 1965, 1267.

[292] BGH Urt. v. 9. 12. 1959 — IV ZR 178/59 = BGHZ 31, 329 = NJW 1960, 957.
zustimmend *Erman-Seiler*, BGB, 4. Aufl., § 812 Anm. 4c bb zu α und β.

hängen. Es wird daher die Ansicht vertreten, wegen des Fehlens einer allgemeinen Rückgriffsregelung bestehe bei der „unechten" Gesamtschuld eine unerfreuliche Rechtsunsicherheit. Um dem abzuhelfen fordert zum Beispiel *H. Westermann*[293] im Gegensatz zur herrschenden Lehre die grundsätzliche Anwendung der §§ 421 ff. BGB und damit vor allem des § 426 BGB für die „unechte" Gesamtschuld.

(c) Nichtbereicherungsrechtliche Regreßansprüche „echter" Gesamtschuldner

Die Rückgriffsmöglichkeiten in „echten" Gesamtschuldverhältnissen unterscheiden sich von den „unechten" zunächst dadurch, daß sich normalerweise, ebenso wie bei den Leistungen von Sicherungsgebern, eine vertragliche Ausgleichspflicht des A aus dessen Innenverhältnis zu B ergibt[294]. Da an dieser Stelle der vorliegenden Untersuchung aber nur von Fällen die Rede sein soll, in denen lediglich eine „Befriedigung eines Gläubigers (im Valutaverhältnis) auf Kosten eines Dritten" vorliegt, wird hier nur von solchen „reinen" Fällen gesprochen, in denen, wie im dritten Beispiel, ein Innenverhältnis fehlt. Ein weiteres Musterbeispiel für diese Fallgruppe liefert eine Entscheidung des Bundesgerichtshofs[295], welche die Beziehungen eines Käufers A zu einem Verkäufer B betrifft, die sich aus der Abwicklung eines betrügerisch erschlichenen Finanzierungsdarlehens ergeben.

Die „echten" Gesamtschuldverhältnisse unterscheiden sich auch bei Fehlen eines Innenverhältnisses noch dadurch grundlegend von den „unechten", daß bei ihnen § 426 BGB anwendbar ist. Nach dieser Vorschrift erwirbt B als „echter" Gesamtschuldner nicht nur kraft Gesetzes die Forderung des C gegen A (§ 426 Abs. 2 Satz 1 BGB), sondern er hat auch noch einen davon unabhängigen besonderen gesetzlichen Rückgriffsanspruch (§ 426 Abs. 1 Satz 1 BGB).

Weiter soll B einen Anspruch aus Geschäftsführung ohne Auftrag (§§ 677, 683, 670 BGB)[296] haben. Bedenken, die sich hier, ähnlich wie bei der „unechten" Gesamtschuld, wegen einer fehlenden altruistischen Einstellung des B ergeben könnten, hat der Bundesgerichtshof in der „Finanzierungsdarlehen"-Entscheidung ausdrücklich als unbegründet zurückgewiesen. Wegen der bei „echten" Gesamtschuldnern vorliegenden Zweckgemeinschaft erscheinen hier solche Bedenken auch weniger begründet als bei der „unechten" Gesamtschuld.

---

[293] *Erman-Westermann*, BGB, 4. Aufl., § 421 Anm. 2,
vgl. zu dieser Frage auch: *Schlechtriem*, NJW 1966, 1795.

[294] *Palandt-Danckelmann*, BGB, 26. Aufl., § 426 Anm. 1a.
Esser, Schuldrecht, 2. Aufl., § 190, 5 zu a).

[295] BGH Urt. v. 4. 7. 1963 — VII ZR 41/62 = NJW 1963, 2067 = MDR 1963, 998.

[296] BGH Urt. v. 4. 7. 1963 — VII ZR 41/62 = NJW 1963, 2067 = MDR 1963, 998.
BGH Beschl. v. 1. 2. 1965 — GSZ 1/64 = MDR 1965, 453 = NJW 1965, 1175.
Palandt-Danckelmann, BGB, 26. Aufl., § 426 Anm. 1a.

2. Bereicherungsansprüche des Leistenden B gegen den Hauptschuldner A

Bei der Prüfung der Voraussetzungen eines Bereicherungsanspruchs des B gegen A braucht nicht zwischen Sicherungsgebern, „unechten“ und „echten“ Gesamtschuldnern unterschieden zu werden[297].

Folgt man der „älteren Bereicherungslehre“, so ist B in allen diesen Fällen durch seine Leistung an C „entreichert“[298]. — A wird dadurch, daß er Aufwendungen erspart hat „bereichert“, soweit der Zahlende B nach dem Innenverhältnis von A Ausgleich verlangen kann[299]. Anderer Ansicht ist *Selb*[300] für die „unechten“ Gesamtschuldverhältnisse, weil seiner Meinung nach die Schuld des A gegenüber C nicht erlischt, so daß dieser nicht durch eine Schuldbefreiung „bereichert“ wird. *v. Mayr*[301] nimmt an, A werde dann, wenn die Forderung des C kraft Gesetzes auf B übergehe, nicht „bereichert“, da nur ein Gläubigerwechsel stattfinde. Die herrschende Lehre setzt sich aber über diese Bedenken hinweg. — Folgt man ihr, so erfolgt die Vermögensverschiebung auch in diesen Fällen „unmittelbar durch mittelbare Zuwendung“[302]. Eine andere Auffassung hat das OLG Dresden in einer Entscheidung[303], dem sog. „Dresdner Fall“, vertreten, der folgender Sachverhalt zugrunde lag: C hatte eine Darlehensforderung gegen A und zu deren Sicherung eine Wechselforderung gegen B. B zahlte an C. Das OLG lehnte Ansprüche des B gegen A aus § 812 BGB wegen Fehlens der „Unmittelbarkeit“ ab. Es übersah aber, daß durch die Zahlung des B auch die im Valutaverhältnis bestehende Darlehensschuld des A gegenüber C erloschen war. —

Ob die Vermögensverschiebung auch „ohne Rechtsgrund“ erfolgt, ist nicht ganz unproblematisch. Wegen des fehlenden Innenverhältnisses neigt man dazu, die Bereicherung des A für „rechtsgrundlos“ zu halten. In diesem Sinne haben sich das Reichsgericht im „Dombrandfall“ und der Bundesgerichtshof im Zusammenhang mit Leistungen eines „Scheinvaters“ geäußert[304]. Lediglich soweit der Zahlende B selbst letztlich haftet, ergibt sich, wie der Bundesgerichtshof in dem „Finanzierungsdarlehensfall“[305] ausgeführt hat, ein „Rechtsgrund“

---

[297] a. A. *Erman-Seiler*, BGB, 4. Aufl., § 812 Anm. 4c bb β, der meint, bei „echten“ Gesamtschuldverhältnissen schließe § 426 einen Bereicherungsanspruch aus.

[298] Siehe oben Abschnitt D I 3 c aa.

[299] BGH Urt. v. 4. 7. 1963 — VIII ZR 41/62 = NJW 1963, 2067 = MDR 1963, 998
LG Bochum, VersR 1966, 1131 r. Sp.

[300] *Selb*, Schadensbegriff, S. 35.

[301] *v. Mayr*, Bereicherungsanspruch, 243.

[302] Wie Fußnote 300.

[303] OLG Dresden, Urt. v. 1. 5. 1908 — 3 0 27/08 = SächsARpfl 1908, 467;
dazu *Nebenzahl*, Erfordernis, 9, 22,
Friedmann, Bereicherungshaftung, 81.

[304] RG Urt. v. 26. 4. 1913 — Rep. VI 572/12 = RGZ 82, 206.
BGH Urt. v. 8. 1. 1958 — IV ZR 173/56 = BGHZ 26, 217.

[305] BGH Urt. v. 4. 7. 1963 — VII ZR 41/62 = NJW 1963, 2067 = MDR 1963, 998.

für die Aufwendungsersparnis des A aus § 426 Abs. 1 Satz 1 BGB. Demnach hätte B also, soweit er nicht selbst letztlich haftet, einen Kondiktionsanspruch gegen A. Bedenken dagegen ergeben sich aber daraus, daß B, wie soeben dargelegt, in der Regel auch einen Regreßanspruch aus Geschäftsführung ohne Auftrag hat. Sieht man die Geschäftsführung ohne Auftrag als „Rechtsgrund" an[306], so schließt sie einen Rückgriff aus § 812 BGB völlig aus. Die Verpflichtung des Leistenden B gegenüber dem Leistungsempfänger C kommt als „Rechtsgrund" nicht in Betracht, da es für einen Bereicherungsanspruch gegen A nur auf die Beziehungen zwischen B und A ankommt[307].

Ob sich ein Bereicherungsanspruch des B gegen A nach der neueren „Lehre von Leistungs- und Eingriffskondiktion" ergibt, erscheint zweifelhaft. Die Zweifel rühren daher, daß man in den hier besprochenen Fällen zwar immer von einer „Leistung" des B an C, vielleicht auch von einer gleichzeitigen Leistung des A an C, nicht aber ohne weiteres von einer solchen des B an A sprechen kann, wenn man als „Leistung" nur eine „bewußte und zweckgerichtete Zuwendung" ansieht. *Kötter*[308] erörtert die Problematik, die sich bei „Zusammentreffen zweier Leistungsverhältnisse in der Person eines Empfängers" ergibt. Auf die Frage, wie Bereicherungsansprüche des B gegen A zu begründen sind, geht er aber nicht ein. — *Schlosser*[309] erwähnt die Fragen, die sich ergeben, wenn man von Leistungen des B an C und A ausgeht, wie es etwa bei echten Verträgen zugunsten Dritter naheliegt. Er meint, die Fragen seien noch nicht ausgetragen. — Um der auftauchenden Schwierigkeiten Herr zu werden, kann man wie folgt unterscheiden: Wenn der Zahlende, wie der Bürge B im ersten Beispielsfall, schuldrechtliche Absprachen mit A durchführen wollte, steht ihm eine „Leistungskondiktion" gegen A zu, da seine Zahlung nicht nur der Erfüllung seiner Verbindlichkeit gegenüber C sondern auch seiner Verpflichtung im Innenverhältnis zu A dienen sollte, und der letzte Zweck verfehlt worden ist[310]. Eine „Eingriffskondiktion" gegen A ist gegeben, wenn eine Leistung des B an C, wie im zweiten und dritten Beispiel, im „Dombrandfall" oder bei Unterhaltsleistungen von „Scheinvätern", nicht als bewußte Vermehrung des Vermögens des A angesehen werden kann[311].

Die soeben erwähnten Schwierigkeiten der Abgrenzung von „Leistungs- und Eingriffskondiktion" vermeidet die „Lehre von der Rückgriffskondiktion".

---

306 *Erman-Seiler*, BGB, 4. Aufl., vor § 812 Anm. 2a aa.

307 LG Bochum, VersR 1966, 1131 (r. Sp.).

308 *Kötter*, AcP 153 (1954), 193 (221);
vgl. dazu auch *Erman-Seiler*, BGB, 4. Aufl., § 812 Anm. 4c aa β.

309 *Schlosser*, ZZP 76 (1963), 73 (78).

310 *Esser*, Schuldrecht, 2. Aufl., § 190, 5 zu a).
Ebenso wohl *v. Caemmerer*, JZ 1962, 385 (386 r. Sp. unten).

311 *Esser*, Schuldrecht, 2. Aufl., § 190, 5 zu a).
Erman-Seiler, BGB, 4. Aufl., § 812 Anm. 4c bb β.

Ebenso wie die „Leistungen zum Schutz eigener Interessen" sieht sie auch die „Leistungen auf Grund einer eigenen Verbindlichkeit" als Fälle der Abdeckung einer Verbindlichkeit an, die letztlich einen anderen angeht und in denen daher dem B eine „Rückgriffskondiktion" gegen A zusteht[312].

Die „Faustregel für Dreiecksverhältnisse" wird, soweit ersichtlich, bei Fällen der hier behandelten Art nicht verwandt. Auch mit ihr lassen sich aber Bereicherungsansprüche des B gegen A begründen, da ein Deckungsverhältnis zwischen B und A fehlt.

3. Zusammenfassung

Als Ergebnis ist festzuhalten, daß B in der Regel dann, wenn er durch eine Leistung auf Grund einer eigenen Verpflichtung einen Gläubiger C befriedigt, einen Rückgriffsanspruch gegen A hat, der sich häufig aus nichtbereicherungsrechtlichen Vorschriften, immer aber aus § 812 BGB ergibt, wobei zu bemerken ist, daß die Begründung eines Bereicherungsanspruchs der „älteren Bereicherungslehre", aber auch der „Lehre von Leistungs- und Eingriffskondiktion" gewisse Schwierigkeiten bereitet.

dd) Ansprüche des Leistenden B gegen den Hauptschuldner A nach amerikanischem Recht

Ebenso wie das deutsche gewährt auch das amerikanische Recht einem Sicherungsgeber oder Mitschuldner B, der an Stelle eines Hauptschuldners A einen Gläubiger befriedigt hat, einen Bereicherungsanspruch gegen den Hauptschuldner. Eine entsprechende Regelung enthält das Restatement of Restitution in den §§ 76ff. An ihr ist zweierlei bemerkenswert.

Zunächst fällt die kühne Weise auf, in der die aus dem deutschen Recht bekannten Schwierigkeiten der Begründung eines Bereicherungsanspruchs gemeistert werden. Die Leistung eines selbst haftenden Dritten B wird als abgenötigte („coerced") und darum rückforderbare Leistung angesehen. Die amerikanischen Juristen übertragen damit einen Gedanken, dessen Berechtigung bei Zwei-Personen-Fällen ohne weiteres einleuchtet, auf ein in Wahrheit völlig andersgelagertes Dreieckverhältnis.

Weiter ist bemerkenswert, daß das Restatement nicht, wie es hier für das deutsche Recht geschehen ist, zwischen „Sicherungsgebern", „unechten" und „echten" Gesamtschuldnern unterscheidet. Es wird vielmehr zwischen persön-

---

[312] *v. Caemmerer*, Festschrift für Rabel I, 333, (360ff.).
v. Caemmerer, NJW 1963, 1402 (1403).
v. Caemmerer, JZ 1962, 385 (386 r. Sp.).
Fikentscher, Schuldrecht, § 99 V 1c.
Auf „Anklänge an die gemeinrechtliche Versionsklage" weist *v. Caemmerer* (Festschrift für Rabel I, 333 (374)) für die hierher gehörigen Fälle hin, in denen ein von einer Ehefrau C außerhalb des Rahmens ihrer Schlüsselgewalt zugezogener Arzt B sich an den unterhaltspflichtigen Ehemann A halten kann. Vgl. unten Abschnitt D I 3 e aa.

lich verpflichteten Dritten (§§ 76ff.) und dinglich haftenden Dritten (§§ 103ff.)[313] unterschieden. Bei den persönlich haftenden Dritten wird zwischen solchen, die Ausgleich in voller Höhe („indemnity", § 76ff.)[314], und solchen, die nur in Höhe eines Teiles ihrer Leistung an den Gläubiger C Ausgleich verlangen können („contribution", §§ 81ff.)[315], unterschieden. Im deutschen Recht klingt dieser bedeutsame Unterschied nur in den Worten „... soweit nicht ein anderes bestimmt ist" in § 426 Abs. 1 Satz 1 BGB an.

d) Leistung an den Gläubiger eines anderen auf Grund einer irrtümlich angenommenen Verpflichtung diesem gegenüber
„Irrtümliche Zahlung fremder Schuld"

aa) Allgemeine Beschreibung dieser Fallgruppe

Wenn zuletzt von den häufig vorkommenden Fällen die Rede war, in denen jemand auf Grund einer eigenen Verpflichtung an den Gläubiger eines anderen geleistet hat, so soll nun von den sehr viel selteneren Fällen gesprochen werden, in denen der Leistende B das Bestehen einer solchen Verpflichtung zu Unrecht angenommen hat. Je nach der Art der irrig angenommenen Verpflichtung und der Form der Leistung sind verschiedene Fallgestaltungen denkbar[316]. Manchmal glaubt der Leistende B, er allein[317] sei der Schuldner des Gläubigers C, wie in diesem ersten Beispiel:

---

[313] Rest., Restitution:
§ 103. Satisfaction of Duty Owed by Another in Protection of Payor's Property.
A person who, to prevent the lawful taking or detention of his things or to redeem his things which have been lawfully taken or detained, has discharged the duty of another in whole or in part, is entitled
(a) to indemnity from the other if, as between the two, the other should have performed such duty, or
(b) to contribution if the amount so paid is greater than the proportionate share which, as between the two, should habe been borne by the person who paid.

[314] Rest., Restitution:
§ 76. General Rule (Indemnity).
A person who, in whole or in part, has discharged a duty which is owed by him but which as between himself and another should have been discharged by the other is entitled to indemnity from the other, unless the payor is barred by the wrongful nature of his conduct.

[315] Rest., Restitution:
§ 81. General Rule (Contribution).
Unless otherwise agreed, a person who has discharged more than his proportionate share of a duty owed by himself and another as to which, between the two, neither had a prior duty of perfomance, is entitled to contribution from the other, except where the payor is barred by the wrongful nature of his conduct.

[316] Beispiele bei:
Thomä, JZ 1962, 623 und 624 l. Sp.

[317] *Eichele*, Irrtümliche Eigenleistung, 1—3.

B glaubt, er sei gesetzlicher Erbe eines X und zahlt die laufenden Wasserrechnungen der Stadtwerke C. Später wird ein Testament gefunden, in dem A zum Erben eingesetzt ist. B hat also auf eine fremde Schuld gezahlt[318].

Es kommt aber auch vor, daß der Leistende glaubt, neben A[319] als „Sicherungsgeber", „unechter" oder „echter" Gesamtschuldner zu haften. Hierher gehören die Fälle nichtiger Verträge zugunsten Dritter, bei denen ein wirksames Valutaverhältnis zwischen dem Versprechensempfänger A und dem Dritten C vorliegt[320]. Ferner sind hier Fälle von der Art dieses zweiten Beispiels zu nennen:

Ein Gläubiger C hat eine Forderung gegen den Schuldner A. A und ein Dritter B glauben, daß A seinerseits eine gleichhohe Forderung gegen den Dritten B habe. B akzeptiert deshalb eine Anweisung, in welcher der Schuldner A ihn anweist, an den Gläubiger C zu zahlen. Später zahlt der Dritte B an den Gläubiger C. Dann stellt sich heraus, daß der Schuldner A keine Forderung gegen den Dritten B hatte und daß außerdem das Akzept des Dritten B nicht rechtswirksam war[321].

Auch bei den hier besprochenen irrtümlichen Leistungen auf fremde Schuld muß die Leistung des B nicht immer rechtsgeschäftlicher Natur sein, wie in den beiden soeben erwähnten Beispielen. Die Leistung des B kann auch ein Realakt sein, wie in diesem dritten Beispiel:

Ein Architekt A schuldet dem Eigentümer C die Errichtung eines Hauses auf dessen Grundstück. Obwohl er dazu keine Vollmacht hat, beauftragt A den Bauunternehmer B im Namen des Eigentümers C mit der Lieferung des Materials und der Ausführung der Bauarbeiten. Der Bauunternehmer B, der glaubt, einen Vertrag mit dem Grundstückseigentümer C zu haben, erfüllt durch den Einbau seines Materials in Wahrheit die Schuld des Architekten A[322].

Irrtümliche Leistungen der hier besprochenen Art waren von jeher Gegenstand lebhaften Streits[323]. In jüngster Zeit sind sie als „Irrtümliche Zahlung fremder Schuld" im Anschluß an die „Idealheim-Entscheidung" des BGH[324], der das letzte Beispiel nachgebildet ist, im Schrifttum wieder lebhaft diskutiert

---

[318] *v. Caemmerer*, Festschrift für Dölle I, 135 (142).
Maier, AcP 152 (1952/53), 97 (98).

[319] *Eichele*, Irrtümliche Eigenleistung, 4.

[320] *Gottschalk*, JherJb 78 (1927/28), 290 (307ff.).

[321] *Esser*, Schulrecht, 2. Aufl., § 190, 5 zu b)
vgl. *Kötter*, AcP 153 (1954), 193 (221).

[322] BGH Urt. v. 4. 4. 1957 — VII ZR 283/56 = WPM 1957, 926ff. = Schäfer/Finnern, Z 2, 222 Bl. 1ff.
BGH Urt. v. 5. 10. 1961 — VII ZR 207/60 = BGHZ 36, 30ff. = NJW 1961, 2251 = MDR 1962, 46 = JZ 1962, 280.
BGH Urt. v. 31. 10. 1963 — VII ZR 285/61 = BGHZ 40, 272 = LM § 951 BGB Nr. 18 = NJW 1964, 399 = MDR 1964, 224 = BB 1964, 58.

[323] *v. Mayr*, Bereicherungsanspruch, 238 (mit Nachweis älterer Literatur).
Maier, AcP 152 (1952/53), 97ff.
Esser, Schuldrecht, 2. Aufl., § 190, 2.

[324] BGH Urt. v. 5. 10. 1961 — VII ZR 207/60 = BGHZ 36, 30ff. = NJW 1961, 2251 = MDR 62, 46 = JZ 1962, 280.

worden[325]. Hier soll nicht auf die ganze dabei aufgezeigte Problematik, sondern nur auf die Sonderfälle eingegangen werden, in denen durch „irrtümliche Leistung“ eines B „auf angenommene eigene Schuld“ der Gläubiger C eines Schuldners A befriedigt wird. Die Fälle, in denen es nicht zur Befriedigung eines Gläubigers C kommt, können hier außer Betracht bleiben, da es bei ihnen mangels „Befriedigung eines Gläubigers (im Valutaverhältnis) auf Kosten eines Dritten“ und mangels „Schulderfüllung (im Deckungsverhältnis) durch Leistung an einen Dritten“ nicht zur Entstehung von Dreiecksverhältnissen kommt, worauf in der Literatur schon mit Recht hingewiesen worden ist[326].

Ob es überhaupt jemals und, falls das bejaht wird, unter welchen Voraussetzungen es bei „irrtümlicher Leistung auf angenommene eigene Schuld“ zur Befriedigung eines Gläubigers C kommt, ist sehr umstritten. Das Problem wird häufig im Zusammenhang mit der oben[327] erwähnten Frage erörtert, ob es für die Bestimmung des „Leistungszwecks“ bei der „Leistungskondiktion“ auf die Sicht des Leistenden oder die des Leistungsempfängers ankommt[328].

Nach einer zumindest bis vor kurzem herrschenden Ansicht[329] kommt es bei „irrtümlicher Zahlung fremder Schulden“ nie zu einer Befriedigung eines Gläubigers C, da das einen auf Tilgung der Schuld des A gerichteten Willen des B voraussetzen würde, der in diesen Fällen fehlt. Dieser Ansicht ist auch

---

[325] *Berg*, NJW 1962, 101 f.
Flume, JZ 1962, 281 f.
v. Caemmerer, JZ 1962, 385 ff.
Thomä, JZ 1962, 623 ff. (625 l. Sp.).
Zeiss, JZ 1963, 7 ff. (10 r. Sp.).
v. Caemmerer, Döllefestschrift I, 135 ff.
Berg, JuS 1964, 137 ff.
Larenz, Schuldrecht II, 7. Aufl., § 62 II b a.E.
Zeiss, AcP 165 (1965), 332 ff.
Gräber, Bereicherung durch Leistung, 40 ff., 159.
Eichele, Irrtümliche Eigenleistung.
Hülsmann, Dreiecksverhältnisse, 13 f., 97 ff.
Baur-Wolf, JuS 1966, 393 ff.

[326] *Flume*, JZ 1962, 281 (282 l. Sp. oben).
Esser, Schuldrecht, 2. Aufl., § 190, 2.
a.A. wohl *Eichele*, Irrtümliche Eigenleistung, 57.

[327] Siehe oben Abschnitt C I 1 b bb.

[328] *Thomä*, JZ 1962, 623 (625 f.).
Brandi, Bereicherung, 114 ff.
Hülsmann, Dreiecksverhältnisse, 13 f.

[329] *Berg*, NJW 1964, 720 (721).
Berg, JuS, 1964, 137 (141 r. Sp.).
Gräber, Bereicherung durch Leistung, 159 f.
Eichele, Irrtümliche Eigenleistung, 49.
Hülsmann, Dreiecksverhältnisse, 4, 98.

das Reichsgericht in einschlägigen Fällen, wie in dem noch nach Gemeinem Recht beurteilten „Havereifall"[330] und später in dem „Bierkutscherfall"[331] und dem „Viehversicherungsfall"[332] gewesen. Der IV. Senat des Bundesgerichtshofs[333] sieht Unterhaltsleistungen eines „Scheingatten" und eines „Scheinvaters" B als „irrtümliche Zahlung fremder Schuld" an, wie Hinweise auf die soeben angeführte Reichsgerichtsrechtsprechung zeigen[334]. Er geht davon aus, daß in diesen Fällen Unterhaltsansprüche des anderen „Scheingatten" C gegen seine Familiengehörigen A oder Unterhaltsansprüche des Kindes C gegen seinen wahren Erzeuger A nicht befriedigt werden.

Nach einer früher von *Leonhard*[335] und jetzt von *Flume*, *Thomä*, *v. Caemmerer* und *Larenz*[336], jeweils mit anderer Begründung[337], vertretenen Ansicht soll zwar immer noch der Wille des Leistenden B entscheidende Bedeutung

---

v. Mayr, Bereicherungsanspruch, 238.
v. d. Pfordten, LZ 1919, 221 (223).
Bartels, Indirekte und mittelbare Bereicherungsansprüche, 19.
Barnstedt, Das Merkmal, 48.
Weitere Nachweise für die „h. L." bei:
Maier, AcP 152 (1952/53), 97 (100ff.).
Thomä, JZ 1962, 623 (Fußnote 1).
v. Caemmerer, Festschrift für Dölle I, 135 (139ff.).

[330] RG Urt. v. 3. 7. 1899 — Rep. I 171/99 = RGZ 44, 136 (143).
Dazu: *v. Caemmerer*, Festschrift für Dölle I, 135 (137f.)
Nebenzahl, Erfordernis, 54.

[331] RG Urt. v. 20. 1. 1920 — II 286/19 = RGZ 98, 64,
Dazu *v. Caemmerer*, Festschrift für Dölle I, 135 (161),
ferner *Zeiss*, AcP 165 (1965), 332 (336ff.).

[332] RG Urt. v. 18. 3. 1920 — IV 480/19 = WarnRspr 1920 Nr. 151 = SeuffA 75, 279f.
Dazu *v. Caemmerer*, Festschrift für Dölle I, 135 (154f.).

[333] BGH Urt. v. 28. 10. 1964 — IV ZR 238/63 = BGHZ 43, 1 (11f.) = NJW 1965, 581ff.
BGH Urt. v. 21. 12. 1966 — IV ZR 224/65 = NJW 1967, 559.

[334] Nach der hier (siehe oben Abschnitt D I 3 c cc 1 b.) vertretenen Auffassung zu Unrecht.

[335] *Leonhard*, Schuldrecht I, § 179 (S. 369).

[336] *Flume*, JZ 1962, 281 (282 r. Sp.).
Thomä, JZ 1962, 623 (627f.).
v. Caemmerer, JZ 1962, 385 (386 r. Sp.).
v. Caemmerer, Festschrift für Dölle I, 135 (139ff., 147ff.).
Larenz, Schuldrecht II, 7. Aufl., § 62 II b a.E.
Ebenso:
Schlechtriem, NJW 1966, 1795 (1796).
Erman-Seiler, BGB, 4. Aufl., § 812 Anm. 4 c bb a.
Dagegen:
Berg, JuS 1964, 137 (141).
Zeiss, JZ 1963, 7 (8 r. Sp.) aber anders:
Zeiss, AcP 165 (1965), 332 (337).

[337] *Thomä*, JZ 1962, 623 (624 Fußnote 18).

haben, so daß es zunächst in der Regel nicht zu einer Befriedigung des Gläubigers C kommt. In Anlehnung an Vorschriften des römischen, französischen und italienischen Rechts[338] wollen die genannten Autoren dem irrtümlich Leistenden aber ein Wahlrecht einräumen, das es ihm ermöglicht, seine Leistung als Befriedigung des Gläubigers C gelten zu lassen. Damit taucht hier der Gedanke an ein Wahlrecht, der schon von den Fällen der Zwangsversteigerung schuldnerfremder Sachen her bekannt ist[339], im Bereich der Dreiecksverhältnisse zum zweiten Mal auf. Hier wie da soll die Ausübung des Wahlrechts zu einer Befriedigung des Gläubigers C und damit zur Entstehung eines zunächst nicht vorhandenen Dreiecksverhältnisses führen.

Endlich gibt es auch Auffassungen, nach denen es bei „irrtümlicher Leistung auf fremde Schuld" zumindest gelegentlich ohne weiteres zu einer Befriedigung des Gläubigers C kommen soll[340]. *Maier*[341] glaubt, aus den Gedanken der §§ 994ff. und 2022 Abs. 2 und 3 BGB sowie aus einer Bewertung der Interessenlage ergebe sich, daß C befriedigt werde. *Zeiss*[342] und wohl auch *Esser*[343] kommen zu demselben Ergebnis, weil sie die Sicht des Gläubigers C beim Empfang der Zuwendung für ausschlaggebend halten. *v. Caemmerer*, der ja für die Normalfälle eine Befriedigung des C nur dann annehmen will, wenn B ein Wahlrecht in diesem Sinne ausgeübt hat, will in besonderen Ausnahmefällen auch ohne das eine Befriedigung des C eintreten lassen. Besondere Ausnahmefälle in diesem Sinne sollen sein: Einmal die irrtümliche Erfüllung wenig ins Gewicht fallender Verbindlichkeiten des täglichen Lebens[344], wie im ersten der obigen Beispiele, und zum anderen Fälle, in denen der Gläubiger C wegen Wegfalls der Bereicherung (§ 818 Abs. 3 BGB) nicht mehr auf Rückerstattung in Anspruch genommen werden kann[345], [346]. Für die Praxis ist bedeutsam, daß auch der VII. Senat des Bundesgerichtshofes im Anschluß an eine Bau-Ent-

---

[338] Vgl. *Maier*, AcP 152 (1952/53), 97 (103).
Flume, JZ 1962, 281 (282).
v. Caemmerer, Döllefestschrift I, 135 (136f.)

[339] siehe oben Abschnitt D I 3 b aa.

[340] *Jung*, Bereicherungsansprüche, 53ff., 83 (Anm. 133).
Jung, Reichsgerichtspraxis III, 143 (161).
Gottschalk, JherJb 78 (1927/28), 290 (311ff.).
Nipperdey, JbAkadDR 4 (1937), 19 (23)
weitere Nachweise bei *Thomä*, JZ 1962, 623 (Fußnote 2 und 17).

[341] *Maier*, AcP 152 (1952/53), 97 (109).

[342] *Zeiss*, JZ 1963, 7 (10 1. Sp.);
anders (für Wahlrecht): *Zeiss*, AcP 165 (1965), 332 (337/8).

[343] *Esser*, Schuldrecht, 2. Aufl., § 190, 2.

[344] *v. Caemmerer*, Festschrift für Dölle I, 135 (142).

[345] *v. Caemmerer*, Festschrift für Dölle I, 135 (144).

[346] Der von *v. Caemmerer* ebenfalls in diesem Zusammenhang erwähnte Fall, in dem § 814 BGB dem Leistenden eine Rückforderung unmöglich macht, gehört wohl

scheidung aus dem Jahre 1957[347] in zwei weiteren Baufällen, dem bereits mehrfach zitierten „Idealheimfall"[348] und dem „Elektroherdefall"[349], entgegen der erwähnten Rechtsprechung des Reichsgerichts und im Gegensatz zu der Rechtsprechung des IV. Senats[350] von einer Befriedigung des Gläubigers C ausgeht.

Im Rahmen dieser Arbeit mag dahingestellt bleiben, welcher dieser Theorien zu folgen ist, weil es sich hierbei wieder um eine erfüllungs-, nicht aber um eine bereicherungsrechtliche Frage handelt[351]. Nach dem Gesagten ist aber nicht daran zu zweifeln, daß es in gewissen Fällen zur „Befriedigung eines Gläubigers" durch „irrtümliche Leistung auf angenommene eigene Schuld" kommen kann.

Wenn ein Gläubiger C befriedigt wird, gleichen sich bei ihm Gewinn und Verlust aus. Wie in allen bisher besprochenen Fallgruppen ist auch hier B um den Wert seiner „irrtümlichen Leistung" entreichert und A durch die Befreiung von seiner Schuld gegenüber C bereichert[352]. Wenn man so will, kann man sagen, daß die hier erörterten Fälle objektiv den „Anweisungsfällen mit fehlendem Deckungsverhältnis" und den „Leistungen zum Schutz eigener Interessen", subjektiv aber den „Leistungen auf Grund einer eigenen Verpflichtung" entsprechen.

bb) Keine Ansprüche des Leistenden B gegen den Gläubiger C nach deutschem Recht

Darüber, daß der Leistende B in Fällen dieser Art keinen Anspruch gegen den Gläubiger C hat, sei es aus § 812 BGB unmittelbar oder aus §§ 951, 812 BGB, besteht kein Streit. Soweit scheinbar andere Meinungen[353] vertreten werden, liegt ihnen, wie besonders die Ausführungen von *Barnstedt*[354] deutlich zeigen, immer die Vorstellung zugrunde, daß der Gläubiger C nicht befriedigt wird.

---

nicht hierhin, da in den Fällen des § 814 BGB keine „irrtümliche" sondern eine „bewußte" Leistung auf eine nicht bestehende eigene Schuld erbracht wird.

[347] BGH Urt. v. 4. 4. 1957 — VII ZR 283/56 = WPM 1957, 926ff.

[348] BGH Urt. v. 5. 10. 1961 — VII ZR 207/60 = BGHZ 36, 30ff. = NJW 1961, 2251 = MDR 1962, 46 = JZ 1962, 280.

[349] BGH Urt. v. 31. 10. 1963 — VII ZR 285/61 = BGHZ 40, 272 = LM § 951 BGB Nr. 18 = NJW 1964, 399 = MDR 1964, 224 = BB 1964, 58.

[350] BGH Urt. v. 28. 10. 1964 — IV ZR 238/63 = NJW 1965, 581 ff. („Scheingattenfall").
BGH Urt. v. 21. 12. 1966 — IV ZR 229/65 = NJW 1967, 559 („Scheinvaterfall").

[351] Richtig ist es wahrscheinlich, auf den „verobjektivierten Empfängerhorizont" abzustellen (vgl. oben Abschnitt C I 1 b bb.). Das würde bedeuten, daß es wohl recht häufig zu einer „Befriedigung eines Gläubigers" kommt.

[352] Vgl. *Gräber*, Bereicherung durch Leistung, 42.

[353] Vgl. die oben in Fußnote 328 Genannten,
ferner *Molitor*, Schuldrecht II, 5. Aufl., § 29 II 2.

[354] *Barnstedt*, Das Merkmal, 48.

Als Begründung für die Ablehunng von Ansprüchen des B gegen C kommen grundsätzlich die oben[355] bei den „Anweisungsfällen mit fehlendem Deckungsverhältnis" angeführten Argumente in Betracht.

Der VII. Senat des Bundesgerichtshofes hat in den erwähnten drei Bauentscheidungen, denen das dritte Beispiel nachgebildet ist, Ansprüche des B gegen C aus §§ 951, 812 BGB von der Grundlage der „älteren Bereicherungslehre" aus abgelehnt. Seiner Ansicht nach fehlt es bei „irrtümlichen Leistungen auf fremde Schuld" an einer „unmittelbaren" Vermögensverschiebung zwischen B und C. C soll nicht auf Kosten des B bereichert sein, weil die Arbeiten für ihn keine Zuwendung des B, sondern von A auf Grund des zwischen A und C bestehenden Werkvertrages erbrachte Leistungen seien.

In der jüngsten der drei Entscheidungen, dem „Elektroherdefall", erörtert der VII. Senat auch, wie derartige Fälle nach der neuen „Lehre von Leistungs- und Eingriffskondiktion" zu beurteilen seien. Er ist der Ansicht, B stehe keine „Leistungskondiktion" gegen C zu, weil seine „Zuwendung" sich, vom maßgebenden[356] Standpunkt des Empfängers aus gesehen, als „Leistung" des A darstelle[357]. Zu demselben Ergebnis kommen *Baur* und *Wolf* auf Grund einer Interessenabwägung, bei der sie das Schutzbedürfnis des Empfängers C in den Vordergrund stellen[358]. — Eine „Eingriffskondiktion" des B gegen C entfällt nach der „Elektroherdeentscheidung" des Bundesgerichtshofs, da sie wegen ihrer angeblichen Subsidiarität nur entstehen kann, wenn der Bereicherungsgegenstand dem Empfänger C überhaupt nicht, also auch nicht von A, geleistet worden ist. *Zeiss*[359], der dem Bundesgerichtshof zustimmt, lehnt eine „Eingriffskondiktion" des B gegen C vor allem auf Grund einer Abwägung der Interessen ab. Er meint, B müsse sich an A halten und das Risiko von dessen Zahlungsunfähigkeit tragen. *Baur* und *Wolf*[360] sind der Ansicht, B stehe keine „Eingriffskondiktion" zu, weil sein Wille auf eine Vermögensverschiebung gerichtet war. Dieser Wille sei infolge des Abstraktionsgrundsatzes auch dann ausschlaggebend, wenn ohne Verpflichtung geleistet werde.

Soweit Anhänger der „Lehre von Leistungs- und Eingriffskondiktion" die Ansicht vertreten, es liege doch eine „Leistung" des B an C vor[361], gehen sie, wie gesagt, insofern von einer anderen Fallgestaltung aus, als sie annehmen, der Gläubiger C sei nicht befriedigt worden.

---

[355] Siehe oben Abschnitt D I 3 a bb.

[356] Ob es richtig ist, auf den Standpunkt des Empfängers abzustellen, ist umstritten. Vgl. oben Abschnitt C I 1 b bb.

[357] Ebenso: *Zeiss*, AcP 165 (1965), 332 (333/6).

[358] *Baur-Wolf*, JuS 1966, 393 (396f.).

[359] *Zeiss*, AcP 165 (1965), 332 (339ff.).

[360] *Baur-Wolf*, JuS 1966, 393 (397).

[361] Vgl. oben Fußnote 325.

cc) Keine Ansprüche des Leistenden B gegen den Gläubiger C nach amerikanischem Recht

Auch nach amerikanischem Recht hat der Leistende B keinen Bereicherungsanspruch gegen den Gläubiger C, wenn dessen Forderung gegen den wahren Schuldner A befriedigt wird.

Der New Yorker Court of Appeal hat diesen Grundsatz in der Entscheidung Mayer v. Mayor of New York[362] ausdrücklich ausgesprochen. Er liegt wohl auch den Entscheidungen Concord Coal Co. v. Ferrin[363] und Felder v. Acme Mills[364] und unausgesprochen den als besondere Ausnahme betrachteten[365] „Steuerfällen" zugrunde. Die Besonderheit der Steuerfälle ist darin zu sehen, daß es bei ihnen aus Gründen, die wir öffentlich-rechtlich nennen würden, immer zu einer Befriedigung des Fiskus C kommt, die in anderen Fällen zweifelhaft sein mag. Steuerfälle dieser Art sind Mariposa County v. Arizona Citrus Land Co.[366] und Bateson v. City of Detroit[367]. In beiden Fällen hatte B irrtümlich von A geschuldete Steuern gezahlt. B's Klage gegen die Steuerbehörde C wurde mit der Begründung abgewiesen, in Fällen von „mistake of law" gebe es keine Bereicherungsansprüche, außerdem seien Bereicherungsansprüche gegen Steuerbehörden grundsätzlich nicht möglich.

Eine grundsätzliche Ablehnung von Ansprüchen des B gegen C enthält auch § 14 Abs. (1) Rest., Restitution[368]. Diese Vorschrift wurde oben[369] bereits zur Ablehnung von Ansprüchen des B gegen C bei „Anweisungsfällen mit fehlendem Deckungsverhältnis" herangezogen. Sie betrifft aber auch die hier besprochenen Fälle. Das ist darauf zurückzuführen, daß einfach von einem „mistake of the transferor as to his interests or duties" die Rede ist, ohne daß wie in dieser Untersuchung zwischen irrtümlichen Vorstellungen des B über seine Beziehungen zu A („Anweisungsfälle mit fehlendem Deckungsverhältnis") einerseits und zu C („Irrtümliche Leistung auf fremde Schuld") andererseits

[362] 63 N. Y. 455 (1875),
vgl. dazu *v. Caemmerer*, Festschrift für Dölle I, 135 (138).

[363] 71 N. H. 33; 51 A. 281 (1901),
vgl. dazu *v. Caemmerer*, Festschrift für Dölle I, 135 (158).

[364] 112 Miss. 322; 73 So. 52 (1916),
vgl. dazu *v. Caemmerer*, Festschrift für Dölle I, 135 (160 Anm. 72).

[365] *v. Caemmerer*, Festschrift für Dölle I, 135 (145 Anm. 33).

[366] *Mariposa County v. Arizona Citrus Land Co.*, 55 Ariz. 234, 100 P. 2d 587 (1940).

[367] *Bateson v. City of Detroit*, 143 Mich. 582, 106 N. W. 1104 (1906).

[368] Rest., Restitution:
§ 14. Discharge for Value.
(1) A creditor of another or one having a lien on another's property who has received from a third person any benefit in discharge of the debt or lien, is under no duty to make restitution therefor, although the discharge was given by mistake of the transferor as to his interests or duties, if the transferee made no misrepresentation and did not have notice of the transferor's mistake.

[369] Siehe oben Abschnitt D I 3 a cc.

unterschieden wird. Zwei der Erläuterungsbeispiele zu § 14 Rest., Restitution betreffen typische Fälle „irrtümlicher Zahlung fremder Schuld“:

Illustration 2: Believing, that he owns Blackacre, B pays the taxes thereon to the city of C. B ist not entitled to restitution from C.

Illustration 5: B, under the erroneous belief that he has effectively promised C to pay A's debt to him makes payment thereof to C. He is not entitled to restitution from B.

Nicht zuzustimmen ist *v. Caemmerer*[370], der sich mit den hier besprochenen Fällen ausführlich beschäftigt und dabei ausführt, der Leistende B könne in der Regel seine Zahlung von dem Gläubiger C als „payment made under mistake“ zurückfordern, nur in Ausnahmefällen, nämlich bei Rechtsirrtum, „mistake of law“, und bei der diesem gleichgestellten irrtümlichen Zahlung von Steuern werde ein solcher Anspruch versagt. *v. Caemmerer* beachtet wohl nicht ausreichend den auch nach amerikanischem Recht bedeutsamen Unterschied zwischen den hier besprochenen Fällen, in denen es zu einer Erfüllung der Schuld des A gegenüber dem Zuwendungsempfänger C kommt, und solchen, in denen das nicht der Fall ist.

dd) Ansprüche des Leistenden B gegen den Schuldner A nach deutschem Recht

Wenn der Leistende B sich auch nicht an den Gläubiger C halten kann, so steht ihm doch ein Ausgleichsanspruch gegen den Schuldner A zu.

Dieser Anspruch ergibt sich manchmal aus nichtbereicherungsrechtlichen Vorschriften. — So kommen etwa bei Ablösung dinglicher Lasten durch einen unrechtmäßigen Besitzer Verwendungsersatzansprüche (§§ 994 ff., 2022 BGB) in Betracht. — Von Geschäftsführung ohne Auftrag (§§ 677 ff. BGB) kann nach Ansicht von *Jung*, *Maier* und *Fikentscher*[371] nicht die Rede sein, da der Zahlende bei irrtümlicher Leistung auf angenommene eigene Schuld im eigenen Interesse handelt. Diese Feststellung trifft aber wohl nur für einen Teil der hier besprochenen Fälle zu. Wenn B glaubt, alleiniger Schuldner zu sein, ist ein altruistischer Wille bei ihm tatsächlich nicht vorstellbar. Wenn ein B aber als vermeintlicher Sicherungsgeber oder Gesamtschuldner leistet, kommen Ansprüche aus Geschäftsführung ohne Auftrag ebenso wie bei Leistungen wirklicher Sicherungsgeber oder Gesamtschuldner in Betracht[372].

v. Caemmerer will dem irrtümlich leistenden B in gewissen Fällen sogar einen Rückgriff mit Hilfe der an ihn abzutretenden Forderung des Gläubigers C ermöglichen[373]. — Ein „besonders gesetzliches Schuldverhältnis“, kraft dessen

---

[370] *v. Caemmerer*, Festschrift für Dölle I, 135 ff. (138, 145).

[371] *Jung*, Bereicherungsansprüche, 53.
Maier, AcP 152 (1952/53), 97 (99).
Fikentscher, Schuldrecht, § 83 I 6.

[372] *v. Caemmerer*, JZ 1962, 385 (386 r. Sp.).

[373] *v. Caemmerer*, Festschrift für Dölle I, 135 (146 f.).

der Miterbe A dem Käufer B einen etwa schon bezahlten Kaufpreis zu erstatten hat, nimmt der Bundesgerichtshof[374] für den ebenfalls hierher gehörenden Fall an, daß ein Erbschaftskäufer B irrtümlich an einen verkaufenden Miterben C zahlt, obwohl ein Miterbe A sein Vorkaufsrecht (§ 2035 BGB) ausübt und deshalb seinerseits C den Kaufpreis schuldet.

Ebenso hat derjenige, der ein dingliches Vorkaufsrecht ausübt, dem neuen Eigentümer den Kaufpreis zu erstatten (§ 1100 Satz 1 BGB).

Vor allem aber besteht in diesen Fällen ein Bereicherungsanspruch des Leistenden B gegen den Schuldner A.

Diesen Bereicherungsanspruch begründet die „ältere Bereicherungslehre" wie folgt: Der Leistende B ist um den Wert seiner Leistung „entreichert". Der Schuldner A ist „bereichert", denn er ist seiner Verpflichtung aus dem Vertrage mit seinem Gläubiger C ledig geworden. Die Vermögensverschiebung ist auch „unmittelbar durch mittelbare Zuwendung" und, wegen des Fehlens einer Verpflichtung des B gegenüber dem Schuldner A, „ohne Rechtsgrund erfolgt"[375].

Ob und wie sich ein Bereicherungsanspruch des Leistenden B gegen den befreiten Schuldner A mit der „Lehre von Leistungs- und Eingriffskondiktion" begründen läßt, ist sehr fraglich. Auf diese Schwierigkeit hat Jung[376] schon im Jahre 1902 hingewiesen. Wie bei den „Leistungen auf Grund einer eigenen Verpflichtung" ergeben sich Zweifel, weil man geneigt ist, eine „Leistung" des B an den Gläubiger C anzunehmen. Geht man dazu noch von einer Subsidiarität der Eingriffskondiktion aus, so sind eigentlich alle Kondiktionen gegen den Schuldner A ausgeschlossen. Eine „Leistungskondiktion" gegen A würde zumindest eine „mittelbare Leistung" des B an A voraussetzen. Von einer solchen „mittelbaren Leistung" an den Schuldner A kann man notfalls sprechen, wenn man entweder den „Zuwendungszweck" aus der Sicht des Empfängers C beurteilt[377], oder wenn der irrtümlich Leistende B, wie im zweiten Beispielfall, von der Schuld des A gegenüber dem Gläubiger C wußte. Einen Fall von der Art des zweiten Beispiels hat *Esser* im Auge, wenn er im Rahmen der Erörterung der Leistungskondiktion sagt, der Akzeptant B müsse seinen „Verlust bei A decken"[378]. *Larenz* geht davon aus, daß der Leistende B das ihm

---

[374] BGH Urt. v. 8. 5. 1952 — IV ZR 163/51 = BGHZ 6, 85ff.
BGH Urt. v. 22. 10. 1954 — IV ZR 128/54 = BGHZ 15, 102ff.

[375] *Jung*, Reichsgerichtspraxis III, 143 (161).
Gottschalk, JherJb 78 (1927/28), 290 (316).
Nipperdey, JbAkadDR 4 (1937), 19 (23).

[376] *Jung*, Bereicherungsansprüche, 53ff,
vgl. auch *Gräber*, Bereicherung durch Leistung, 42.

[377] *Zeiss*, JZ 1963, 7 (10 r. Sp.).
Zeiss, AcP 165 (1965), 332 (337).

[378] *Esser*, Schuldrecht, 2. Aufl., § 190, 5 zu b)

zugebilligte Wahlrecht ausgeübt und so den Gläubiger C bewußt befriedigt hat. Er sagt, B habe dann „mittelbar" eine „Leistung" an den Schuldner A bewirkt und könne das Geleistete oder dessen Wert zurückfordern[379].

Zeiss[380] geht näher auf diese Frage ein. Er hält eine „Leistungskondiktion" nicht für ausgeschlossen, wenn der Zuwendende B nachträglich die Zuwendung als wissentliche Leistung auf fremde Schuld behandelt. Dadurch soll der Tatbestand des § 267 BGB nachträglich auf den Plan treten. — Im Gegensatz dazu wird auch die Ansicht vertreten, B stehe nur eine „Eingriffskondiktion" gegen A zu. *Jung*[381] zieht eine entsprechende Anwendung von § 816 Abs. 1 Satz 1 BGB für diese Fälle in Betracht. *Thomä* meint, der Schuldner A sei, wenn man von einer Befriedigung des C ausgehe, nicht durch eine „Leistung" bereichert, da die „Zuwendung" des B nicht auf ihn ziele, wohl aber in „sonstiger Weise", so daß er aus „Eingriffskondiktion" hafte[382]. Nur mit der „Eingriffskondik-, tion" ließe sich wohl im ersten Beispielsfall ein Anspruch des Scheinerben B gegen den wahren Erben A begründen.

Einfacher gelangt man mit Hilfe der „Lehre von der Rückgriffskondiktion" zu einem Bereicherungsanspruch des B gegen A, weil bei „irrtümlicher Leistung auf fremde Schuld" ein wahrer Schuldner A entlastet und damit „in sonstiger Weise" bereichert wird, die Voraussetzungen der „Rückgriffskondiktion" also vorliegen[383].

Nach der „Faustregel für Dreiecksverhältnisse" hat der Leistende B einen Anspruch gegen den Schuldner A, weil zwischen dem Gläubiger C und dem Schuldner A ein Valutaverhältnis besteht, während ein Deckungsverhältnis zwischen dem Leistenden B und dem Schuldner A fehlt.

ee) Ansprüche des Leistenden B gegen den Schuldner A nach amerikanischem Recht

Auch das amerikanische Recht gewährt dem irrtümlich Leistenden B einen Bereicherungsanspruch gegen den von seiner Schuld gegenüber C befreiten A.

Ein solcher Fall ist Central Wisconsin Trust Co. v. Swenson[384]. B hatte Grundsteuern in der irrtümlichen Annahme gezahlt, Eigentümer eines bestimmten Grundstücks zu sein, das in Wahrheit A gehörte. Zum Ausgleich seiner Zahlungen wurde B hier das Grundpfandrecht der Steuerbehörde C, das „tax lien" zugesprochen. Als obiter dictum findet sich auch in den beiden

---

379 *Larenz*, Schuldrecht II, 7. Aufl., § 62 II b a.E.

380 *Zeiss*, AcP 165 (1965), 332 (337).

381 *Jung*, Bereicherungsansprüche, 53ff.

382 *Thomä*, JZ 1962, 623 (624 1. Sp.);
vgl. auch *Gräber*, Bereicherung durch Leistung, 41.

383 *v. Caemmerer*, Festschrift für Dölle I, 135 (146, 149).

384 Central Wisconsin Trust Co. v. Swenson, 222 Wis. 331, 267 N. W. 307, 106 A. L. R. 1207 (1936).

soeben erwähnten Fällen Mariposa County v. Arizona Citrus Land Co.[385] und Bateson v. City of Detroit[386] der Hinweis, der irrtümlich zahlende B habe Regreßansprüche gegen den wahren Steuerschuldner A.

Daß es sich bei der hier behandelten Regel nicht um eine Ausnahme für Steuerfälle[387] handelt, zeigen §§ 43 Abs. (1), 79 und 84 Rest., Restitution[388]. § 43 Abs. (1) gilt, wie bereits erwähnt[389], sowohl für die hier besprochenen Fälle als auch für „Anweisungsfälle mit fehlendem Deckungsverhältnis". An den §§ 79 und 84 Rest., Restitution ist bemerkenswert, daß sie die Fälle „Irrtümlicher Zahlung auf fremde Schuld" einfach als Varianten der Leistungen von Sicherungsgebern und Gesamtschuldnern auffassen, wie sich aus ihrer Stellung im Restatement und aus der Vorbemerkung („Introductory Note") vor § 76 Rest., Restitution ergibt.

e) Leistung an den Gläubiger eines anderen aus bewußter Liberalität.

aa) Allgemeine Beschreibung dieser Fallgruppe

Gelegentlich befriedigt ein Dritter B einen Gläubiger C, ohne daß für seine Handlungsweise ein so einleuchtendes Motiv wie eine Anweisung des Schuld-

---

[385] Mariposa County v. Arizona Citrus Land Co., 55 Ariz. 234, 100 P. 2d 587 (1940).

[386] Bateson v. City of Detroit, 143 Mich. 582, 106 N. W. 1104 (1906).

[387] So *v. Caemmerer*, Festschrift für Dölle I, 135 (145 Anm. 33).

[388] Rest., Restitution:

§ 43. Performance of Another's Duty or Discharge of Lien Against His Property.

(1) A person who, by payment to a third person, has discharged the duty of another or has released another's property from an adverse interest, doing so unintentionally or acting because of an erroneous belief induced by mistake of fact that he was thereby discharging a duty of his own or releasing property of his own from a lien, is entitled to restitution from such other of the value of the benefit conferred up to the value of what was given, unless the other disclaims the transaction.

§ 79. Primary Obligor Liable; Payor Not Liable.

A person who entered into a transaction as an obligor, or who was claimed by the creditor to be an obligor, upon an obligation which, as between such person and another, the other had a primary duty to discharge, and who has paid the creditor in discharge of the obligation at a time when it existed against the other, is entitled to indemnity from the other, although originally or at the time of payment, the payor was under no duty to make the payment, unless his payment was officious.

§ 84. Co-obligor Liable; Payor Not Liable.

A person who has entered a transaction as a co-obligor with another and who has discharged more than his proportionate share such obligation at a time when it existed against the other, is entitled to contribution from the other, for the payment made for such discharge, although originally or at the time of payment the payor was under no duty to make the payment, unless his payment was officious.

[389] Siehe oben Abschnitt D I 3 a ee.

ners, der Schutz eigener Interessen oder eine wahre oder vermeintliche eigene Verpflichtung ersichtlich wäre. B handelt ohne ersichtlichen Grund, aus „bewußter Liberalität“[390] oder aus „altruistischer Spontanität“[391].

Hierher gehören Fälle, in denen man von einer moralischen Verpflichtung des Leistenden B sprechen kann, wie in diesem ersten Beispiel:

Ein Arzt B behandelt nach einem Unfall den Minderjährigen C, ohne von dessen Vater A dazu beauftragt zu sein. Der Arzt B erfüllt damit eine Unterhaltspflicht des Vaters A.

Weiter sind in diesem Zusammenhang Freundschaftsdienste zu nennen, wie in folgendem zweiten Beispiel:

Ein Vater A verläßt seine Familie C. B, ein Freund des Hauses, sorgt an Stelle des verantwortungslosen A für den Unterhalt der Famile C.

Nicht hierher gehören Fälle, in denen ein Dritter B eine Unterhaltsverpflichtung eines A gegenüber einem Unterhaltsberechtigten C auf Grund eines zwischen B und C abgeschlossenen Vertrages erfüllt. Man denke etwa daran, daß eine Ehefrau C außerhalb des Rahmens ihrer Schlüsselgewalt einen Arzt B zuzieht, der dann Ansprüche gegen den unterhaltspflichtigen Ehemann A geltend machen will. In solchen Fällen liegt eine „Leistung auf Grund einer eigenen Verpflichtung“ durch B als „unechten“ Gesamtschuldner vor[392].

Leistungen aus „bewußter Liberalität“ erfolgen endlich „um des lieben Friedens willen, aus geschäftlicher Kulanz, weil man sich scheut, die möglichen rechtlichen Einwendungen geltend zu machen oder weil es sich nicht lohnt, sie vorzubringen“[394]. Ein drittes Beispiel mag einen derartigen Fall veranschaulichen:

B war früher Mitglied des Verbandes C, ist aber ausgeschieden, weil A an seiner Stelle die Mitgliedschaft übernommen hat. A zahlt die Verbandsbeiträge nicht. Obwohl B weiß, daß das neue Mitglied A zahlen muß, begleicht er die Beitragsschulden.

Das Ergebnis der Vermögensverschiebung ist bei dieser Fallgruppe das gleiche, wie in allen bisher besprochenen Fällen. B ist um seine Leistung entreichert. Der Schuldner A ist durch die Tilgung einer Schuld, an der in diesen Fällen nicht zu zweifeln ist[394], bereichert. Bei dem Gläubiger C wiegt die Leistung des B den Verlust der Forderung gegen den Schuldner A auf.

---

[390] Diesen Ausdruck verwenden:
BGH Urt. v. 15. 10. 1963 — VI ZR 97/62 = LM § 67 VVG Nr. 22 = NJW 1964, 101 = MDR 1964, 43.
Staudinger-Müller, BGB, 11. Aufl., Vorbem. Rdn. 2 vor § 783.

[391] *Rothoeft*, AcP 163 (1964), 215 (227, Fußnote 50).
Rothoeft, AcP 166 (9166), 246 (248).

[392] Vgl. oben Fußnote 312 sowie
v. Caemmerer, Festschrift für Rabel I, 333 (374).

[394] *v. Caemmerer*, Festschrift für Dölle I, 135 (146).

bb) Keine Ansprüche des Leistenden B gegen den Gläubiger C

Ein Anspruch des Leistenden B gegen den Gläubiger C kommt bei Leistungen aus bewußter Liberalität ebenso wie bei Leistungen auf Weisung des Schuldners A nur in zwei Ausnahmefällen in Betracht, von denen noch die Rede sein wird[395], nämlich bei „Schenkungen auf Kosten eines Dritten" und bei „Verwendungen eines unrechtmäßigen Besitzers".

Im übrigen besteht daran, daß in derartigen Fällen dem Leistenden B kein Anspruch, vor allem kein Bereicherungsanspruch, gegen den Gläubiger C zusteht, kein ernsthafter Zweifel.

Folgt man der „älteren Bereicherungslehre", so fehlt es an einer „Bereicherung" des C.

Folgt man der „Lehre von Leistungs- und Eingriffskondiktion", so liegt wegen des Fehlens eines „Zwecks" keine „Leistung" des B an den Gläubiger C vor. Man kann allenfalls von einer „mittelbaren Leistung" des B an den Schuldner A und, stellt man auf den Standpunkt des Empfängers C ab, von einer „mittelbaren Leistung" des Schuldners A an C sprechen. Wegen des Fehlens einer „Leistung" von B an den Gläubiger C entfällt eine „Leistungskondiktion".

v. Caemmerer[396] begründet das Fehlen einer Kondiktion des B gegen den Gläubiger C zusätzlich damit, daß B „in Kenntnis einer Nichtschuld" leiste, so daß § 814 BGB eine Rückforderung ausschließe. Diese Begründung erscheint, wenn man mit der hier vertretenen Auffassung davon ausgeht, daß gar keine „Leistung" des B an den Gläubiger C vorliegt, nicht treffend, da die Anwendung des § 814 BGB das Vorliegen einer „Leistung" voraussetzt.

cc) Ansprüche des Leistenden B gegen den Schuldner A nach deutschem Recht

Nicht unproblematisch ist die Frage, ob der Leistende B Ansprüche gegen den befreiten Schuldner A hat. Gewöhnlich wird diese Frage bejaht. Dabei wird aber möglicherweise nicht ausreichend beachtet, daß der freiwillig Leistende B, der sich willentlich und irrtumsfrei selbst schädigt, zumindest in Fällen von der Art des dritten Beispiels, nicht sonderlich schutzwürdig erscheint[397], während der Schuldner A unter Umständen zur Herausgabe einer „aufgedrängten" Bereicherung[398] verpflichtet wird und einen Gläubigerwechsel dulden muß, der ihm sehr unangenehm sein kann[399]. Im einzelnen ist zu den in Frage kommenden Anspruchsgrundlagen folgendes zu sagen:

---

[395] Siehe unten Abschnitt D I 4 a und c.

[396] *v. Caemmerer*, Festschrift für Dölle I, 135 (146).

[397] Vgl. *Esser*, Schuldrecht, 2. Aufl., § 189, 5.
Jakobs, Eingriffserwerb, 170.

[398] Dazu *Erman-Seiler*, BGB, 4. Aufl., § 814 Anm. 1 mit weiteren Nachweisen.

[399] *Jakobs*, Eingriffserwerb, 170.

Ein Anspruch gegen den Schuldner A kann sich auch bei dieser Fallgruppe aus Vorschriften, die eine Legalzession vorsehen, ergeben. Möglicherweise führen aber die soeben angedeuteten Bedenken gegen einen Rückgriff zu einem Ausschluß solcher Legalzessionen. Der Bundesgerichtshof hat es 1963[400] in einem Fall, in dem eine Kraftfahrzeugversicherung B geltend machte, sie habe nicht leisten müssen, dahingestellt sein lassen, ob § 67 VVG nach seinem Sinn unanwendbar bleiben müsse, wenn ein Versicherer ohne ein bestehendes Versicherungsverhältnis oder aus „bewußter Liberalität" leiste, weil es in dem zu entscheidenden Fall darauf nicht ankam.

Ansprüche aus Geschäftsführung ohne Auftrag[401] sind in Fällen der hier besprochenen Art in der Regel gegeben. Hilfeleistungen aller Art, sei es durch einen Arzt, wie im ersten Beispiel, sei es durch Versorgung im Krankenhaus[402] oder durch einen Straßenpassanten[403] und Unterhaltsleistungen durch Dritte[404], wie im zweiten Beispiel, gelten als klassische Anwendungsfälle der §§ 677 ff. BGB. Zu prüfen ist aber in diesen Fällen, ob B nicht in freigebiger Absicht handelte. Dann entfallen nämlich gemäß § 685 BGB die Ansprüche aus Geschäftsführung ohne Auftrag.

Wegen des Bestehens von Ansprüchen aus Geschäftsführung ohne Auftrag spielen Bereicherungsansprüche bei Leistung aus „bewußter Liberalität" nur eine Nebenrolle. Gerade sie sind aber nicht unproblematisch.

Vereinzelt wird die Ansicht vertreten[405], die Vorschriften über die Geschäftsführung ohne Auftrag schlössen hier Bereicherungsansprüche von vornherein aus.

Selbst wenn man dem nicht folgt, liegt es aber nahe, Kondiktionsansprüche des B gegen den Schuldner A gemäß § 814 BGB auszuschließen[406]. Das geschieht, soweit ersichtlich, nicht. Der Grund für die Nichtanwendung des § 814 BGB ist wohl letztlich in dem Bemühen um eine Begrenzung des Anwendungsgebietes dieser Vorschrift zu suchen. Schwierig ist die dogmatische Begründung dafür.

In einer Zeit, in der man noch allgemein der „älteren Bereicherungslehre" folgte, hat das Oberlandesgericht Braunschweig[407] in einem Fall, dem das dritte Beispiel nachgebildet ist, die Anwendung des § 814 BGB ausdrücklich abgelehnt. Zur Begründung hat das Gericht ausgeführt, § 814 BGB setze

---

[400] BGH Urt. v. 15. 10. 1963 — VI ZR 97/62 = LM § 67 VVG Nr. 22 = NJW 1964, 101 = MDR 1964, 43.

[401] *Rothoeft*, AcP 163 (1964), 215 (227, Fußnote 50).

[402] OLG Köln Urt. v. 17. 9. 1964 — 10 U 105/64 = NJW 1965, 350.

[403] BGH Urt. v. 7. 11. 1960 — VII ZR 82/59 = BGHZ 33, 251 (256).

[404] *Palandt-Lauterbach*, BGB, 26. Aufl., § 1709 Anm. 1.

[405] *Ebbecke*, Recht 1918, 385 (386).

[406] *Jakobs*, Eingriffserwerb, 170.

[407] OLG Braunschweig Urt. v. 14. 3. 1922 — 2. ZS. = OLGRspr. 43, 24.

voraus, daß zur Erfüllung einer dem Leistenden B gegenüber dem Bereicherten A bestehenden Verbindlichkeit geleistet werde. Bei der Zahlung der Verbandsbeiträge habe B aber nicht zur Erfüllung einer gegenüber dem neuen Mitglied A, sondern einer A gegenüber dem Verband C obliegenden Verbindlichkeit an letzteren geleistet. — Bei dieser Argumentation bleibt unbeachtet, daß der Leistende B auch wußte, daß er A gegenüber zur Leistung nicht verpflichtet war. — Mit einem ähnlichen Fall hat sich das Reichsgericht[408] beschäftigt. Ein Wohnungsbauunternehmen B hatte ohne jegliche Verpflichtung Schulden einer Gemeinde A gegenüber einem Bauhandwerker C bezahlt. Ohne nähere Erörterung der „bewußten Liberalität" der Zahlung heißt es in dem Urteil, das Wohnungsbauunternehmen B könne, soweit es Schulden der Gemeinde A getilgt habe, einen Anspruch auf Ersatz seiner Aufwendungen unter dem Gesichtspunkt der Bereicherung gegen diese geltend machen. *v. Mayr*[409] erörtert den hierher gehörenden Fall, daß B dem A mit der Schulderfüllung ein Geschenk machen will, das A nicht annimmt. Ohne § 814 BGB zu erwähnen, meint *v. Mayr*, der vermeintliche Schenker B könne den Beschenkten A mit einem Bereicherungsanspruch belangen.

Die Anhänger der neueren „Lehre von Leistungs- und Eingriffskondiktion" müssen in den hier besprochenen Fällen das Vorliegen einer „mittelbaren Leistung" des B an den Schuldner A annehmen, die mit einer „Leistungskondiktion" zurückverlangt werden kann. § 814 BGB betrifft ihrer Ansicht[410] nach lediglich Unterfälle der „Leistungskondiktion", nämlich „Leistungen einer Nichtschuld". Nun könnte man hier die „mittelbare Leistung" des B an den Schuldner A durchaus als „Leistung einer Nichtschuld" ansehen mit der Folge, daß § 814 BGB die „Leistungskondiktion" ausschlösse. Diese Folgerung wird aber nicht gezogen. *Mühl*[411] billigt ohne Begründung vom Standpunkt der neueren Lehre aus die erwähnte Entscheidung des OLG Braunschweig. — *Rothoeft*[412] will in diesen Fällen dem B eine „Eingriffskondiktion" gegen A zubilligen.

Als Verfechter der „Rückgriffskondiktion" ist *v. Caemmerer*[413] der Ansicht, bei einer Leistung aus „bewußter Liberalität" werde der Schuldner A entlastet und damit auf Kosten des Zahlers B „in sonstiger Weise" bereichert, so daß B gegen A „Rückgriff" nehmen könne. Ob § 814 BGB möglicherweise einen Rückgriff ausschließt, wird nicht erörtert. Gerade wenn man der „Lehre von

---

[408] RG Urt. v. 13. 10. 1930 — IV 688/29 = RGZ 130, 310 = JW 1931, 2724; dazu *Dawson*, Unjust Enrichment, 189 (Anm. 21 zu Kapitel III); sowie unten Abschnitt D II 3 b bb.

[409] *v. Mayr*, Bereicherungsanspruch, 228.

[410] *Soergel-Siebert-Mühl*, BGB, 9. Aufl., § 814 Rdn. 1. *Esser*, Schuldrecht, 2. Aufl., § 191, 4.

[411] *Soergel-Siebert-Mühl*, BGB, 9. Aufl., § 814 Rdn. 2.

[412] *Rothoeft*, AcP 163 (1964), 215 (266, Fußnote 50, 231ff).

[413] *v. Caemmerer*, Festschrift für Dölle I, 135 (146).

der Rückgriffskondiktion" folgt, läßt sich aber die Nichtanwendung des § 814 BGB überzeugend damit begründen, daß die Vorschrift ihren Wortlaut nach eben nur für die „Leistungs-", nicht aber für die „Rückgriffskondiktion" gelten soll. *Jakobs*[414] will einen Rückgriff wenigstens dann versagen, wenn eine Abtretung der Forderung des C gegen A ausgeschlossen ist.

Nach der „Faustregel für Dreiecksverhältnisse" führt das Fehlen eines „Deckungsverhältnisses" auch in diesen Fällen zu einem Anspruch des Leistenden B gegen den Schuldner A. Die Anwendung des § 814 BGB wird im Zusammenhang mit der „Faustregel" nicht in Erwägung gezogen.

Abschließend ist zu sagen, daß die Nichtanwendung des § 814 BGB in den soeben betrachteten Dreiecksverhältnissen zunächst bedenklich zu sein scheint. Schon ein Blick auf die eingangs angeführten Beispiele zerstreut aber viele Bedenken. Warum sollte dem Arzt B im ersten und dem Hausfreund B im zweiten Beispiel nicht ein Bereicherungsanspruch zustehen? Gegen eine Anwendung von § 814 BGB spricht ferner § 684 BGB, der auch widerwilligen Geschäftsherren A wenigstens eine Bereicherungshaftung auferlegt. Endlich ist zu bedenken, daß die Nichtanwendung des § 814 BGB schon deswegen nicht zu unbilligen Ergebnissen führt, weil der befreite Schuldner A sich zumindest immer auf den Wegfall der Bereicherung berufen kann. Trotz aller Bedenken ist im Ergebnis die Nichtanwendung des § 814 BGB also zu billigen.

dd) Ansprüche des Leistenden B gegen den Schuldner A nach amerikanischem Recht

Wie soeben gezeigt wurde, bestehen nach deutschem Recht bei Leistungen aus bewußter Liberalität in manchen Fällen erhebliche Bedenken gegen einen Anspruch des Dritten B gegen den Schuldner A. Für das amerikanische Recht gilt umgekehrt dasselbe. Nach deutschem Recht ist vom Bestehen eines Anspruchs auszugehen, der nur im Einzelfall gemäß §§ 685 I, 814 BGB entfallen kann. Nach amerikanischem Recht besteht kein Regreßanspruch, anders ist nur in Ausnahmefällen zu entscheiden.

In der Regel wird ein aus bewußter Liberalität an einen Gläubiger C leistender Dritter B als „volunteer" oder „officious intermeddler" angesehen, der keine Ansprüche gegen den Schuldner A geltend machen kann.

Ein typischer Fall dieser Art ist Norton v. Haggett[415]. Der Sachverhalt ist mit dem des dritten Beispielfalles vergleichbar. B zahlte ohne ersichtlichen Grund eine Schuld des A bei C, als „volunteer" drang er mit einem gegen A geltend gemachten Anspruch nicht durch.

---

[414] *Jakobs*, Eingriffserwerb, 170 Anm. 54.

[415] Norton v. Haggett, 117 Vt. 130, 85 A. 2d 571 (1952).

Die Verfasser des Restatement of Restitution maßen dem hier erörterten Grundsatz eine so große Bedeutung zu, daß sie ihn als § 2 mit an die Spitze ihrer Regelsammlung stellten:

A person who officiously confers a benefit upon another is not entitled to restitution therefor.

Etwas ausführlicher wird dasselbe in § 112 Rest., Restitution wiederholt[416, 417].

Im Schrifttum[418] wird erläutert, daß die Ablehnung des „officious intermeddling" die Rückforderung aufgedrängter Bereicherungen unmöglich machen solle. Zugleich wird aber betont, daß bei einer rein alturistischen, billigenswerten Handlungsweise, wie sie hier die ersten beiden Beispielfälle andeuten, eine Rückforderung nicht immer ausgeschlossen sei. *Dawson*[419] regt an, bei der Anerkennung solcher Ausnahmen großzügig zu verfahren.

Ein Beispiel aus der Praxis, in dem ausnahmsweise ein Rückgriff zugelassen wurde, ist Greenspan v. Slate[420]. Der Sachverhalt entspricht dem ersten Beispielfall: Ein Arzt B behandelt ein minderjähriges Mädchen C, ohne von den Eltern dazu aufgefordert zu sein. Er erfüllte durch seine Behandlung eine Unterhaltspflicht der Eltern A[421].

Das Restatement führt in §§ 113—117[422] eine ganze Reihe ähnlicher Fälle auf, in denen der Dritte B sich an A halten kann. Man nennt diese Ausnahmen

---

[416] Rest., Restitution:
§ 112. General Rule
A person who without mistake, coercion or request has unconditionally conferred a benefit upon another is not entitled to restitution, except where the benefit was conferred under circumstances making such action necessary for the protection of the interests of the other or of third persons.

[417] Vgl. auch: Rest., Restitution, § 43, Comment on Subsections (1) and (2), a.

[418] *Friedmann*, Bereicherungshaftung, 61, 130.
Thurston, 45 Mich. L.R. 935 (941, 943);
weitere Nachweise bei *Klauser*, NJW 1965, 513 (514 r. Sp., Anm. 18).

[419] *Dawson*, Unjust Enrichment, 143f,

[420] Greenspan v. Slate, 12 N.J. 426, 97 A. 2d 390 (1953).

[421] Das Hauptproblem des Falles war die Frage, ob die Eltern dem Kind überhaupt Unterhalt schuldeten.

[422] Rest., Restitution:
§ 113. Performance of Another's Noncontractual Duty to Supply Necessaries to a Third Person.
§ 114. Supply of Necessaries to a Third Person in Emergency.
§ 115. Performance of Duty of Another to satisfy the Requirements of Public Decency, Health, or Safety.
§ 117. Preservation of Another's Things or Credit.
(1) .....
(2) A person who pays a negotiable bill of exchange ... declaring that he does so for the honor of a party thereto ... is entitled to restitution from the person for whose honor he made the payment.

„dutiful intervention". Praktisch führt die Anerkennung dieser Ausnahmen dazu, daß auch in den hier besprochenen Fällen deutsches und amerikanisches Recht oft zu derselben Lösung gelangen.

f) Übergang eines Rechtes von einem Dritten auf einen Gläubiger in sonstiger Weise

aa) Allgemeine Beschreibung dieser Fallgruppe

Gemeinsames Kennzeichen aller bisher besprochenen Fallgruppen war die Befriedigung eines Gläubigers C durch eine Leistung eines Dritten B. Nunmehr soll von Fällen die Rede sein, in denen ebenfalls eine Schuld eines A auf Kosten eines Dritten B erfüllt und damit ein Gläubiger C befriedigt wird, ohne daß man aber von einer Leistung des Dritten B sprechen könnte.

Verallgemeinernd läßt sich sagen, daß es bei dieser Fallgruppe durch Handlungen des Schuldners A oder des Gläubigers C, meistens in Verbindung mit bestimmten gesetzlichen Vorschriften über den Übergang von Rechten, zu einer Befriedigung des C auf Kosten des B kommt. Zu denken ist vor allem an die Beteiligung eines Dritten bei Eigentumsverlusten infolge gutgläubigen Erwerbs, infolge Verbindung, Vermischung und Verarbeitung, infolge Ersitzung und endlich infolge von Verbrauch und Verzehr. Mit diesen Fällen hat sich insbesondere *Barnstedt*[423] ausführlich befaßt[424].

Die praktisch bedeutsamste Untergruppe bilden die nach den Vorschriften über den Gutglaubensschutz (§§ 892, 932 BGB) wirksamen, entgeltlichen Verfügungen eines Nichtberechtigten A, wie etwa in diesem ersten Beispiel:

B leiht dem treulosen A sein Fahrrad. A verkauft das Rad für 50,— DM an den gutgläubigen C.

Eine Variante dieser Untergruppe stellen die zunächst unwirksamen, dann aber durch Genehmigung wirksam gewordenen Verfügungen Nichtberechtigter dar. Einen solchen Fall zeigt folgendes zweite Beispiel:

A ist im Besitz eines dem B gehörenden juristischen Kommentars. Er verkauft und übergibt das Buch, das ihn nicht interessiert, an C. Der Käufer C erwirbt jedoch kein Eigentum, sei es, weil A dem B den Kommentar gestohlen hatte (§ 935 BGB), sei es, weil C bösgläubig war (§ 932 BGB). B erfährt von den Vorgängen und genehmigt die unberechtigte Verfügung des A.

---

[423] *Barnstedt*, Das Merkmal, passim.

[424] Daneben sind auch noch andere Situationen denkbar, in denen es zum Übergang eines Rechts auf einen Dritten „in sonstiger Weise" kommen kann. Man denke etwa an folgenden Fall: A hat von B Bankvollmacht erhalten. Er zieht einen Scheck auf das Konto des B und übergibt ihn seinem Gläubiger C. C löst den Scheck ein und verliert damit seine Forderung gegen A. In diesem Fall hat B einen Anspruch aus § 812 Abs. 1 Satz 1 zweite Alternative BGB (und nicht aus § 816 Abs. 1 Satz 1 BGB wie in den anderen Fällen dieser Fallgruppe) gegen A. Vgl. RG Urt. v. 18. 3. 1909 — IV 314/08 = GruchBeitr. 53 (1909), 998 und dazu *v. d. Pfordten*, LZ 1919, 221 (224).

Nach einer heute allgemein vertretenen Auffassung[425] ist eine derartige Genehmigung (§ 185 BGB) möglich. Sie hat das Wirksamwerden der Verfügung des Nichtberechtigten A zur Folge. Nach Genehmigung besteht demgemäß kein Unterschied mehr zu den zuvor erwähnten, von Anfang an wirksamen, entgeltlichen Verfügungen eines Nichtberechtigten.

Eine weniger große praktische Bedeutung kommt Fällen zu, in denen ein Gläubiger C durch Verbindung, Vermischung oder Verarbeitung auf Kosten eines Dritten B ein Recht erwirbt und dadurch befriedigt wird. Dennoch verdienen besonders die hier einzuordnenden Fälle des „Einbaus fremder Sachen" Beachtung, da im Schrifttum sehr umstritten ist, was für Bereicherungsansprüche bei ihnen bestehen. Auf diese Frage wird unten näher eingegangen. Folgendes dritte Beispiel zeigt einen Fall, in dem ein Gläubiger C gemäß § 946 BGB durch Einbau Eigentum an fremden Sachen erwirbt:

Der Bauhandwerker A ist auf Grund eines nichtigen Kaufvertrages, in dem ein Eigentumsvorbehalt vereinbart war, oder durch Diebstahl in den Besitz von Baumaterialien gekommen, die dem Baustoffhändler B gehören. Er baut die Materialien in ein Hausgrundstück des C ein, der aus einem Werklieferungsvertrag Anspruch auf die Leistungen des A hat.

In seltenen Fällen geht Eigentum auch durch Ersitzung (§ 937 Abs. 1 BGB) von einem Dritten B auf einen Gläubiger C über, wie in folgendem weiteren Beispiel:

Der Kunsthändler A ist in Geldverlegenheit. Er stiehlt aus einem Museum der Stadt B eine Miniatur und verkauft sie an den gutgläubigen Sammler C. Erst zwölf Jahre später, nachdem C durch Ersitzung Eigentümer geworden ist, erfahren die Stadt B und der Sammler C von dem Diebstahl[426].

Von größerem theoretischen als praktischen Interesse dürften endlich Fälle sein, in denen ein Dritter B ein Recht dadurch verliert, daß ein Gläubiger C eine Sache verbraucht oder verzehrt, wie in dem „Kohlenfall":

A stiehlt B Kohlen und verkauft und übergibt sie einem Erwerber C. C verheizt die Kohlen, an denen er wegen des Diebstahls kein Eigentum erwarb.

bb) Die Befriedigung eines Gläubigers im Valutaverhältnis

Problematisch ist in diesen Fällen, ob eine Forderung des C gegen A, etwa ein Liefer- und Übereignungsanspruch aus § 433 Abs. 1 Satz 1 BGB, erlischt und damit der Gläubiger C befriedigt wird. Dieser erfüllungsrechtlichen Frage

---

[425] Vgl. *v. Caemmerer*, Festschrift für Rabel I, 333 (389ff).
Grunsky, JZ 1961, 119f.
Mezger, JZ 1961, 366.

[426] Vgl. BGH Urt. v. 1. 3. 1967 — VIII ZR 247/64 = BGHZ 47, 128 = NJW 1967, 1021, wo sich eine zusätzliche Komplikation daraus ergab, daß der Kunsthändler A nur als Kommissionär auftrat.

wird meist bei der Erörterung von Bereicherungsansprüchen keine besondere Aufmerksamkeit geschenkt. Nach der hier vertretenen Auffassung stellt sie jedoch das eigentliche Kernproblem dieser Fälle dar[427]. Wie auch bei anderen Fallgruppen ist es in dieser dem Bereicherungsrecht gewidmeten Untersuchung nicht möglich, endgültig zu klären, ob der Gläubiger C befriedigt wird oder nicht. Hier ist nur zu prüfen, ob eine Schulderfüllung und damit eine Befriedigung des C überhaupt in Betracht kommt und was für bereicherungsrechtliche Folgerungen sich bei Bejahung einer Befriedigung des Gläubigers C ergeben. Dabei soll auf die soeben aufgezählten Untergruppen einzeln eingegangen werden.

Die wirksamen, entgeltlichen Verfügungen eines Nichtberechtigten erweisen sich hinsichtlich der Frage der Erfüllung einer Schuld des Nichtberechtigten A gegenüber dem Erwerber C als unproblematisch. Unstreitig werden in Fällen von der Art des ersten Beispiels die Lieferungsansprüche des C erfüllt. Es herrscht Einigkeit darüber, daß eine Schulderfüllung nicht etwa wegen des Fehlens einer Verfügungsbefugnis des A entfällt. Für die Befriedigung des Gläubigers C kommt es entscheidend auf dessen Eigentumserwerb an. Daß das Eigentum nur infolge der Gutgläubigkeit des C auf diesen übergeht, ist gleichgültig[428].

Auch bei der Variante dieser Untergruppe, den Fällen der Genehmigung zunächst unwirksamer, entgeltlicher Verfügungen, bestehen keine Zweifel. Im zweiten Beispielfall erlischt der Anspruch des Käufers C gegen den Verkäufer A auf Übereignung des Kommentars zwar nicht mit Übergabe. Mit der Genehmigung des Geschäfts durch den früheren Eigentümer B und dem dadurch eintretenden Eigentumserwerb des C wird aber auch hier dessen Lieferungsanspruch gegen A endgültig befriedigt[429]. Hervorzuheben ist, daß der Dritte B mit der Genehmigungsmöglichkeit hier wieder ein Wahlrecht besitzt, dessen Ausübung erst zur Befriedigung des Gläubigers C und damit zur Entstehung eines Dreiecksverhältnisses führt.

Ob es auch bei Verbindung, Vermischung und Verarbeitung, also etwa in Einbaufällen von der Art des dritten Beispiels, zu einer Erfüllung der Forderung des C gegen A kommt, ist umstritten. *Barnstedt*[430], der diese Frage ausführlich

---

[427] Ähnlich *Barnstedt*, Das Merkmal, passim.

[428] *Haymann*, JherJb 77 (1927), 188 (236).
Enneccerus-Lehmann, Schuldrecht, 15. Bearb., § 60 II 1.
Barnstedt, Das Merkmal, 29.

[429] *Staudinger-Seufert*, BGB, 11. Aufl., § 816 Rdn. 4a.
Enneccerus-Lehmann, Schuldrecht,15. Bearb., § 60 II 1; § 225 I 3.
Larenz, Schuldrecht II, 7. Aufl., § 62 II c l.
Fikentscher, Schuldrecht, § 99 IV 2 a β

[430] *Barnstedt*, Das Merkmal, 30, 89—95.

erörtert, ist der Ansicht, es komme nicht zu einer Erfüllung der Schuld des A. *Hülsmann* meint, die Erfüllung der Schuld des A gegenüber C hänge von dem Bestehen eines Bereicherungsanspruchs des früheren Eigentümers B gegen den Erwerber C ab[431]. Er ist der Ansicht, B stehe kein Bereicherungsanspruch zu, wenn er in seinen Eigentumsverlust eingewilligt habe. In derartigen Fällen soll es also zu einer Schulderfüllung kommen[432]. Dagegen soll B einen Bereicherungsanspruch gegen den Erwerber C haben, wenn die von C erworbene Sache B abhandengekommen ist. In derartigen Fällen soll die Schuld des A nicht erlöschen[433]. *Enneccerus-Lehmann*[434] vertritt demgegenüber die Auffassung, daß auch in Einbaufällen von der Art des dritten Beispiels der Eigentumserwerb des C ohne Rücksicht auf seine Modalitäten, wie etwa das Abhandenkommensein der Materialien bei Diebstahl, zu einer Befriedigung des Lieferanspruchs des C gegen A führe.

Die Frage, ob zumindest ein von dem früheren Eigentümer B nachträglich erklärtes Einverständnis ebenso wie die Genehmigung einer zunächst unwirksamen Verfügung eines Nichtberechtigten zu einem Erlöschen der Forderung des C gegen A führt, wird im Schrifttum, soweit ersichtlich, nicht behandelt. Da es für den früheren Eigentümer B gleichgültig ist, ob er sein Eigentum infolge rechtsgeschäftlichen Erwerbs oder infolge von Verbindung, Vermischung oder Verarbeitung an einen C verliert, ist die Interessenlage hier die gleiche wie bei den zuvor erörterten Fällen entgeltlicher Verfügung eines Nichtberechtigten. Da in diesen Fällen eine Genehmigung zu einer nachträglichen Befriedigung der Ansprüche des C gegen A führt und da man das nachträgliche Einverständnis mit einer Verbindung, Vermischung oder Verarbeitung der Genehmigung der Verfügung eines Nichtberechtigten gleichstellen kann, liegt es nahe, B zumindest ein Wahlrecht zuzubilligen und bei einem nachträglich erklärten Einverständnis des B mit dem Rechtserwerb des C eine Befriedigung des C im Valutaverhältnis C—A anzunehmen.

Hat der Gläubiger C erst nach Ablauf von zehn Jahren infolge Ersitzung Eigentum erworben, so gilt mutatis mutandis das gleiche wie bei Eigentumserwerb durch Einbau.

Besonders zweifelhaft ist die Rechtslage, wenn C von A eine Sache des B erhält, um sie dann zu verbrauchen oder zu verzehren. In solchen Verwertungsfällen, wie dem „Kohlenfall“, kann, anders als in den vorhergehenden Beispielen, nicht von einem Eigentumserwerb des C gesprochen werden. *Barnstedt*[435] meint, hier könne von einer Erfüllung der Schuld des A „natürlich

---

[431] *Hülsmann*, Dreiecksverhältnisse, 26, 38.
[432] *Hülsmann*, Dreiecksverhältnisse, 42, 38.
[433] *Hülsmann*, Dreiecksverhältnisse, 61, 38.
[434] *Enneccerus-Lehmann*, Schuldrecht, 15. Bearb., § 60 II 1.
[435] *Barnstedt*, Das Merkmal, 85.

keine Rede sein". Bei *Scheying*[436] heißt es zu dem „Kohlenfall", es fehle an einer Erfüllungsbestimmung, denn mit gestohlenen Kohlen könne nicht erfüllt werden. Die gleiche Auffassung liegt einer Entscheidung des IV. Senats des Bundesgerichtshofs[437] zugrunde, in der es um Ersatz für Treibstoff ging, den A bei B entwendet und an C verkauft hatte. C hatte den Treibstoff verbraucht. In der Entscheidung wird erwähnt, daß C noch Erfüllungsansprüche gegen A habe. Andererseits ist zu bedenken, daß es wirtschaftlich keinen Unterschied macht, ob B sein Eigentum durch Einbau in ein Haus des C oder durch Verbrauch des C verliert. Hält man es für möglich, daß bei Einbau fremder Sachen eine entsprechende Forderung des Erwerbers C gegen den Nichtberechtigten A erlischt, so muß bei Verbrauch fremder Sachen dasselbe gelten[438]. Jedenfalls ist auch hier ein Wahlrecht des Dritten B, also die Möglichkeit einer Befriedigung des Erwerbers C durch eine Genehmigung des B, in Erwägung zu ziehen.

Zusammenfassend ist zu sagen, daß von einer Befriedigung des Gläubigers C, hier ebenso wie etwa bei der „Zahlung fremder Schulden" nicht ohne weiteres ausgegangen werden kann. Es läßt sich aber feststellen, daß es zumindest in einigen Fällen entweder sofort oder nach entsprechender Ausübung eines Wahlrechts durch den Dritten B zu einer Befriedigung des Gläubigers C kommt. Die bereicherungsrechtlichen Aspekte solcher Fälle sollen hier untersucht werden.

In diesem Zusammenhang erscheint eine Bemerkung über das Verhältnis der hier besprochenen Fallgruppe zu den vorher dargestellten „Leistungen eines Dritten" angebracht. Die deutsche Zivilrechtsdogmatik sieht im allgemeinen[439] zwischen beiden keinen Zusammenhang. Nur bei Leistungen eines Dritten spricht man von Dreiecksverhältnissen. Das hat verschiedene Gründe. Der wichtigste dürfte die von der „Lehre von Leistungs- und Eingriffskondiktion" vorgenommene Trennung der Leistungs-Fälle von den sonstigen Bereicherungsvorgängen sein. Daneben spielt es eine Rolle, daß bei der hier besprochenen Fallgruppe die sachenrechtlichen Vorschriften über den Eigentumserwerb im Vordergrund stehen. Die hier gewählte Betrachtungsweise, welche sowohl bei den Leistungs-Fällen als auch hier das Hauptaugenmerk auf die Befriedigung eines Gläubigers im Valutaverhältnis richtet, ist zumindest

---

[436] *Scheying*, AcP 157 (1958/59), 371 (385)
unklar *v. Caemmerer*, Festschrift für Rabel I, 333 (381/2).

[437] BGH Urt. v. 3. 6. 1954 — IV ZR 218/53 = BGHZ 14, 7 = NJW 1954, 1194.

[438] *Enneccerus-Lehmann*, Schuldrecht, 15. Bearb., § 60 II 1.
Esser, Schuldrecht, 2. Aufl., § 196, 2b zu aa).

[439] Typisch ist die Auffassung von *Barnstedt* (Das Merkmal, 100), der ausdrücklich die Besonderheit der Fälle des § 816 BGB betont wissen will.

unorthodox. Im Schrifttum[440] wird allerdings von einigen Autoren ein gewisser Zusammenhang angedeutet. Auch der Bundesgerichtshof macht in der „Elektroherdeentscheidung"[441] keinen Unterschied zwischen Anweisungsleistungen und Verfügungen eines Nichtberechtigten. Es heißt dort für einen Einbaufall von der Art des dritten Beispiels, bei durch Handlungen eines Schuldners A verursachten Rechtsverlusten eines Dritten B sei „nach den gleichen Grundsätzen zu verfahren" wie bei Leistungen des Dritten B.

cc) Analyse der Vermögensverschiebung

Das Ergebnis der Vermögensverschiebung ist, wenn man die Befriedigung des Gläubigers C im Valutaverhältnis C—A berücksichtigt, genau das gleiche, wie in allen zuvor besprochenen Fallgruppen. Das wird jedoch meist nicht klar ausgesprochen. Nur *Jung*[442] hat kurz nach Einführung des BGB ausgeführt, daß die Fälle des § 816 BGB als rechtswirksamer Genuß eines fremden Aktivums den Fällen der Zahlung fremder Schulden als rechtswirksames Getroffenwerden von fremden Passivis gleichstehen. Im einzelnen ist vieles umstritten. Der Streit betrifft in erster Linie die Fälle wirksamer, entgeltlicher Verfügungen eines Nichtberechtigten (§ 816 Abs. 1 Satz 1 BGB). Mühelos läßt sich aber die Argumentation auf Einbau-, Ersitzungs- und Verbrauchsfälle übertragen.

Einigkeit herrscht darüber, daß das Vermögen des Dritten B durch den Rechtsverlust geringer wird.

Nach der hier vertretenen Auffassung gleichen sich bei dem Erwerber C der Rechtserwerb und der gleichzeitig eintretende Verlust des Übereignungsanspruches gegen den Nichtberechtigten A aus[443]. — Im Gegensatz dazu meint *Grunsky*[444], der Erwerber C sei bereichert, weil er den Verlust des Übereignungsanspruches außer Betracht läßt. *v. Caemmerer* scheint an einer Stelle[445] sagen zu wollen, von einer Bereicherung des C dürfe man nur deswegen nicht sprechen, weil sein Erwerb auf den Normen über den Verkehrsschutz beruhe.

---

[440] *v. Tuhr*, Allgemeiner Teil des BGB, § 72 V 3.
Freund, Eingriff, 18f.
Jung, Bereicherungsansprüche, 53ff.
Dietrich, Die Grundsätze, 13.
Wolff-Raiser, Sachenrecht, 10. Bearb., § 74 I 3a) und b).

[441] BGH Urt. v. 31. 10. 1963 — VII ZR 285/61 = BGHZ 40, 272 = LM § 951 BGB Nr. 18 = NJW 1964, 399 = MDR 1964, 224 = BB 1964, 58.

[442] *Jung*, Bereicherungsansprüche, 54f.

[443] a.A. *Barnstedt*, Das Merkmal, 86.

[444] *Grunsky*, JZ 1962, 207 (r. Sp.).

[445] *v. Caemmerer*, Festschrift für Boehmer, 145 (151f)
ebenso *Barnstedt*, Das Merkmal, 87;
ähnlich *v. d. Pfordten*, LZ 1919, 221 (224 Anm. 9).

Dagegen ist zu sagen, daß diese Normen allenfalls für die Rechtsgrundlosigkeit einer etwaigen Bereicherung bedeutsam sein können. *Larenz* und *Rothoeft*[446] halten den Erwerber C nicht für bereichert, stellen aber nicht auf den Verlust des Lieferanspruchs, sondern auf die Kaufpreiszahlung durch den Erwerber C ab. Die Kaufpreiszahlung muß aber außer Betracht bleiben. Das wird von *Barnstedt*[447] damit begründet, daß ein Bereicherter sich nicht auf Zahlungen an einen Dritten berufen könne. *Hülsmann*[448] meint, die Gegenleistung sei nur für den Umfang der Bereicherung des C wichtig, wenn gegen diesen ein Anspruch bestehe. Richtiger hält man der Kaufpreiszahlung die mit dieser eintretende Befreiung des Erwerbers von der Kaufpreisschuld gegenüber. So erklärt sich, daß die Kaufpreiszahlung für die Vermögensverschiebung unerheblich ist. Mit einer ähnlichen Begründung hat der Bundesgerichtshof in dem „Treibstoffall"[449] die Kaufpreiszahlung durch den Erwerber außer Ansatz gelassen. In unmittelbarem Zusammenhang mit dem Rechtserwerb des C steht, um das zu wiederholen, nur der Verlust des Liefer- bzw. Übereignungsanspruchs gegen den Nichtberechtigten A, so daß der Wert des Vermögens des C gleich bleibt.

Hingegen wird das Vermögen des Nichtberechtigten A, wie *Esser* für einen Sonderfall ausdrücklich feststellt[450], größer, da er von dem Übereignungsanspruch des Erwerbers C befreit wird. Im Schrifttum wird die Bereicherung des A meist anders begründet. *v. Caemmerer* führt aus[451], der Verfügende sei stets bereichert, weil die Veräußerung fremder Sachen eine Art des Verbrauchs sei, er läßt also die schuldrechtlichen Beziehungen ganz außer Betracht. *Larenz* und *Rothoeft*[452] schreiben, der Nichtberechtigte A sei um das Entgelt bereichert. Dabei bleibt aber unbeachtet, daß dem Erhalt des Entgeltes der Verlust der Kaufpreisforderung gegen den Erwerber C entspricht. *Nipperdey*[453] meint, bereits die bloße Verfügungsmöglichkeit stelle schon eine Bereicherung des A dar. Die Verfügung selbst und die Erlangung des Gegenwertes habe nur noch für den Umfang des Anspruchs des früheren Rechtsinhabers B Bedeutung.

---

[446] *Larenz*, Schuldrecht, II, 7. Aufl., § 62 II c l.
Rothoeft, AcP 163 (1964), 215 (221, 247)
ebenso *Freund*, Eingriff, 18.

[447] *Barnstedt*, Das Merkmal, 86.

[448] *Hülsmann*, Dreiecksverhältnisse, 39, 55f.

[449] BGH Urt. v. 3. 6. 1954 — IV ZR 218/53 = BGHZ 14, 7 = NJW 1954, 1194.

[450] *Esser*, Schuldrecht, 2. Aufl., § 196, 2b zu aa).

[451] *v. Caemmerer*, Festschrift für Boehmer, 145 (151f).

[452] *Larenz*, Schuldrecht II, 7. Aufl., § 62 II c l.
Rothoeft, AcP 163 (1964), 215 (221).

[453] *Nipperdey*, JbAkadDR 4 (1937), 19 (24).

dd) Keine Ansprüche des früheren Rechtsinhabers B gegen den Erwerber C

In den Fällen der hier besprochenen Art steht dem früheren Rechtsinhaber B kein Anspruch gegen den Erwerber C zu.

Darauf, daß etwas anderes gilt, wenn der Erwerber C gegen den Nichtberechtigten A nur einen Anspruch aus einem Schenkungsvertrag hatte (§ 816 Abs. 1 Satz 2 BGB), wird im Rahmen der „Schenkungen auf Kosten eines Dritten" weiter unten[454] eingegangen.

Ferner ist nochmals darauf hinzuweisen, daß hier nur von Fällen die Rede ist, in denen eine Schuld des A gegenüber C erlischt. Ist man, wie der IV. Senat des Bundesgerichtshofs in dem „Treibstoffall"[455], der Ansicht, in einem der hier erörterten Fälle erlösche die Schuld des A gegenüber C nicht, so treffen die folgenden Ausführungen ebenfalls nicht zu. Ein Bereicherungsanspruch des B gegen C kommt dann, wie weiter unten[456] bei den Fällen der „Nichterfüllung eines bestehenden Deckungs- oder Valutaverhältnisses" darzustellen sein wird, durchaus in Betracht[457].

Sehr umstritten ist die Ablehnung von Bereicherungsansprüchen des Dritten B gegen den Gläubiger C bei einer der Untergruppen der hier erörterten Fallgruppe, nämlich bei „Einbau fremder Sachen", wie er oben durch das dritte Beispiel illustriert wird. Einmal wird die Ansicht vertreten, der Erwerber C sei dem früheren Eigentümer B aus § 951 BGB zum Ausgleich verpflichtet, auch wenn ein Schuldner A die Sache vertraglich schuldete[458]. Eine Mittelmeinung will einen solchen Anspruch wenigstens dann zulassen, wenn die Voraussetzungen nicht vorliegen, die einen gutgläubigen Erwerb des C nach den Gutglaubensschutzvorschriften ermöglichen würden[459]. Nach einer anderen Mittelmeinung soll B wenigstens wahlweise einen Anspruch aus § 951 BGB gegen den neuen Eigentümer C oder einen solchen aus § 816 Abs. 1 BGB gegen den Nichtberechtigten A geltend machen können[460]. Richtiger Ansicht nach entfällt bei „Einbau fremder Sachen", ebenso wie bei allen anderen Fällen

[454] Siehe unten Abschnitt D I 4 a bb.
[455] BGH Urt. v. 3. 6. 1954 — IV ZR 218/53 = BGHZ 14, 7 = NJW 1954, 1194.
[456] Siehe unten Abschnitt E 3 b.
[457] *Hülsmann*, Dreiecksverhältnisse, 24.
[458] *Haymann*, JherJb 77 (1927), 188 (265ff).
Barnstedt, Das Merkmal, 89ff. (95).
Wolff-Raiser, Sachbenrecht, 10. Bearb., § 74 I 3a.
[459] *Enneccerus-Lehmann*, Schuldrecht, 15. Bearb., § 221 II 3.
H. Westermann, Sachenrecht, 5. Aufl., § 54, 3.a.E.
Berg, AcP 160 (1961), 505 (524).
Schuler, NJW 1962, 1842 (1843 r. Sp.).
Hülsmann, Dreiecksverhältnisse, 49ff., 60ff. (eingehend).
Gräber, Bereicherung durch Leistung, 157.
[460] *Freund*, Eingriff, 45f.
v. Caemmerer, Festschrift für Rabel I, 333 (391).

des Übergangs eines Rechtes von einem Dritten B auf einen Gläubiger C in sonstiger Weise, ein Anspruch des B gegen C immer, ohne daß es auf ein Abhandenkommensein der eingebauten Sache, auf eine Bösgläubigkeit des Erwerbers C oder ein Fehlen der Zustimmung des B ankommt[461]. Die Begründung ergibt sich aus folgendem:

Prüft man Bereicherungsansprüche des früheren Eigentümers B gegen den Erwerber C, so sind § 812 und § 816 Abs. 1 Satz 1 BGB zu beachten. Für die Fälle von Verbindung, Vermischung und Verarbeitung verweist § 951 BGB auf diese Vorschriften.

Geht man zunächst mit der „älteren Bereicherungslehre" von den vier Tatbestandsmerkmalen des § 812 BGB aus, so ist an einer „Entreicherung" des B, der sein Recht verliert, nicht zu zweifeln. — Es fehlt aber an einer „Bereicherung" des Erwerbers C, weil dieser einen Übereignungsanspruch gegen den Nichtberechtigten A verliert[462]. (Zu dieser Frage werden, wie oben bei der Analyse der Vermögensverschiebung erwähnt, jedoch auch andere Ansichten vertreten. Gelegentlich wird eine „Bereicherung" des C sogar bejaht.) — Hält man dagegen C für bereichert, so ist an der „Unmittelbarkeit" der Vermögensverschiebung nicht zu zweifeln[463]. — Man wird dann auch annehmen müssen, daß ein „Rechtsgrund" fehlt. Häufig wird allerdings das Vorliegen eines Rechtsgrundes bejaht. Ein solcher soll sich entweder aus einem „absoluten Zuweisungsgehalt"[464] der Eigentumserwerbstatbestände (§§ 932, 946, 937 BGB usw.) oder aus den schuldrechtlichen Beziehungen zwischen dem Erwerber C und dem Nichtberechtigten A[465] oder aus einer Einwilligung des früheren Eigentümers B[466] ergeben. — Gegen einen Anspruch des B gegen C spricht im übrigen ein argumentum e contrario aus § 816 Abs. 1 Satz 1 BGB, der nur einen Anspruch des B gegen den Nichtberechtigten A vorsieht. Die Vorschrift gilt zwar zunächst nur für die wirksamen, entgeltlichen Verfügungen eines Nichtberechtigten, sie läßt sich aber auch bei den anderen Untergruppen der hier besprochenen Fallgruppe, also etwa bei Einbau fremder Sachen, anwen-

---

[461] BGH Urt. v. 31. 10. 1963 — VII ZR 285/61 = BGHZ 40, 272 = LM § 951 BGB Nr. 18 = NJW 1964, 399 = MDR 1964, 224 = BB 1964, 58.
Esser, Schuldrecht, 2. Aufl., § 196, 2 b zu aa).
Rothoeft, AcP 163 (1964), 215 (241).
Imlau, NJW 1964, 1999 (2000)

[462] RG Urt. v. 18. 3. 1909 — IV 314/08 = GruchBeitr. 53 (1909) ,998 (1001).

[463] *Hülsmann*, Dreiecksverhältnisse, 40.

[464] *Rothoeft*, AcP 163 (1964), 215 (221).

[465] *Gottschalk*, JherJb 78 (1927/28), 290 (320).
v. Caemmerer, Festschrift für Rabel I, 333 (382).
Imlau, NJW 1964, 1999 (2000);
dagegen:
v. d. Pfordten, LZ 1919, 221 (224 Anm. 11).

[466] *Hülsmann*, Dreiecksverhältnisse, 41.

den[467] und gilt dann sogar, wenn ein gutgläubiger, rechtsgeschäftlicher Erwerb nicht möglich war, da es entscheidend nur auf den Eigentumsübergang ankommt[468].

Nach der neueren „Lehre von Leistungs- und Eingriffskondiktion" entfällt eine „Leistungskondiktion" des früheren Eigentümers B gegen den Erwerber C, weil letzterer die Sachen nicht durch eine „Leistung" des B sondern durch eine solche des A erlangt[469]. — Eine „Eingriffskondiktion" scheidet schon deshalb aus, weil der Erwerber C nicht „bereichert" ist. Folgt man *Esser* und dem Bundesgerichtshof im „Elektroherdefall", so kann mit Rücksicht auf die „Subsidiarität" der „Eingriffskondiktion" von einer solchen keine Rede sein, weil von dem Nichtberechtigten A „geleistet" wurde[470]. *Berg* meint, eine „Eingriffskondiktion" komme bei Einbau fremder Sachen nicht in Betracht, weil nicht der Erwerber C, sondern dessen Schuldner A der „Eingreifer" sei[471]. *Berg* will aber dann, wenn das eingebaute Material abhandengekommen ist und der fühere Eigentümer den Einbau nicht genehmigt, diesem eine „Eingriffskondiktion" (§§ 951, 812 BGB) gegen den Erwerber C geben[472].

Mit der „Rückgriffskondiktion" läßt sich ein Bereicherungsanspruch des B gegen C nicht begründen, weil sie allenfalls Ansprüche gegen A gewährt.

Nach der „Faustregel für Dreiecksverhältnisse" scheidet ein Bereicherungsanspruch des B gegen C aus, weil ein „Valutaverhältnis" zwischen dem Erwerber C und dessen Schuldner A vorliegt.

ee) Ansprüche des früheren Rechtsinhabers B gegen den Schuldner A nach deutschem Recht

Wenn dem Dritten, dem früheren Rechtsinhaber B, auch kein Bereicherungsanspruch gegen den Erwerber C zusteht, so hat er doch Ansprüche gegen den durch den Rechtsübergang von seiner Lieferschuld freigewordenen A.

---

[467] *Freund*, Eingriff, 44ff.

[468] a.A. *Berg*, AcP 160 (1961) 505 (524) sowie
Schuler, NJW 1962, 1842 (1843 r. Sp.) und
Esser, Schuldrecht, 2. Aufl., § 196, 2b zu aa).

[469] BGH Urt. v. 31. 10. 1963 — VII ZR 285/61 = BGHZ 40, 272 = LM § 951 BGB Nr. 18 = NJW 1964, 399 = MDR 1964, 224 = BB 1964, 58.
Esser, Schuldrecht, 2. Aufl., § 196, 2b zu aa).
Berg, AcP 160 (1961), 505 (522).
Hülsmann, Dreiecksverhältnisse, 39.

[470] *Hülsmann* (Dreiecksverhältnisse, 24, 39) weist auf diese, von ihm abgelehnte, Konsequenz hin.

[471] *Berg*, AcP 160 (1961), 505 (522).

[472] *Berg*, AcP 160 (1961) 505 (524);
ebenso wohl:
Schuler, NJW 1962, 1842 (1843 r. Sp.).
Hülsmann, Dreiecksverhältnisse 60, 62, 65 (ausführlich und stark differenzierend).

Solche Ansprüche können sich aus der Verletzung von Vertragspflichten, aus unechter Geschäftsführung (§ 687 Abs. 2 BGB), aus einem Eigentümer-Besitzer-Verhältnis (§§ 990, 989 BGB), aus unerlaubter Handlung (§§ 823 ff. BGB) und aus Ersatzaussonderung im Konkurs (§ 46 Satz 2 KO) ergeben.

In dieser Untersuchung interessieren vor allem Bereicherungsansprüche. Zu denken ist wieder an die §§ 812 und 816 Abs. 1 Satz 1 BGB.

Prüft man zunächst nach der „älteren Bereicherungslehre" die vier Tatbestandsmerkmale des § 812 BGB, so ist an einer „Entreicherung" des früheren Rechtsinhabers B nicht zu zweifeln. — Der Schuldner A, also der nichtberechtigt Verfügende in den Fällen gutgläubigen Erwerbs, der Einbauende in den Verbindungsfällen und der Verkäufer in den Ersitzungs- und Verbrauchsfällen, ist nach der hier vertretenen Ansicht durch die Erfüllung seiner Liefer- und Übereignungsschuld „bereichert". Wie oben bei der Analyse der Vermögensverschiebung erwähnt, sehen andere eine Bereicherung in einem Quasi-Verbrauch des A, in dem von C erhaltenen Entgelt oder in der bloßen Verfügungsmöglichkeit. — Umstritten ist die „Unmittelbarkeit". Die Meinungsverschiedenheiten betreffen zunächst die Verfügungen eines Nichtberechtigten, das für diese Gesagte trifft aber auch für die anderen hier behandelten Untergruppen zu. Folgt man der hier vorgenommenen Gleichstellung der „in sonstiger Weise" eintretenden Befriedigung eines Gläubigers C mit der „durch Leistung" eines Dritten bewirkten, so ist bei dieser Fallgruppe die Unmittelbarkeit ebenso zu bejahen wie etwa bei den Anweisungsfällen, weil hier wie da die Entreicherung des B mit einer Bereicherung des A durch Schuldbefreiung zusammenfällt. Es besteht kein Unterschied zu einer „unmittelbaren Vermögensverschiebung durch mittelbare Zuwendung". Diese Auffassung wird aber, soweit ersichtlich, nirgends vertreten. Immerhin sind *Enneccerus-Lehmann* und *Larenz* im Ergebnis der gleichen Ansicht. *Enneccerus-Lehmann*[473] bejaht die Unmittelbarkeit, wenn der Besitz unmittelbar von dem früheren Rechtsinhaber B auf den Schuldner A übergeht, wie in allen oben erwähnten Beispielfällen. *Larenz*[474] sieht zwar eine Bereicherung des A nicht in der Befreiung von der Übereignungsforderung, sondern in dem von C erlangten Entgelt. Er will aber bei Verfügungen eines Nichtberechtigten eine unmittelbare Vermögensverschiebung zwischen B und A annehmen, weil das dingliche Geschäft und der Kaufvertrag zwischen C und A als Einheit anzusehen seien. Im Gegensatz zu diesen Anschauungen fehlt es nach weitaus herrschender Lehre[475] bei Verfügungen

[473] *Enneccerus-Lehmann*, Schuldrecht, 15. Bearb., § 221 Anm. 15 und § 221 III 2c.

[474] *Larenz*, Schuldrecht II, 7. Aufl., § 62 II c l.

[475] *Staudinger-Seufert*, BGB, 11. Aufl., § 816 Rdn. 1.
BGB-RGRK-Scheffler, 11. Aufl., § 816 Anm. 3.
Palandt-Gramm BGB, 26. Aufl., § 816 Anm. 1.
Grunsky, JZ 1962, 207 (r. Sp).
Kornblum, JZ 1965, 202 (1. Sp.).

eines Nichtberechtigten an der Unmittelbarkeit. Dementsprechend müßte man auch bei den Einbau-, Ersitzungs- und Verbrauchsfällen die Unmittelbarkeit der Vermögensverschiebung zwischen B und A verneinen. — Obwohl unstreitig ein „Rechtsgrund" zwischen B und A fehlt, kommt die herrschende Meinung bei Anwendung der „älteren Bereicherungslehre" zu dem Ergebnis, daß sich aus § 812 BGB kein Bereicherungsanspruch des B gegen A ergibt. — Nach ihr hilft aber § 816 Abs. 1 Satz 1 BGB unmittelbar bei rechtsgeschäftlichen Verfügungen eines Nichtberechtigten A. In den anderen hier besprochenen Fällen ist wohl nach der „älteren Bereicherungslehre" § 816 Abs. 1 Satz 1 BGB konsequenterweise analog anzuwenden[476]. Die Bedeutung der Vorschrift soll gerade darin zu sehen sein, daß sie als Erweiterung des § 812 BGB trotz des Fehlens einer „unmittelbaren" Vermögensverschiebung dem früheren Eigentümer B einen Bereicherungsanspruch gegen den Nichtberechtigten A gewährt[477].

Nach der neueren „Lehre von Leistungs- und Eingriffskondiktion" hat der frühere Eigentümer B bei Verfügungen eines Nichtberechtigten einen Anspruch aus § 816 Abs. 1 Satz 1 BGB, „einem der wichtigsten, gesetzlich geregelten Sonderfälle der Eingriffskondiktion"[478], gegen den Nichtberechtigten A. Die Autoren, die der Meinung sind, jede „Leistung" schlösse eine „Eingriffskondiktion" aus, sehen eine besondere Funktion des § 816 Abs. 1 Satz 1 BGB darin, daß er dem B eine „Eingriffskondiktion" einräumt, obwohl der Schuldner A seinem Gläubiger C eine „Leistung" erbracht hat[479, 480]. Ob man hier wirklich von einer „Leistung" sprechen kann, ist aber fraglich. *Rothoeft*[481] meint, zum Begriff der unmittelbaren „Leistung" als rechtsgeschäftlichem Vollzugsakt gehöre auch das Merkmal der Verfügungsbefugnis des Leistenden. Deshalb sei das finale Verhalten des Nichtberechtigten A gegenüber dem gutgläubigen Erwerber C keine „Leistung". — Auch in den Einbau-, Ersitzungs- und Verbraucherfällen würde man nach der neueren Lehre B eine Eingriffskondiktion gegen A zuzubilligen haben[482]. *Esser* will allerdings in den Einbaufällen nicht

---

[476] *Hülsmann*, Dreiecksverhältnisse, 41, 46, 48.
Für den Fall der Ersitzung hat der BGH (Urt. v. 1. 3. 1967 — VIII ZR 247/64 = NJW 1967, 1021 [1022 r. Sp. a.E.]) die Frage ausdrücklich offengelassen.

[477] Vgl. dazu *Hülsmann*, Dreiecksverhältnisse, 22f.

[478] *Fikentscher*, Schuldrecht, § 99 IV 2a β.
Larenz, Schuldrecht II, 7. Aufl., § 62 I b.
Esser, Schuldrecht, 2. Aufl., § 196, 1.

[479] *Esser*, Schuldrecht, 2. Aufl., § 195, 5; § 196, 1.
Kornblum, JZ 1965, 202 (1. Sp.).
Emmerich, Nebenfolgen, 104.

[480] Zur Funktion des § 816 Abs. 1 Satz 1 BGB vgl. auch BGH Urt. v. 1. 3. 1967 — VIII ZR 247/64 = NJW 1967, 1021.

[481] *Rothoeft*, AcP 163 (1964), 215 (229).

[482] *Hülsmann*, Dreiecksverhältnisse, 48 (vgl. aber 60, 62, 65).

§ 816 BGB entsprechend anwenden, sondern dem früheren Rechtsinhaber B mit Hilfe einer allgemeinen „Eingriffskondiktion“ den Rückgriff auf den Schuldner A ermöglichen[483]. Nur diejenigen, welche bei Einbau fremder Sachen dem früheren Rechtsinhaber B einen Anspruch aus §§ 951, 812 BGB gegen den Erwerber C geben wollen, lehnen folgerichtig eine „Eingriffskondiktion“ gegen den Schuldner A ab[484].

Die „Rückgriffskondiktion“ wird in diesen Fällen nicht angewandt. Das liegt einmal daran, daß man der Schuldbefreiung des Nichtberechtigten A keine Bedeutung beimißt, und zum anderen daran, daß keine freiwillige „Zahlung fremder Schuld“ vorliegt.

Nach der „Faustregel für Dreiecksverhältnisse“ ließe sich ein Bereicherungsanspruch des früheren Eigentümers B gegen den nichtberechtigt verfügenden Schuldner A mit dem Fehlen eines „Deckungsverhältnisses“ zwischen diesen beiden begründen.

ff) Ansprüche des früheren Rechtsinhabers B gegen den nichtberechtigt verfügenden Schuldner A nach amerikanischem Recht

Im amerikanischen Recht spielt bei den Verfügungen eines Nichtberechtigten ein ähnlicher Gedanke eine Rolle, wie der, welcher der Genehmigung bei „unwirksamen Verfügungen eines Nichtberechtigten“ im deutschen Recht zugrunde liegt[485].

Nach amerikanischem Recht sind Rechtsverluste durch Verfügung eines Nichtberechtigten viel seltener, weil es in der Regel keinen gutgläubigen Erwerb gibt. In den Ausnahmefällen, in denen das amerikanische Recht einem gutgläubigen Erwerber gestattet, den gekauften Gegenstand zu behalten, hat der von dem Rechtsverlust betroffene B die Möglichkeit, einen Bereicherungsanspruch gegen den Nichtberechtigten A geltend zu machen und den Kaufpreis mittels „waiver of tort“[486], einem „Verzicht auf Deliktsansprüche“, heraus zu verlangen. Man sah diese Fälle ursprünglich im Zusammenhang mit dem Recht der unerlaubten Handlung. Die Verfügung des Nichtberechtigten stellte man sich als „tort“, das heißt als ein Delikt vor, das seinen Unrechtsgehalt nachträglich dadurch verlor, daß der B, der einen Rechtsverlust erlitten hatte, sich damit abfand. In neuerer Zeit hat sich für die „waiver of tort“-Fälle bei den

---

[483] *Esser*, Schuldrecht, 2. Aufl., § 196, 2b zu aa).

[484] *Schuler*, NJW 1962, 1842 (1843 r. Sp.).
Berg, AcP 160 (1961), 505 (524).
Hülsmann, Dreiecksverhältnisse, 60, 62, 65.

[485] *v. Caemmerer*, Festschrift für Rabel I, 333 (391).
Friedmann, Bereicherungshaftung, 134.
Dawson, Unjust Enrichment, 185 (Anm. 7 zu Kapitel III).

[486] z.B. Braithwaite v. Akin, 3 N.D. 385, 56 N.W. 133 (1893).

amerikanischen Juristen die Erkenntnis durchgesetzt, daß sie einen Unterfall des Rechts der „restitution", des Bereicherungsrechts, darstellen.

Ohne den Begriff „waiver of tort" zu erwähnen, regelt das Restatement of Restitution die Verfügungen Nichtberechtigter in den §§ 128, 131[487].

Von den anderen hier behandelten Fällen der Befriedigung eines Gläubigers in sonstiger Weise erwähnt das Restatement ausdrücklich nur den Fall des Einbaus fremder Sachen. § 120 Rest., Restitution lautet:

Accession by Act of Third Person. Where a person has contracted to make improvements upon the land or chattels of another and in the course of making such improvements uses chattels or money of a third person which he has improperly obtained or improperly uses, such third person is entitled to restitution from the owner of the land or chattels, unless such owner paid the contractor without notice of the interest of the third person.

Auch in den USA hat man also die Schwierigkeit der Frage, ob der frühere Rechtsinhaber B sich an den Erwerber C halten kann oder nicht, durchaus erkannt. Wenn § 120 Rest., Restitution die hier für das deutsche Recht als Regel herausgearbeitete Lösung, daß B sich nämlich nur an A halten kann, auch als Ausnahme formuliert, wird doch klar, daß sich B im zweiten Beispielfall jedenfalls dann nicht mehr an C halten kann, wenn C den A bereits entlohnt hat.

g) Zusammenfassung

In diesem Abschnitt der vorliegenden Untersuchung werden Fallgruppen erörtert, in denen von Rechtsprechung und Schrifttum Bereicherungsansprüche gewährt werden, welche die Richtigkeit des Prinzips bestätigen, wonach bei Befriedigung eines Gläubigers (im Valutaverhältnis) auf Kosten eines Dritten dieser in der Regel einen Ausgleichsanspruch gegen den Schuldner hat.

Wie sich ergeben hat, ist die Zahl der Fälle, in denen ein Dritter B einen Ausgleichsanspruch gegen einen Schuldner A geltend machen kann, weil dessen Gläubiger C auf B's Kosten befriedigt wurde, außerordentlich groß.

Jakobs bemerkt in seiner Schrift über den Eingriffserwerb[488] beiläufig, das amerikanische Recht lehne jedenfalls grundsätzlich einen Rückgriff in Fällen

---

[487] Rest., Restitution:
§ 128. Conversion and Other Tortious Dealings with Chattels.
A person who has tortiously obtained, retained, used, or disposed of the chattels of another, is under a duty of restitution to the other.
§ 131. Destruction of Ownership
A person who by the sale or surrender of land, chattels, or choses in action, has tortiously terminated the interests of another therein, is under a duty of restitution to the other for the amount received from the sale or surrender of such interest.

[488] *Jakobs*, Eingriffserwerb, 170, unter Berufung auf §§ 112ff. Rest., Restitution, die nur „volunteer"-Fälle betreffen.

dieser Art ab. Im Gegensatz zu dieser Feststellung haben hier kurze Ausblicke auf das amerikanische Recht gezeigt, daß dieses, sieht man einmal von seiner Abneigung gegen „volunteers“ ab, durchweg zu den gleichen Ergebnissen kommt wie das deutsche Recht.

Im übrigen ist deutlich geworden, wie der Kreis der hier besprochenen Art von Dreiecksverhältnissen weit über den Rahmen der Anweisungsfälle mit fehlendem Deckungsverhältnis, an die man gewöhnlich zuerst denkt, hinaus zu ziehen ist.

Hervorzuheben ist besonders, daß neben Leistungsfällen auch Fälle von Bereicherung in sonstiger Weise, wie die wirksamen, entgeltlichen Verfügungen Nichtberechtigter (§ 816 Abs. 1 Satz 1 BGB), stehen, da es auch bei ihnen zu einer Befriedigung eines Gläubigers auf Kosten eines Dritten kommen kann.

Erwähnenswert ist endlich, daß Rechtsprechung und Schrifttum dem Dritten B in erstaunlich vielen Fällen ein Wahlrecht[489] zubilligen. Durch diese Möglichkeit hat B es in der Hand, eine Befriedigung des Gläubigers C (im Valutaverhältnis) auf Kosten eines Dritten, nämlich des B selbst, und damit die Entstehung eines Dreiecksverhältnisses herbeizuführen. Die hier zu Tage getretenen gemeinsamen Wesenszüge dieser Wahlrechtsfälle sind bisher, soweit ersichtlich, noch nicht hervorgehoben worden. Offensichtlich dient das Wahlrecht dazu, bei Befriedigung eines Gläubigers auf Kosten eines Dritten das Insolvenzrisiko des Dritten zu verringern, ermöglicht es dem Dritten B doch die Entscheidung darüber, ob er sich im Rahmen einer Zwei-Personen-Beziehung an den Gläubiger C oder im Rahmen eines Dreiecksverhältnisses an den Schuldner A halten will.

4. Durchbrechung des „Prinzips“ in Ausnahmefällen

Wie bereits angedeutet gibt es jedoch auch Fallgestaltungen, in denen das Prinzip durchbrochen wird. Es kommt vor, daß dem Dritten B, auf dessen Kosten ein Gläubiger C befriedigt wird, ein Ausgleichsanspruch gegen diesen und nicht gegen den Schuldner A zusteht. In anderen Fällen kann B sich weder an den Schuldner A noch an den Gläubiger C halten. Manchmal haftet dem Dritten B endlich sowohl der Gläubiger C als auch der Schuldner A.

a) Ansprüche gegen den Beschenkten bei Schenkung auf Kosten eines Dritten

aa) Allgemeine Beschreibung dieser Fallgruppe

Die erste Fallgruppe, bei der das Prinzip über den Bereicherungsausgleich bei Befriedigung eines Gläubigers (im Valutaverhältnis) auf Kosten eines Dritten durchbrochen wird, kann man als Fälle der „Schenkung auf Kosten eines Dritten“

---

489 Siehe oben Abschnitt D I 2; D I 3 b aa; D I 3 d aa; D I 3 f bb.

bezeichnen. Es handelt sich um Fälle, in denen ein Schenker A einem Beschenkten C auf Kosten eines Dritten B, ohne eigenes Vermögensopfer, eine unentgeltliche Zuwendung macht. Wie bei den bisher besprochenen Fallgruppen sollen auch hier Fälle, in denen gleichzeitig eine Schuld des Dritten B gegenüber A erfüllt wird, außer Betracht bleiben, da nach wie vor nur von Situationen die Rede ist, in denen es lediglich zur Befriedigung eines Gläubigers kommt. Berücksichtigt man das, so lassen sich bei den „Schenkungen auf Kosten eines Dritten" deutlich zwei Gruppen von Unterfällen unterscheiden:

Einmal kommt es vor, daß der Dritte B selbst dem Bedachten C eine Leistung erbringt. Das kann etwa auf Grund einer Weisung des Schenkers A geschehen, so daß ein Sonderfall einer „Anweisung mit fehlendem Deckungsverhältnis" vorliegt, wie in folgendem ersten Beispiel:

Der wohlhabende A will seiner Geliebten C einen Pelzmantel schenken. Er sucht bei dem Pelzhändler B ein schönes Stück aus, das dieser auftragsgemäß direkt an die Geliebte C liefert. Später stellt sich heraus, daß der Kaufvertrag zwischen A und dem Pelzhändler B nichtig ist.

Derartige Fälle kann man als „Anweisungsfälle mit unentgeltlichem Valutaverhältnis" bezeichnen.

Denkbar ist auch, daß ein Dritter B „aus bewußter Liberalität" ein dem C von A gegebenes Schenkungsversprechen erfüllt. Derartige Fälle werden nirgends erwähnt, sind aber wohl genau so zu behandeln wie „Anweisungsfälle mit unentgeltlichem Valutaverhältnis".

Häufig dürften neben den soeben erwähnten Leistungen des B die Fälle der „unentgeltlichen Verfügung eines Nichtberechtigten" (vgl. § 816 Abs. 1 Satz 2 BGB) sein, in denen ein Nichtberechtigter A selbst einem gutgläubigen Beschenkten C ein dem Dritten B zustehendes Recht überträgt, wie in folgendem zweiten Beispiel:

A ist im Besitz eines dem B gehörenden juristischen Kommentars, der ihn nicht interessiert. Er verschenkt das Buch an den gutgläubigen C.

Das für diese Fälle Gesagte muß auch für andere Fälle gelten, in denen es in sonstiger Weise zu einem unentgeltlichen Rechtserwerb kommt. Man denke etwa an Einbauten, Ersitzungen oder Verbrauchsmöglichkeiten, die auf unentgeltlichen Handlungen eines A zurückgehen.

Nicht in diesen Zusammenhang gehören die sogenannten „Doppelmangelfälle" und die „rechtsgrundlosen Verfügungen eines Nichtberechtigten", zwei Fallgruppen, auf die weiter unten[490] noch eingegangen werden soll. Bei diesen beiden Fallgruppen liegt zwischen dem Gläubiger C und dem Schuldner A gar kein Rechtsgrund, noch nicht einmal eine Schenkung, vor. Der im Schrift-

---

[490] Siehe Abschnitt E 3a und d.

tum zu findende Hinweis[491], „Schenkungen auf Kosten eines Dritten“ seien wie „Doppelmangelfälle“ zu behandeln, erscheint daher verfehlt.

Eine Analyse der Vermögensverschiebung bei „Schenkung auf Kosten eines Dritten“ zeigt, daß das Vermögen des Dritten B durch dessen eigene Leistung oder durch einen von dem nichtberechtigt verfügenden Schenker A herbeigeführten Rechtsverlust geringer wird.

Zweifelhaft ist, ob der Beschenkte C oder der Schenker A einen Vermögenszuwachs zu verzeichnen hat.

Häufig wird die Auffassung vertreten, in Fällen dieser Art sei der Beschenkte C und nicht der Schenker A bereichert[492]. Zur Begründung wird gesagt, der Schenker A erhalte weder den verschenkten Gegenstand noch dessen Gegenwert[493]. Dabei bleibt aber außer Betracht, daß schon das Schenkungsversprechen einen Vorteil für den Beschenkten C und eine Belastung für den Schenker A darstellt.

V. Wolff[494], der sich besonders eingehend mit Anweisungsfällen von der Art des ersten Beispiels befaßt hat, meint, es sei zu differenzieren. Dabei stellt er auf zukünftige, von dem Schenker A zu erwartende Aufwendungen ab. Er meint, der Schenker A erspare nichts und sei in keiner Weise bereichert, wenn er den C nur beschenke, weil er glaube, ein wirksames Deckungsverhältnis zu dem Dritten B liege vor und weitere Aufwendungen seien deshalb nicht zu befürchten. Der Schenker A erspare aber Aufwendungen und werde bereichert, wenn er das Geschenk auf jeden Fall mache und eine nachträgliche Erstattung der Aufwendungen des Dritten B in Kauf nehme. Gegen diese Ansicht *V. Wolffs* ist einzuwenden, daß das Ergebnis der Vermögensverschiebung nicht von den subjektiven Vorstellungen des Schuldners A abhängt.

Haymann[495] meint, die unentgeltliche Zuwendung selbst führe zu gar keiner Vermögensverschiebung, da sie nur den Vollzug der schon promittendo erfolgten Schenkung darstelle. Das ist sicher unzutreffend, da jedenfalls das Vermögen des Dritten B erst durch die Erfüllung des von A dem B gegenüber abgegebenen Schenkungsversprechens betroffen wird.

Richtig argumentiert man hier wohl wie in den bisherigen Fällen. Auch eine Schenkungsforderung ist, ähnlich wie „wertlose“ Forderungen gegen vermögenslose Schuldner A in den zuvor besprochenen Fallgruppen, als Ver-

---

[491] *Staudinger-Seufert*, BGB, 11. Aufl., § 812 Rdn. 8c b.
Victor Wolff, JherJb 84 (1934), 107 (166).

[492] *v. Tuhr*, Allgemeiner Teil des BGB, § 72 V 3b.
Rothoeft, AcP 163 (1964), 215 (222).

[493] RG Urt. v. 18. 4. 1934 — V 334/33 = JW 1934, 2458.
Staudinger-Seufert, BGB, 11. Aufl., § 816 Rdn. 8a.
Larenz, Schuldrecht II, 7. Aufl., § 62 II c2.

[494] *Victor Wolff*, JherJb 84 (1934), 107 (166).

[495] *Haymann*, JherJb 77 (1927), 188 (237).

mögenswert anzusehen. Nimmt man das an, so gleichen sich bei dem Beschenkten C der Erhalt des Geschenkes und der gleichzeitig eintretende Verlust der Forderung aus dem Schenkungsversprechen des A aus[496]. Der Wert des Vermögens des Beschenkten C bleibt gleich hoch.
Der Schenker A wird von der Schenkungsforderung des Beschenkten C befreit. Der Wert seines Vermögens erhöht sich damit.

bb) Ansprüche des Dritten B gegen den Beschenkten C

Wenn das Ergebnis der Vermögensverschiebung demnach auch dasselbe ist, wie in allen vorherigen Fällen, so besteht doch kein ernsthafter Zweifel daran, daß der Dritte B hier auf Grund einer Ausnahmeregel einen Bereicherungsanspruch gegen den Schenkungsgläubiger C und nicht gegen den Schenkungsschuldner A hat[497].

Diese Ausnahmeregel ist mit der Besonderheit der Interessenlage zu erklären. Wenn der Schuldner A auch formell durch die Befreiung von seinem Schenkungsversprechen bereichert sein mag, so ist doch nicht zu übersehen, daß wirtschaftlich nicht er, sondern der Beschenkte C bereichert ist. Das spricht in Verbindung mit einem in §§ 816 Abs. 1 Satz 2, 822, 988, 2287 Abs. 1 BGB zum Ausdruck gekommenen allgemeinen Rechtsgedanken, wonach im Konfliktsfalle die Interessen unentgeltlich Bedachter zurücktreten müssen[498], gegen eine Bereicherungshaftung des Schenkers A und für eine solche des Beschenkten C.

Schwierigkeiten macht den bereicherungsrechtlichen Theorien die systematische Einordnung der Ausnahmeregel.

Die „ältere Bereicherungslehre" geht von einer Verwandtschaft der „Anweisungsfälle mit unentgeltlichem Valutaverhältnis" mit den Fällen „unentgeltlicher Verfügung eines Nichtberechtigten" aus[499] .

Das Vorliegen der vier Tatbestandsmerkmale wird meist nicht besonders geprüft, da § 816 Abs. 1 Satz 2 BGB für die „unentgeltlichen Verfügungen eines

[496] Unerheblich ist, ob das Schenkungsversprechen des A gegenüber C gerichtlich oder notariell beurkundet ist (§ 518 Abs. 1 Satz 1 BGB). Fehlt die gesetzlich vorgeschriebene Form, so bewirkt die Leistung des B eine Heilung des Formmangels (§ 518 Abs. 2 BGB). Das formnichtige Schenkungsversprechen steht dann einem formgültigen gleich. Es würde dem Sinne des § 518 Abs. 2 BGB widersprechen, wenn man nachträglich sagen wollte, C habe keine wirksame Forderung gehabt und sei deshalb bereichert.

[497] *v. Tuhr*, Allgemeiner Teil des BGB, § 72 V 3
teilweise a.A. *V. Wolff*, JherJb 84 (1934), 107 (165ff)..

[498] RG Urt. v. 18. 4. 1934 — V 334/33 = JW 1934, 2458.
Oertmann, JW 1934, 2458.
V. Wolff, JherJb 84 (1934), 107 (166).
Esser, Schuldrecht, 2. Aufl., § 190, 3 a.E.; § 196, 3.

[499] *v. Tuhr*, JherJb 48 (1904), 1 (51ff).

Nichtberechtigten" eine ausdrückliche Regelung enthält, die nach Ansicht der „älteren Bereicherungslehre" in den „Anweisungsfällen mit unentgeltlichem Valutaverhältnis" analog anzuwenden ist. Letzteres hat das Reichsgericht in einem Fall[500], der sich von dem ersten Beispiel nur dadurch unterscheidet, daß die Geliebte C keinen Pelz sondern eine Grundschuld in Höhe von 125000 RM bekam, ausführlich begründet. Gleichzeitig hat das Reichsgericht mit Recht eine entsprechende Anwendung des § 822 BGB, der nur für Bereicherungsketten gilt, in denen ein anfänglich Bereicherter X unentgeltlich weiterverfügt hat, entschieden abgelehnt[501]. Eine abweichende Ansicht vertritt vom Standpunkt der „älteren Bereicherungslehre" aus lediglich *V. Wolff*[502]. Er wendet sich für die Fälle, in denen ein Schenker A auch bei Nichtigkeit des Deckungsverhältnisses zu dem Dritten B den C beschenken wollte, gegen einen Bereicherungsanspruch des Dritten B gegen den Beschenkten C, weil er meint, der Schenker A sei in solchen Fällen „unmittelbar bereichert".

Die neuere „Lehre von Leistungs- und Eingriffskondiktion" unterscheidet im Gegensatz zu der „älteren Bereicherungslehre" streng zwischen den „Anweisungsfällen mit unentgeltlichem Valutaverhältnis" und den „unentgeltlichen Verfügungen eines Nichtberechtigten". In den „Anweisungsfällen" soll sich aus dem Rechtsgedanken des § 822 BGB ein wohl als „Leistungskondiktion" zu charaktisierender Bereicherungsanspruch des Dritten B gegen den Beschenkten C ergeben[503]. Bei „unentgeltlichen Verfügungen eines Nichtberechtigten"[504] soll der sich aus § 816 Abs. 1 Satz 2 BGB ergebende Anspruch des Dritten B gegen den Beschenkten C dagegen eine Sonderform der „Eingriffskondiktion" darstellen[505]. Eine besonders eigenwillige, der hier vertretenen Ansicht diametral entgegengesetzte Auffassung verficht *Rothoeft*[506]. Auch er meint, § 816 Abs. 1 Satz 2 BGB enthalte eine „Eingriffskondiktion". Seiner Ansicht nach stellt diese Vorschrift aber keine Ausnahmeregelung dar. Er glaubt vielmehr, § 816 Abs. 1 Satz 2 BGB füge sich so in allgemeine Grundsätze ein, daß sich auf der Basis dieser Regelung ein von Widersprüchen freies System von Bereicherungsregeln errichten lasse. Hauptkennzeichen dieses Systems soll eine

---

[500] RG Urt. v. 18. 4. 1934 — V 334/33 = JW 1934, 2458.

[501] a.A. *V. Wolff*, JherJb 84 (1934), 107 (166)
und *Gottschalk*, JherJb 78 (1927/28), 290 (318).

[502] *V. Wolff*, JherJb 84 (1934), 107 (165ff).

[503] *Esser*, Schuldrecht, 2. Aufl., § 190, 3 a.E.
Staudinger-Seufert, BGB, 11. Aufl., § 812 Rdn 8 cb.
a. A. *H. P. Westermann*, Die causa, 229.

[504] Dasselbe dürfte bei Einbau-, Ersetzungs- und Verbrauchsfällen gelten. Vgl. für die Ersitzung: *Gräber*, Bereicherung durch Leistung, 140f.

[505] *Esser*, Schuldrecht, 2. Aufl., § 195, 5; § 196, 3.

[506] *Rothoeft*, AcP 163 (1964), 215 (220ff., 230, 239, 241 und passim).
Rothoeft, AcP 166 (1966), 246 (249f.);
ähnlich *Gräber*, Bereicherung durch Leistung, 120ff.

wirtschaftliche Betrachtungsweise sein, die gerade in § 816 Abs. 1 Satz 2 BGB deutlich zum Ausdruck komme.

v. Caemmerer, einer der Vertreter der „Lehre von der Rückgriffskondiktion", schlägt eine völlig andere Begründung der Ausnahmeregel vor, nach welcher dem Dritten B ein Bereicherungsanspruch gegen den Beschenkten C zusteht. Er meint, im Anschluß an *Heck*, diese Fallgruppe gehöre zu einem neben „Leistungs-", „Eingriffs-" und „Rückgriffskondiktion" selbständigen Sonderfall der ungerechtfertigten Bereicherung, der „unentgeltlichen Bereicherung zum Schaden eines anderen"[507].

Mit der „Faustregel für Dreiecksverhältnisse" kommt man zu einem Bereicherungsanspruch des Dritten B gegen den Beschenkten C, wenn man die „Faustregel" wie üblich folgendermaßen ergänzt[508]: Dem Leistenden B steht ein Rückforderungsanspruch unmittelbar gegen den Empfänger C zu, wenn es im Deckungsverhältnis am Rechtsgrund fehlt und im Valutaverhältnis die Leistung unentgeltlich bewirkt ist.

cc) Anspruch des Dritten B gegen den Beschenkten C nach amerikanischem Recht

Bezeichnenderweise ist auch dem amerikanischen Recht der Gedanke einer Sonderbehandlung der hier erörterten Fälle nicht fremd. Man bezeichnet den Gläubiger C in diesen Fällen als „donee beneficiary".

Ein Fall dieser Art ist Earl v. Saks & Co.[509], dem das erste der oben angeführten Beispiele nachgebildet ist. In dieser Entscheidung wurde dem Pelzhändler B ein Anspruch auf Herausgabe des Pelzes gegen die Geliebte C zuerkannt. In der Begründung wird nicht ausdrücklich auf die schwache Stellung der Beschenkten abgestellt. Das Gericht fingiert vielmehr, daß der Schenker A seine Schenkung widerrufen habe und kommt damit zu demselben Ergebnis, wie das Reichsgericht in dem von ihm entschiedenen Fall.

Auch das Restatement erwähnt diese Ausnahmefälle. Es unterscheidet zwischen Anweisungsfällen mit unentgeltlichen Valutaverhältnis, § 17[510], und

---

[507] *v. Caemmerer*, Festschrift für Rabel I, 333 (369)
a.A. *Scheyhing* (AcP 157 (1958/59), 371 [380 Anm. 40]), der diese weitere Kondiktionsart ohne Begründung für entbehrlich hält.

[508] RG Urt. v. 18. 4. 1934 — V 334/33 = JW 1934, 2458.
Palandt-Gramm, BGB, 26. Aufl., § 784 Anm. 3c.

[509] Earl v. Saks & Co. 36 Cal. 2d 602, 226 P. 2d 340 (1951).

[510] Rest., Restitution:
§ 17. Restitution from a Beneficiary of a Contract with a Third Person
A person who has paid money to another in the performance of an agreement with a third person is entitled to restitution from the other if, because of fraud or mistake, the agreement or transfer was ineffective or was voidable and has been avoided, unless the other gave value therefor or changed his position, without notice of the cause of avoidance.

unentgeltlichen Verfügungen Nichtberechtigter, § 204[511]. Seine Lösungen entsprechen denen des deutschen Rechts.

b) Kein Regreß gegen Familienangehörige nach Erbringung von Versicherungs-, Sozial- und Unterhaltsleistungen durch einen Dritten

aa) Allgemeine Beschreibung dieser Fallgruppe

Eine zweite Fallgruppe, bei der das Prinzip über den Bereicherungsausgleich bei Befriedigung eines Gläubigers auf Kosten eines Dritten durchbrochen wird, besteht aus Sonderfällen von „Leistungen an den Gläubiger eines anderen auf Grund eigener Verpflichtung". Es handelt sich um Fälle aus den Gebieten des privaten und öffentlichen Versicherungs-, Versorgungs-, Beamten- und Unterhaltsrechts, in denen ein Dritter B, der neben einem Familienangehörigen A des Gläubigers C letzterem als „unechter" Gesamtschuldner haftet, Leistungen an den Gläubiger C erbringt.

Im Versorgungsrecht gehören hierher die Fälle der „wiederaufgetauchten Verschollenen", wie sie folgendes erstes Beispiel andeutet:

C ist ein Sohn des ehemaligen Wehrmachtssoldaten A. Bei Kriegsschluß hält man A für verschollen. Die Unterhaltsansprüche des Kindes C gegen den A sind nicht realisierbar. Dafür zahlt aber das Land B dem Kinde C eine Versorgungsrente. Später taucht der Vater A wieder auf[512].

Im Sozialversicherungsrecht gibt es ähnliche Fälle:

Bei einer Familienschlägerei hilft der Sohn C seinen Vater A, wird aber selbst übel verletzt. Ansprüche aus Geschäftsführung ohne Auftrag macht er nicht gegen seinen Vater A geltend, weil die Krankenkasse B alle Krankheitskosten zahlt[513].

In derartigen Fällen ist fraglich, ob der Leistende B einen Rückgriffsanspruch gegen den Familienangehörigen A des gemeinsamen Gläubigers C hat.

Wie oben[514] bei den Normalfällen der Leistung „unechter" Gesamtschuldner kann auch hier davon ausgegangen werden, daß die Ansprüche des Leistungs-

---

[511] Rest., Restitution:
§ 204. Gratuitous Transferee
Where a person receives the title to property of which another has the beneficial interest without notice of the other's interest but without paying value, and being still without such notice exchanges it for other property, he is under a duty either
(a) to surrender the property which he acquired in exchange, or, at his opinion,
(b) to pay the value of the property which he originally received, the property which he aquired in exchange being subject to an equitable lien for such payment.

[512] BGH Urt. v. 4. 6. 1959 — VII ZR 217/58 = BGHZ 30, 162 = NJW 1959, 1725. BGH Urt. v. 13. 6. 1960 — VII ZR 114/59 = LM § 683 BGB Nr. 11 = NJW 1961, 871. BGH Urt. v. 19. 9. 1963 — VII ZR 12/62 = NJW 1963, 2315.

[513] Vgl. BGH Urt. v. 6. 12. 1962 — VII ZR 164/61 = BGHZ 38, 302 = NJW 1963, 483.

[514] Siehe oben Abschnitt D I 3 c aa.

empfängers C gegen seinen Familienangehörigen A befriedigt werden. Nimmt man das an, so ist das Ergebnis der Vermögensverschiebung das gleiche wie in allen vorher besprochenen Fällen. Der Leistende B ist entreichert. Bei dem Leistungsempfänger C gleichen sich der Erhalt der Leistung und der Verlust der Ansprüche gegen den Familienangehörigen A aus. Letzterer ist durch die eingetretene Schuldbefreiung bereichert.

bb) Keine Ansprüche des Dritten B gegen den Familienangehörigen A

Auch bei dieser Fallgruppe legt das Ergebnis der Vermögensverschiebung, für sich allein betrachtet, Ausgleichsansprüche des Dritten B gegen den Familienangehörigen A nahe. Es greift aber eine Ausnahmeregel ein, welche Rückgriffsansprüche des Dritten B gegen den Familienangehörigen A ausschließt.

Entscheidend sind hier, ebenso wie bei den „Schenkungen auf Kosten eines Dritten", Besonderheiten der Interessenlage. Der Leistende B erscheint nämlich in vielen Fällen, vor allem bei Erbringung von Versicherungs- und Versorgungsleistungen, wenig schutzwürdig. Hat er doch seinerseits zuvor in der einen oder anderen Form, zum Beispiel durch Versicherungsbeiträge, bereits Gegenleistungen von dem späteren Leistungsempfänger C erhalten. Dagegen erscheint der Bereicherte A aus doppeltem Grunde schutzbedürftig. Einmal hätte er oft, etwa in Fällen von der Art des zweiten „Familienstreit"-Beispiels, nicht mit der Geltendmachung von Ansprüchen seines Verwandten C zu rechnen brauchen. Außerdem würde eine Herausgabepflicht des A, wenn dieser mit seinem Verwandten C zusammenlebt, bedeuten, daß der Leistungsempfänger C das, was er mit der einen Hand erhält, mit der anderen wieder herausgeben muß, weil die Familie, der A und C angehören, eine wirtschaftliche Einheit bildet[515]. Endlich könnte die Austragung von Streitigkeiten zwischen dem Leistenden B und dem Familienangehörigen A über dessen Verpflichtungen gegenüber C zu einer Trübung des Familienfriedens zwischen A und C, etwa durch ungünstige Zeugenaussagen des C, führen.

Daß es eine Ausnahmeregel über den Ausschluß jeden Regresses gegen Familienangehörige in der eingangs erwähnten Form gibt, wird, soweit ersichtlich, bis jetzt nirgends vertreten. Auf die dieser Regel zugrunde liegenden Gedanken sind aber die §§ 67 Abs. 2 VVG und 91 BSHG zurückzuführen. In § 67 Abs. 2 VVG werden Rückgriffsansprüche eines Schadenversicherers B gegen Familienangehörige A des Versicherungsnehmers C unter bestimmten Voraussetzungen ausgeschlossen. § 91 BSGH enthält eine Beschränkung des in § 90 BSGH vorgesehenen Forderungsübergangs von Sozialhilfeempfängern C auf Sozialhilfeträger B, soweit sich die Forderungen gegen unterhaltspflichtige Familienangehörige A des C richten. Im Schrifttum vertritt *v. Caem-*

[515] BGH Urt. v. 11. 2. 1964 — VI ZR 271/62 = BGHZ 41, 79 = NJW 1964, 860.

merer[516] die Auffassung, eine „Sonderregelung" schließe auf den Gebieten des Sozialversicherungs-, Sozialhilfe- und Versorgungsrechts die Rückforderung von Sozialleistungen von Familienangehörigen aus. In der Rechtsprechung wird diese Regel zwar nirgends ausdrücklich erwähnt, es gibt aber zahlreiche Entscheidungen, in denen Gerichte mit den verschiedenartigsten Begründungen Rückgriffsansprüche eines Dritten B gegen Familienangehörige A abgelehnt haben. Solche Entscheidungen finden sich nicht nur auf den *v. Caemmerer* erwähnten Rechtsgebieten, sondern auch im Beamten- und Unterhaltsrecht. Alle diese Entscheidungen lassen sich auf den gemeinsamen Nenner der Ausnahmeregel bringen, wonach ein Dritter B, der Versicherungs-, Versorgungs- oder Unterhaltsleistungen an einen Anspruchsberechtigten C erbringt, nicht gegen einen neben ihm als „unechter" Gesamtschuldner haftenden Familienangehörigen A des C Rückgriff nehmen kann. Ob diese Ausnahmeregel nur für Familienangehörige gilt, die mit dem Gläubiger C in häuslicher Gemeinschaft leben, und ob sie vielleicht nicht eingreift, wenn der Familienangehörige A eine vorsätzliche unerlaubte Handlung begangen hat (vgl. § 67 Abs. 2 VVG), mag hier dahingestellt bleiben.

Im folgenden soll ein kurzer Überblick zeigen, was für Begründungen man bisher zur Ablehnung von Rückgriffsansprüchen des Dritten B gegen Familienangehörige des Gläubigers C herangezogen hat.

In den hier fraglichen Fällen kommt für den Rückgriff des Leistenden B zunächst ein Forderungsübergang in Betracht. In den §§ 67 Abs. 2 VVG und 91 BSHG (vgl. auch § 87a Satz 2 BBG) ist ein solcher Forderungsübergang schon kraft Gesetzes ausgeschlossen. Der Bundesgerichtshof ist wohl zu Recht der Auffassung, daß dementsprechend auch der in § 1542 RVO[517] und in bestimmten beamtenrechtlichen Vorschriften[518] vorgesehene Forderungsübergang entfallen müsse. Daß die besondere Interessenlage bei einem Rückgriff auf Familienangehörige eine sonst naheliegende cessio legis ausschließt, hat der Bundesgerichtshof besonders deutlich am Beispiel der Unterhaltszahlungen eines „Scheingatten"[519] im Gegensatz zu denen eines „Scheinvaters" herausgearbeitet. Während der „Scheinvater" B mit Hilfe einer Legalzession auf den unterhaltspflichtigen Ehebrecher A Rückgriff nehmen kann[520], ist ein Regreß eines „Scheingatten" B gegen die unterhaltspflichtigen Angehörigen A des anderen „Scheingatten" C nach Feststellung der Nichtigkeit der Ehe ausge-

---

[516] *v. Caemmerer*, NJW 1963, 1402ff.
Vgl. auch *Erman-Seiler*, BGB, 4. Aufl., § 812 Anm. 4c bb *β*.

[517] BGH Urt. v. 11. 2. 1964 — VI ZR 271/62 = BGHZ 41, 79 = NJW 1964, 860. a.A. noch *Seitz*, Die Ersatzansprüche, 1964, S. 91.

[518] BGH Urt. v. 8. 1. 1965 — VI ZR 234/63 = NJW 1965, 907.

[519] BGH Urt. v. 28. 10. 1964 — IV ZR 238/63 = BGHZ 43, 1 (3ff) = NJW 1965, 581ff.

[520] Siehe oben Abschnitt D I 3 c cc 1 b.

schlossen. — Der völlige Ausschluß des Forderungsüberganges ist aber nicht die einzige Möglichkeit, einen Rückgriff auf Grund eines gesetzlich vorgesehenen Forderungsübergangs zu verhindern. In einer offensichtlich als Ausnahmefall gedachten Entscheidung, der das oben erwähnte „Familienstreit"-Beispiel nachbegildet ist, hat der Bundesgerichtshof[521] einen Rückgriff aus § 1542 RVO auf andere Weise vereitelt. Eine Krankenkasse B war der Ansicht, ein Anspruch des Sohnes C gegen den Vater A aus Geschäftsführung ohne Auftrag sei gemäß § 1524 RVO auf sie übergegangen. Der Bundesgerichtshof entschied, „wegen der Besonderheiten des Falles" bestehe hier der in der Regel bei derartigen Hilfeleistungen gegebene Anspruch aus §§ 677ff. BGB nicht. Damit entfiel ein Rückgriff auf den Vater A ebenso wie bei Ausschluß der cessio legis.

Neben einem Forderungsübergang kommen Ansprüche aus Geschäftsführung ohne Auftrag für einen Rückgriff des Leistenden B gegen den von seiner Schuld befreiten Familienangehörigen A in Frage. Auch solche Ansprüche gegen Familienangehörige werden oft abgelehnt. Das wird gelegentlich damit begründet, daß die Vorschriften über die Geschäftsführung ohne Auftrag bei gleichzeitigem Forderungsübergang schlechthin ausgeschlossen seien[522]. Nach einer in der Literatur[523] und vom Bundesverfassungsgericht[524] vertetenen Auffassung fehlt es darüber hinaus in den hier fraglichen Fällen vor allem an den subjektiven Voraussetzungen der Geschäftsführung ohne Auftrag, das heißt an dem Willen, das Geschäft eines anderen zu führen. Endlich hat die Rechtsprechung, ohne über die Möglichkeit eines Rückgriffs gemäß §§ 677ff. BGB endgültig zu entscheiden, in anderen Fällen mit der Anwendung der kurzen Verjährungsfrist des § 197 BGB „geholfen"[525].

Auch Bereicherungsansprüche gegen Familienangehörige A werden mit den verschiedensten Begründungen verneint. Zunächst sollen auch sie in einigen Fällen, zum Beispiel neben dem in § 67 VVG angeordneten Forderungsübergang, schlechthin ausgeschlossen sein[526]. Daneben wird für Unterhaltszahlungen durch einen Dritten B ausgeführt, es fehle an einer „Bereicherung" des Familienagehörigen A, weil dieser gemäß § 1613 BGB für rückständigen

---

[521] BGH Urt. v. 6. 12. 1962 — VII ZR 164/61 = BGHZ 38, 302 = NJW 1963, 483.
[522] *v. Caemmerer*, NJW 1963, 1402.
[523] Vgl. oben Abschnitt D I 3 c cc 1 b.
a.A. *Leuze*, FamRZ 1963, 354 (355 r. Sp.).
[524] BVerfG Beschl. v. 11. 5. 1965 — 2 BvR 747/64 = NJW 1965, 1267.
[525] BGH Urt. v. 19. 3. 1963, — VI ZR 66/62 = FamRZ 1963, 352.
BGH Urt. v. 19. 9. 1963 — VII ZR 12/62 = NJW 1963, 2315.
dagegen *Leuze* FamRZ 1963, 157 (161) und FamRZ 1963, 354 (355 r. Sp.).
[526] BGH Urt. v. 23. 5. 1960 — II ZR 132/58 = BGHZ 32, 331 = NJW 1960, 1572.
BGH Urt. v. 7. 11. 1960 — VII ZR 168/59 = BGHZ 33, 243 = NJW 1961, 118 = LM § 683 BGB Nr. 10.

Unterhalt nicht hafte[527]. In dem „Scheingattenfall" hat der IV. Senat des Bundesgerichtshofes sich sogar auf den Standpunkt gestellt, es fehle an einer „Bereicherung" des A, weil B gar nicht an diesen geleistet habe. Darüber hinaus wäre eine Bereicherung auch nicht „ungerechtfertigt", da sich ein Rechtsgrund aus § 1613 BGB ergebe. Endlich sollen auch Kondiktionsansprüche in diesen Fällen schon in vier Jahren verjähren.

Überzeugender und richtiger als die vielen soeben aufgezählten Begründungen für die Ablehnung von Regreßansprüchen dürfte die hier vorgeschlagene Ausnahmeregel sein, nach welcher auf bestimmten Rechtsgebieten Ausgleichsansprüche eines leistenden Dritten B gegen Familienangehörige A des Gläubigers C wegen der Besonderheiten der Interessenlage ausgeschlossen sind.

c) Ansprüche gegen Gläubiger und Schuldner bei Verwendung durch einen nicht zum Besitz berechtigten Dritten

Nach dem Prinzip über den Bereicherungsausgleich bei Befriedigung eines Gläubigers auf Kosten eines Dritten hat der Dritte in der Regel einen Ausgleichsanspruch gegen den Schuldner. Damit ist zugleich gesagt, daß er in der Regel keinen Anspruch gegen den befriedigten Gläubiger hat. Die Besonderheit der dritten und letzten Ausnahmeregel besteht darin, daß der Dritte B sich in bestimmten Fällen doch sowohl an den Schuldner als auch an den Gläubiger halten kann.

aa) Allgemeine Beschreibung dieser Fallgruppe

Wenn ein unrechtmäßiger Besitzer B Verwendungen auf eine dem Eigentümer C gehörende Sache macht und damit zugleich einen gegen einen Schuldner A gerichteten Anspruch des Eigentümers C auf Vornahme dieser Verwendungen erfüllt, liegt gleichzeitig ein „Eigentümer-Besitzer-Verhältnis" zwischen B und C und ein „Dreiecksverhältnis" der hier besprochenen Art zwischen A, B und C vor. Zu einer solchen Fallgestaltung kann es vor allem kommen, wenn der Dritte B die Verwendungen auf Weisung des Schuldners A macht. Vorstellbar ist auch, daß ein Besitzer B aus „bewußter Liberalität" derartige Verwendungen macht und damit eine Verpflichtung eines Schuldners A erfüllt. Ebenso interessant wie schwierig ist die Beantwortung der

---

BGH Urt. v. 15. 10. 1963 — VI ZR 97/62 = LM § 67 VVG Nr. 22 = NJW 1964, 101 = MDR 1964, 43.
v. Caemmerer, NJW 1963, 1402.
Erman-Seiler, BGB, 4. Aufl., § 812 Anm. 4c bb β.
[527] BGH Urt. v. 28. 10. 1964 — IV ZR 238/63 = BGHZ 43 1 (11f.) = NJW 1965, 581ff.
v. Caemmerer, NJW 1963, 1402f.

Frage, welche Ansprüche den Beteiligten in solchen Fällen gegeneinander zustehen.

Einen typischen Fall dieser Art zeigt folgendes Beispiel:

Der Autohändler C verkauft an den Käufer A ein Kraftfahrzeug auf Teilzahlungsbasis. Beide vereinbaren, daß der Autohändler C bis zur endgültigen Bezahlung Eigentümer des Wagens bleiben soll. Der Käufer A verpflichtet sich, erforderlich werdende Reparaturen auf eigene Kosten durchführen zu lassen. Nach einem Unfall beauftragt A dementsprechend den Werkunternehmer B, erforderliche Reparaturen auszuführen. B repariert den Wagen. Dann stellt sich heraus, daß der Vertrag zwischen dem Käufer A und dem Werkunternehmer B aus irgendeinem Grunde nichtig ist.

Das Ergebnis der Vermögensverschiebung ist hier wiederum das Gewohnte. Der Werkunternehmer B ist um seinen Arbeits- und Materialaufwand ärmer geworden. Der Eigentümer C ist nur scheinbar bereichert. In Wahrheit entspricht der durch die Reparatur erfolgten Wertsteigerung des Kraftfahrzeuges der gleichzeitige Verlust eines auf Ausführung der Reparatur gerichteten Anspruchs gegen den Käufer A. Dieser ist insoweit von einer Verbindlichkeit gegenüber C freigeworden und dadurch bereichert.

bb) Ansprüche des im Besitz einer Sache befindlichen Dritten B gegen den Eigentümer C

Geht man lediglich vom Ergebnis der Vermögensverschiebung aus, so dürfte der Eigentümer C nicht Ansprüchen des Dritten B ausgesetzt sein.

Auch hier weist aber die Interessenlage wesentliche Besonderheiten auf. Man darf nicht außer Acht lassen, daß der Dritte B seine Verwendungen auf einen Gegenstand gemacht hat, der sich in seinem Besitz befindet. Der Besitz bildet häufig die Grundlage für einen besonderen Vertrauensschutz. Hier entspricht es natürlicher Anschauung, den Besitz als Sicherheit anzusehen, die es dem Werkunternehmer B ermöglicht, Ansprüche nicht nur gegen den Auftraggeber A, sondern auch gegen den Eigentümer C durchzusetzen[528]. Ferner ist nicht zu leugnen, daß wirtschaftlich die bereits gemachte Verwendung doch ein „Mehr" gegenüber dem bloßen Anspruch auf die Verwendung darstellt, etwa dann, wenn der zur Reparatur eines Kraftfahrzeuges verpflichtete Vorbehaltskäufer A vermögenslos ist. Wie sich bereits bei den Schenkungen auf Kosten eines Dritten gezeigt hat, können derartige Besonderheiten der Interessenlage durchaus dazu führen, daß dem Dritten B ein Anspruch gegen einen formell nicht bereicherten Gläubiger C zuerkannt wird.

---

528 *v. Caemmerer*, Rev. dr. int. comp. 1966, 573 (589) und Festschrift für Rabel I, 333 (371).
Gräber, Bereicherung durch Leistung, 166f.
a.A. *Dimopoulos-Vosikis*, Elemente, 291.

So erklärt es sich, daß ein im Besitz der Sache befindlicher, aber wegen Fehlens eines „Deckungsverhältnisses“ zu seinem Auftraggeber A nicht zum Besitz berechtigter Dritter B nach einer wohl mit Recht herrschenden Ansicht[529] einen Anspruch auf Ersatz seiner Verwendungen gemäß §§ 994ff. BGB gegen den Eigentümer C hat. Der Widerspruch zu dem Ergebnis der Vermögensverschiebung mag als Erklärung dafür dienen, daß der Dritte B diesen Anspruch nicht ohne weiteres geltend machen kann. Der Verwendungsersatzanspruch gibt B zunächst nur ein Zurückbehaltungsrecht (§ 1000 BGB). Nur unter besonderen Voraussetzungen kann der Dritte B Zahlung von einem Eigentümer C verlangen (§ 1001 BGB) oder sich aus der Sache befriedigen (§ 1003 BGB).

Im Schrifttum sind gegen einen Anspruch des Dritten B aus §§ 994ff. BGB Bedenken erhoben worden.

Diese gründen sich einmal darauf, daß der Dritte B nicht „unrechtmäßiger“ sondern „rechtmäßiger“ Besitzer sei[530] und deshalb keine Verwendungsansprüche habe. Hier werden im Augenblick nur Fälle erörtert, in denen schuldrechtliche Beziehungen zwischen dem Dritten B und dem Schuldner A fehlen. Für derartige Fälle ist das Fehlen eines Rechtes des B zum Besitz nicht zu bezweifeln, vor allem dann, wenn man mit der Rechtsprechung des Bundesgerichtshofes den gutgläubigen Erwerb eines Unternehmerpfandrechts ablehnt.

Andere Bedenken gegen einen Verwendungsersatzanspruch des besitzenden Dritten B gegen den Eigentümer C ergeben sich, wenn man an den „sachenrechtlichen“ Bereicherungsanspruch des § 951 BGB denkt[531], der sich bei Vorliegen eines Dreiecksverhältnisses keineswegs immer gegen den Eigentümer C richtet, weil sein Bestehen vom Vorliegen der allgemeinen Kondiktionsvoraussetzungen abhängt. Im neueren Schrifttum wird darauf hingewiesen, daß auch der im Sachenrecht geregelte Verwendungsersatzanspruch der §§ 994ff. BGB nur ein Sonderfall der Kondiktion[532] oder ein mit dieser verwandter „Ver-

---

[529] Vgl. BGH Urt. v. 21. 12. 1960 — VIII ZR 89/59 = BGHZ 34, 128 = NJW 1961, 499.
Palandt-Hoche, BGB, 26. Aufl., Vorbem. 1b vor § 994.
Baur, Sachenrecht, 3. Aufl., § 11 C IV 2.
Firsching, AcP 162 (1963), 440 (451).
Kraft, NJW 1963, 1849 (1850 r. Sp.).
v. Caemmerer, Festschrift für Rabel I, 333 (371).

[530] *Münzel*, NJW 1961, 1377 (1379).
Weitnauer, DNotZ 1966, 764.
Vgl. auch die bei *Firschung*, AcP 162 (1963), 440 (442ff.) gegebene Übersicht über den Meinungsstand.

[531] Vgl. *Beuthien*, SchlHA 1962, 208 (210).

[532] *v. Caemmerer*, Festschrift für Rabel I, 333 (365ff.).
Firsching, AcP 162 (1963), 440 (447).

sionsanspruch“[533] ist. Das legt den Gedanken nahe, bei der Anwendung der §§ 994ff. BGB ähnlich wie bei der Anwendung des § 951 BGB zumindest ergänzend allgemeine bereicherungsrechtliche Grundsätze heranzuziehen. Man könnte etwa sagen, da § 994 Abs. 1 Satz 1 BGB nur zwei Personen, nämlich den unrechtmäßigen Besitzer und den Eigentümer, erwähne, seien Dreiecksverhältnisse dort nicht geregelt. Um festzustellen, gegen wen sich bei gleichzeitigem Vorliegen eines „Eigentümer-Besitzer-Verhältnisses“ und eines „Dreiecksverhältnisses“ der Anspruch aus § 994 BGB richte, seien daher die zu § 812 BGB entwickelten Grundsätze heranzuziehen. Diese führten, wie oben mehrfach, vor allem auch für die den hier erörterten Fällen ähnlichen „Anweisungsfälle mit fehlendem Deckungsverhältnis“, gezeigt wurde, nur zu einem Anspruch gegen den befreiten Schuldner A[534].

Eine derartige Argumentation würde aber den der Regelung der §§ 987ff. BGB zugrunde liegenden besonderen Schutz des Besitzers außer acht lassen. Auch darf die unterschiedliche Wortfassung der §§ 951 und 994 BGB nicht übersehen werden. § 951 Abs. 1 Satz 1 BGB verweist im Gegensatz zu § 994 BGB ausdrücklich auf das Bereicherungsrecht. Ferner soll sich der Anspruch aus § 951 BGB allgemein gegen denjenigen, „zu dessen Gunsten die Rechtsänderung eintritt“, richten, während es in § 994 Abs. 1 Satz 1 BGB heißt, der Besitzer könne von „dem Eigentümer“ Ersatz verlangen. Wegen des Gewichtes dieser Gegengründe ist nicht daran zu zweifeln, daß der unrechtmäßige Besitzer B auch bei Befriedigung einer Forderung des Eigentümers C gegen einen Schuldner A von C gemäß §§ 994ff. BGB Verwendungsersatz verlangen kann[535].

Neben den §§ 994ff. BGB kommen andere Ansprüche des besitzenden Dritten B gegen den Eigentümer C nicht in Betracht, da die Vorschriften über den Verwendungsersatz nach Ansicht des Bundesgerichtshofes[536] eine erschöpfende und ausschließliche Regelung darstellen.

cc) Ansprüche des im Besitz einer Sache befindlichen Dritten B gegen den Schuldner A

Neben dem Verwendungsersatzanspruch gegen den Eigentümer C hat der Dritte B Ansprüche aus Geschäftsführung ohne Auftrag (§ 677ff. BGB) und

---

Fikentscher, Schuldrecht, § 99 V 1d.
Dimopoulos-Visikis, Elemente, 1, 219, 247.
Bauer-Wolf, JuS 1966, 393 (398 r. Sp.).

[533] *v. Caemmerer*, Festschrift für Rabel I, 333 (371).

[534] So *Dimopoulos-Vosikis*, Elemente, 289ff.

[535] a.A. *Dimopoulos-Voskisi*, Elemente, 279f., 291f.

[536] BGH Urt. v. 26. 2. 1964 — V ZR 105/61 = NJW 1964, 1125.
a.A. *Klauser*, NJW 1965, 513 (514 r. Sp.) und
Weitnauer, DNotZ 1966, 764.

ungerechtfertigter Bereicherung (§ 812ff. BGB) gegen den von seiner Schuld befreiten Schuldner A. Da in den hier besprochenen Fällen immer eine „Leistung auf Weisung des Schuldners" oder allenfalls eine „Leistung aus bewußter Liberalität" vorliegen dürfte, kann für die Begründung dieser Ansprüche auf die oben[537] gemachten Ausführungen verwiesen werden.

So wie diese Ansprüche gegen den Schuldner A den Besitzer B nicht hindern, von dem Eigentümer C Ersatz seiner Aufwendungen zu verlangen[538], verdrängen andererseits die Verwendungsersatzansprüche gegen C nicht etwa die Ansprüche gegen den Schuldner A[539]. Insbesondere bezieht sich die „Ausschließlichkeit"[540] der §§ 994ff. BGB nicht auch auf die Beziehungen des Besitzers B zu dem Schuldner A.

Daß der Besitzer B sich an den Eigentümer C und an den Schuldner A halten kann, heißt natürlich nicht, daß er zweimal Ersatz seiner Aufwendungen verlangen kann. C und A haften vielmehr als „unechte" Gesamtschuldner. Was *v. Caemmerer*[541] für den Versionsanspruch anderer Rechtsordnungen anführt, muß auch für den Anspruch des B gegen C aus §§ 994ff. BGB gelten: Der Anspruch versagt, wenn der Dritte A die Verwendungen des B bezahlt hat. Der Eigentümer C kann sich dann dem Besitzer B gegenüber auf die Leistung des A berufen. Aus dem Anspruch des Eigentümers C auf Vornahme der Verwendungen gegen den Schuldner A ergibt sich, daß im Innenverhältnis zwischen diesen beiden letztlich der Schuldner A die durch die Verwendungen entstandenen Kosten allein zu tragen hat. Im Ausgangsbeispiel kann also der Autohändler C Regreß auf den Vorbehaltskäufer A nehmen, wenn er die Reparaturrechnung des Werkunternehmers B bezahlt hat.

Als Ergebnis läßt sich kurz gesagt festhalten, daß bei der hier erörterten Fallgruppe die sich aus dem „Eigentümer-Besitzer-Verhältnis" ergebenden Verwendungsersatzansprüche durch das Vorliegen eines „Dreiecksverhältnisses" nicht berührt werden.

d) Zusammenfassung

Die letzten drei Fallgruppen zeigen drei verschiedene Ausnahmen von dem Prinzip über den Bereicherungsausgleich bei Befriedigung eines Gläubigers (im Valutaverhältnis) auf Kosten eines Dritten auf. Das Prinzip lautet: In der Regel hat der Dritte B einen Ausgleichsanspruch gegen den Schuldner A.

---

[537] siehe oben Abschnitt D I 3 a dd; D I 3 e cc.

[538] BGH Urt. v. 21. 12. 1960 — VIII ZR 89/59 = BGHZ 34, 128 = NJW 1961, 499

[539] *Baur*, Sachenrecht, 3. Aufl., § 11 IV 2.
v. Caemmerer, Festschrift für Rabel I, 333 (371).

[540] Siehe oben Fußnote 536.

[541] *v. Caemmerer*, Festschrift für Rabel I, 333 (383).

Im Gegensatz dazu kann der Dritte B bei „Schenkungen auf Kosten eines Dritten" Herausgabe des verschenkten Gegenstandes von dem Schenkungsgläubiger C verlangen. Diese Ausnahme gilt bemerkenswerterweise ebenso für Anweisungsfälle mit fehlendem Deckungs- und unentgeltlichen Valutaverhältnis wie für unentgeltliche Verfügungen eines Nichtberechtigten. § 816 Abs. 1 Satz 2 BGB stellt also nur einen Anwendungsfall dieser weiterreichenden[542], auch dem amerikanischen Recht bekannten Ausnahmeregel dar.

Erbringt der Dritte B „Versicherungs-, Sozial- oder Unterhaltsleistungen an einen Familienangehörigen" A des gemeinsamen Gläubigers C, so entfällt der Anspruch gegen den Schuldner A und damit jede Rückforderungsmöglichkeit. Die Stellung des Dritten B ist besonders schwach.

Macht der Dritte B als „unrechtmäßiger Besitzer Verwendungen auf eine Sache" des C, so tritt neben den üblichen Bereicherungsanspruch gegen den Schuldner A ein Verwendungsersatzanspruch aus dem Eigentümer-Besitzer-Verhältnis, der aber nur mit den sich aus den §§ 1000,1001 und 1003 BGB ergebenden Einschränkungen geltend gemacht werden kann. Die Stellung des Dritten B ist besonders stark.

5. *Ergebnisse*

a) Die Richtigkeit des Prinzips

Blickt man auf die vorstehende Untersuchung der Fälle der „Befriedigung eines Gläubigers (im Valutaverhältnis) auf Kosten eines Dritten" zurück, so spricht vieles für die Richtigkeit des eingangs erwähnten Prinzips für den Bereicherungsausgleich.

Wie zunächst dargestellt wurde, drängt sich das Prinzip bei einer Analyse der Vermögensverschiebung förmlich auf.

Auch die von Rechtsprechung und Rechtslehre in einschlägigen Fällen gefundenen Lösungen bestätigen seine Richtigkeit. Man kann die Fallgruppen sicher in anderer Weise ordnen, als es geschehen ist. Auch ist die Existenz von Fällen, die unbeachtet geblieben sind und sich in keine der Fallgruppen einordnen lassen, nicht auszuschließen. Die behandelten Fälle geben aber wohl ein annähernd vollständiges Bild.

Besonders bemerkenswert ist, wie gut sich zahlreiche gesetzliche Sonderregelungen und vor allem § 816 Abs. 1 Satz 1 BGB in den großen Rahmen einordnen.

Die Hinweise auf das amerikanische Recht haben darüber hinaus deutlich gemacht, daß das Prinzip einen fundamentalen Rechtsgedanken enthält, der über den Rahmen des deutschen Rechts hinaus Gültigkeit hat.

---

542 a.A. *Dietrich*, Die Grundsätze, 14f.

Die drei Durchbrechungen des Prinzips gehören zu den sprichwörtlichen Ausnahmen, welche die Richtigkeit einer Regel bestätigen. Leicht erkennbar liegen bei ihnen jeweils besondere Interessen vor, welche die sich aus der Analyse der Vermögensverschiebung ergebenden Interessen überlagern. So wie die Regel haben auch diese Ausnahmen wenigstens teilweise Ausdruck im Gesetz gefunden. § 816 Abs. 1 Satz 2 BGB betrifft Sonderfälle der „Schenkungen auf Kosten eines Dritten". § 67 Abs. 2 VVG gilt für Sonderfälle des Regresses gegen „Familienangehörige bei Erbringung von Versicherungs-, Sozial- und Unterhaltsleistungen durch einen Dritten". Die Regelung über den Verwendungsersatz in den §§ 994 bis 1003 BGB stellt im ganzen eine Sonderregelung dar, die durch das Prinzip nicht beeinflußt wird, dieses aber andererseits neben sich gelten läßt.

Nicht unerwähnt bleiben darf in diesem Zusammenhang, daß die Bedeutung des hier behandelten Prinzips für einen Teilbereich seines Anwendungsgebietes schon vor fünfzig Jahren von *Schulz*[543] herausgearbeitet worden ist. Das ist umso bemerkenswerter, als Schulz von einem völlig anderen Ausgangspunkt ausgeht. Er untersucht die Fälle gesetzlichen und notwendigen Forderungsüberganges und kommt zu dem Ergebnis, daß diese Fälle „als Wegweiser zu einem allgemeinen Prinzip" aufzufassen seien, das er wie folgt formuliert: „Die Erfüllung fremder Verbindlichkeiten erzeugt stets einen Regreßanspruch gegen denjenigen, für den die Verbindlichkeit eine eigene ist."

Ein Argument gegen die Richtigkeit des Prinzips ist allerdings unerörtert geblieben. Nach dem Prinzip soll das Bestehen eines Ausgleichsanspruchs des Dritten B von der Befriedigung eines Gläubigers C im Valutaverhältnis abhängen. Möglicherweise richtet sich aber gerade umgekehrt die Befriedigung des C nach dem Bestehen oder Nichtbestehen eines Ausgleichsanspruchs des Dritten B. Dieser Gedanke findet sich bei *Hülsmann*, der in seiner Schrift über die Dreiecksverhältnisse[544] die Auffassung vertritt, das Erlöschen einer Schuld im Valutaverhältnis zwischen C und A hänge von dem Bestehen eines Bereicherungsanspruchs des B gegen C ab. *Hülsmann* geht also davon aus, daß die Beantwortung erfüllungsrechtlicher Fragen von der

---

[543] *Schulz*, Rückgriff und Weitergriff, 39;
dazu *Jakobs*, Eingriffserwerb, 169.

[544] *Hülsmann*, Dreiecksverhältnisse, 38 (siehe oben bei Fußnote 431).
Auch *Eichele* (Irrtümliche Leistung, 17ff., vor allem 18 Anm. 2) ist der Ansicht, zur Lösung erfüllungsrechtlicher Fragen müsse das Bereicherungsrecht herangezogen werden. Ähnlich hat der Bundesgerichtshof in zwei Entscheidungen (BGH Urt. v. 16. 12. 1957 — VII ZR 49/57 = BGHZ 26, 185 (194f.); BGH Urt. v. 22. 12. 1960 — VII ZR 169/59 = WPM 1961, 273 [274 r. Sp.]) erklärt, Leistungen eines Dritten B an einen Gläubiger C führten dann nicht zum Erlöschen einer Schuld des A, wenn C einem Bereicherungsanspruch einer weiteren Person X ausgesetzt sei.

vorherigen Lösung bereicherungsrechtlicher Probleme abhängt. Das trifft jedoch nicht zu. Das Bereicherungsrecht soll dem Ausgleich ungerechtfertigter Vermögensverschiebungen dienen. Seine Anwendung setzt daher die vorherige Ermittlung der eingetretenen Vermögensverschiebungen voraus. Was für Vermögensverschiebungen eingetreten sind, läßt sich, soweit die Erfüllung von Schuldverhältnissen in Betracht kommt, nur ermitteln, wenn feststeht, welche Forderungen erfüllt worden sind. Dem Recht der Schulderfüllung und nicht dem Bereicherungsrecht kommt eine logische Priorität zu. Demgemäß sind Bedenken dagegen, daß nach dem hier erörterten Prinzip das Bestehen eines Ausgleichsanspruchs von der Schulderfüllung im Valutaverhältnis abhängen soll, unbegründet.

Nach alledem ist an der Richtigkeit des eingangs erwähnten Prinzips für den Bereicherungsausgleich nicht mehr zu zweifeln.

b) Die Rückgriffskondiktion im weiteren Sinne

aa) Rechtliche Einordnung des Prinzips

Absichtlich ist bis jetzt immer nur etwas vage von einem „Prinzip für den Bereicherungsausgleich" und von „Ausgleichsansprüchen" die Rede gewesen. Nachdem die Richtigkeit des Prinzips feststeht, soll nunmehr versucht werden, über seine Einordnung in das System des Privatrechts eine konkretere Aussage zu machen.

Da das Prinzip den Ausgleich ungerechtfertigter Vermögensverschiebungen regelt, läßt es sich in das Bereicherungsrecht einordnen[545]. Die außerhalb des Bereicherungsrechts gesetzlich geregelten Ausgleichsansprüche, die das Prinzip bestätigen, sind als Ausprägungen des in dem Prinzip enthaltenen bereicherungsrechtlichen Grundgedankens anzusehen. Besonderer Überlegung wert bleibt die Behandlung des Prinzips und seiner Anwendnungsfälle im Rahmen der theoretischen Erfassung des Bereicherungsrechts.

bb) Schwächen der gebräuchlichen bereicherungsrechtlichen Konstruktionen

Die Konstruktionen, mit denen die vier bereicherungsrechtlichen Theorien bei Befriedigung eines Gläubigers (im Valutaverhältnis) auf Kosten eines Dritten Bereicherungsansprüche des Dritten B begründen, erscheinen wenig befriedigend. *Jakobs* spricht nicht zu Unrecht von „Abnormitäten" und „Exzeptionalitäten"[546].

---

[545] *Jakobs*, Eingriffserwerb, 170.
Vgl. *Schulz*, Rückgriff und Weitergriff, 39.
[546] *Jakobs*, Eingriffserwerb, 169, 171.

Gegen die „ältere Bereicherungslehre" spricht vor allem ihre Verwendung des Begriffs der „Unmittelbarkeit". Es ist nur schwer einzusehen, warum auch bei „unmittelbaren Vermögensverschiebungen durch mittelbare Zuwendung" die „Unmittelbarkeit" gewahrt sein soll. Das gilt vor allem dann, wenn man der Ansicht folgt, nach der § 816 Abs. 1 Satz 1 BGB eine Ausnahme von dem Grundsatz der „Unmittelbarkeit" darstellt, da es doch auch bei Verfügungen Nichtberechtigter zur Befriedigung eines Gläubigers auf Kosten eines Dritten kommt.

Auch gegen die neuere „Lehre von Leistungs- und Eingriffskondiktion" lassen sich zahlreiche Einwendungen erheben. Ihre Hauptschwäche liegt darin, daß auch sie die Dreiecksverhältnisse nur mit Hilfe der eingangs geschilderten Sonderregel zu lösen vermag. Zahlreiche schwache Punkte ergeben sich im übrigen, wenn man die Begründungen überdenkt, mit denen diese Lehre bei den einzelnen Fallgruppen Ansprüche begründet oder ablehnt. Weitgehend ungeklärt ist zum Beispiel, wie die Bereicherungsansprüche bei Leistungen „zum Schutz eigener Interessen" und „auf Grund eigener Verpflichtung gegenüber dem Gläubiger" sowie bei „irrtümlichen Leistungen auf fremde Schuld" zu erklären sind. Weiter will angesichts der hier betonten Ähnlichkeit der Fälle des § 816 Abs. 1 Satz 1 und 2 BGB mit anderen Fällen der Befriedigung eines Gläubigers auf Kosten eines Dritten nicht recht einleuchten, warum diese Fälle als Sonderfälle der „Eingriffskondiktion" von anderen, die als Fälle der „Leistungskondiktion" angesehen werden, grundsätzlich zu trennen sein sollen.

Anders ausgedrückt sind die Dreiecksverhältnisse im Gegensatz zu der Auffassung der „Lehre von Leistungs- und Eingriffskondiktionen" kein Reservat der Leistungskondiktion. Die Trennung von „Leistungs-" und „Eingriffskondiktion" erscheint im Gegenteil teils willkürlich, teils undurchführbar.

Die Schwächen beider Theorien, der „älteren Bereicherungslehre" und der „Lehre von Leistungs- und Eingriffskondiktion" beruhen letztlich darauf, daß sie versuchen, Grundsätze, die auf die Beziehungen zwischen zwei Beteiligten zugeschnitten sind, auf Dreiecksverhältnisse zu übertragen.

Einleuchtend ist bei vielen Fallgruppen die Lösung der „Lehre von der Rückgriffskondiktion". Auch wenn man ihr folgt, bleibt aber im einzelnen manche Frage offen. Vor allem ist bei der hier gewählten Betrachtungsweise, die auf die Befriedigung des Gläubigers C abstellt, schwer verständlich, warum das Anwendungsgebiet der „Rückgriffskondiktion" auf einige wenige der aufgezählten Fallgruppen beschränkt bleiben soll. Es leuchtet nicht ein, warum etwa die Anweisungsfälle als Fälle der „Leistungskondiktion" und die Fälle des § 816 Abs. 1 Satz 1 BGB als Fälle der „Eingriffskondiktion" gesondert zu betrachten sind.

Der „Faustregel für Dreiecksverhältnisse“ haftet zunächst der Makel einer unbewiesenen Faustregel an. Darüber hinaus ist ihr Anwendungsbereich außerhalb der „Anweisungsfälle“ zweifelhaft. Ferner verkennt sie, in dem sie auf das Bestehen eines Deckungsverhältnisses abstellt, daß es für die Entstehung eines Dreiecksverhältnisses und für den Bereicherungsausgleich auf die Befriedigung eines Gläubigers im Valutaverhältnis ankommt.

cc) Eigener Vorschlag: Die Rückgriffskondiktion im weiteren Sinne

Einen Ausweg aus diesen Schwierigkeiten und Bedenken bietet die moderne Bereicherungslehre, die einer Auffächerung des Bereicherungsrechts in eine ganze Anzahl von Kondiktionstypen, wie etwa die „Rückgriffskondiktion“, das Wort redet. Die komplizierten Theorien der „älteren Bereicherungslehre“ und der „Lehre von Leistungs- und Eingriffskondiktion“ verdunkeln das hier aufgezeigte, einfache Prinzip. Die moderne Bereicherungslehre ermöglicht es dagegen, aus dem Prinzip für die bis jetzt erörterte erste Art von Dreiecksverhältnissen einen Bereicherungsanspruch eigener Art zu entwickeln, der als weitere, selbständige Kondiktion neben „Leistungs-“ und „Eingriffskondiktion“ tritt. Die Anerkennung dieses neuen Kondiktionstyps läuft praktisch auf eine Ausdehnung des Gedankens der „Rückgriffskondiktion“ auf alle Fälle der Befriedigung eines Gläubigers (im Valutaverhältnis) auf Kosten eines Dritten hinaus. „Leistungs-“ und „Eingriffskondiktion“ haben dann bei der Erörterung dieser Dreiecksverhältnisse außer Betracht zu bleiben.

Als Bezeichnung für die hier vorgeschlagene neue Kondiktion verwendet man am zweckmäßigsten den bereits eingebürgerten Ausdruck „Rückgriffskondiktion“. Will man den Gegensatz zu dem bisherigen Wortgebrauch betonen, so kann man von „Rückgriffskondiktion im weiteren Sinne“ sprechen.

Dieser neue Kondiktionstyp findet seine gesetzliche Grundlage ebenso wie alle anderen Kondiktionen letztlich in § 812 BGB, wo zum Ausdruck gebracht ist, daß ungerechtfertigte Vermögensverschiebungen nicht aufrecht erhalten werden sollen. Darüber hinaus läßt sich sagen, daß in § 816 Abs. 1 Satz 1 BGB die Rückgriffskondiktion für einen Sonderfall gesetzlich Ausdruck gefunden hat und daß § 816 Abs. 1 Satz 2 BGB einen Sonderfall einer umfassenderen Ausnahme zur Rückgriffskondiktion enthält.

Abschließend sollen die Grundgedanken der Rückgriffskondiktion in einigen Leitsätzen zusammengefaßt werden. Dabei ist zu bedenken, daß der Anspruch des Dritten B wegen der Art der Bereicherung des Schuldners A, die ja in einer Schuldbefreiung besteht, nur auf Zahlung einer Geldsumme gehen kann und daß sich vor allem bei „Leistungen auf Grund einer eigenen Verpflichtung gegenüber dem Gläubiger C“ aus dem Innenverhältnis zwischen dem Dritten B und dem Schuldner A eine Beschränkung der Höhe des Anspruchs ergeben kann. Außerdem darf nicht außer acht gelassen werden, daß die „Rückgriffskondiktion im weiteren Sinne" die oben als Durchbrechungen des „Prinzips" erörterten Modifizierungen erleidet:

Die Rückgriffskondiktion

I. Wird ein Gläubiger auf Kosten eines Dritten befriedigt, so kann der Dritte von dem Schuldner Vergütung in Geld nach den Vorschriften über die Herausgabe einer ungerechtfertigten Bereicherung verlangen, soweit nicht ein anderes bestimmt ist.

II. Der Anspruch entfällt, wenn der Dritte Versicherungs-, Sozial- oder Unterhaltsleistungen erbracht hat und der Schuldner ein Familienangehöriger des Gläubigers ist.

III. Der Anspruch richtet sich gegen den Gläubiger, wenn dessen Forderung auf ein unentgeltliches Geschäft mit dem Schuldner zurückgeht.

IV. Die Vorschriften der §§ 994 bis 1003 BGB bleiben unberührt.

II. Schulderfüllung (im Deckungsverhältnis) bei Erwerb der Erfüllungsleistung durch einen Dritten „Kondiktion gegen Drittempfänger"

1. Prinzip für den Bereicherungsausgleich

Das zweite der beiden für Dreiecksverhältnisse „entdeckten" Ausgleichsprinzipien gilt für die Dreiecksverhältnisse, welche durch „Schulderfüllung (im Deckungsverhältnis) bei Erwerb der Erfüllungsleistung durch einen Dritten" entstehen. Es lautet: Erlischt die Verpflichtung eines Schuldners B dadurch, daß ein Dritter C die Erfüllungsleistung erhält, so hat in der Regel nur der Gläubiger A einen Ausgleichsanspruch gegen den Dritten C.

2. Bestätigung des Prinzips durch eine Analyse der Vermögensverschiebung

Für die Richtigkeit dieses zweiten Prinzips spricht das Ergebnis der Vermögensverschiebung, zu der es kommt, wenn ein Dritter C und nicht der Gläubiger A eine von dem Schuldner B geschuldete Erfüllungsleistung erhält.

In solchen Fällen erleidet der Gläubiger A einen Vermögensverlust, da er seine Forderung gegen den Schuldner B verliert.

Der Schuldner B verliert zwar den Wert der Erfüllungsleistung, gleichzeitig wird er aber von seiner Verpflichtung gegenüber dem Gläubiger A frei. Hier ist wie bei der zuvor behandelten Art von Dreiecksverhältnissen einzuflechten, daß das Gesagte auch dann gilt, wenn keine Schuld des B erfüllt, sondern eine Darlehensverpflichtung des A begründet wird[547], da wirtschaftlich der Erwerb

[547] Vgl. *v. Lübtow*, Beiträge zur Lehre, 13.

einer Darlehensforderung (durch Leistung credendi causa) der Tilgung einer Schuld (durch Leistung solvendi causa) gleichsteht[548]. Im Ergebnis hat B, ganz gleich, ob er von einer Schuld befreit wird oder eine Forderung erlangt, nichts gewonnen oder verloren[549].

Das Vermögen des Dritten C wird durch den Erwerb der Erfüllungsleistung größer.

Im Ergebnis ist der Gläubiger A entreichert und der Dritte C bereichert[550]. Solange nicht überragende andere Interessen eine Rolle spielen, müßte also ein Ausgleich zwischen dem Gläubiger A und dem Dritten C stattfinden[551].

3. Bestätigung des Prinzips durch in praktischen Fällen gefundene Lösungen

Im folgenden wird dargestellt, wie auch dieses zweite Prinzip durch die Mehrzahl der von Rechtsprechung und Schrifttum in einschlägigen Fällen gefundenen Lösungen bestätigt wird. Zwei Durchbrechungen des Prinzips werden anschließend erörtert.

Soeben bei der Darstellung der ersten Art von Dreiecksverhältnissen sind nur „reine" Fälle von Befriedigung eines Gläubigers auf Kosten eines Dritten behandelt worden, also nicht Fälle, in denen außer einem Valutaverhältnis zwischen dem Gläubiger C und dem Schuldner A auch noch ein Deckungsverhältnis zwischen dem Dritten B und dem Schuldner A erlischt. Dementsprechend ist bei der folgenden Darstellung immer zu beachten, daß nur reine Dreiecksverhältnisse der zweiten Art behandelt werden, also Fälle, in denen lediglich ein Deckungsverhältnis zwischen dem Schuldner B und dem Gläubiger A nicht aber zugleich ein Valutaverhältnis zwischen dem Gläubiger A und dem Dritten C erfüllt wird. Erst wenn auch diese zweite Art von Dreiecksverhältnissen in reiner Form behandelt worden ist, soll auf die gleichzeitige Erfüllung von Deckungs- und Valutaverhältnis eingegangen werden[552].

Dreiecksverhältnisse, die auf eine Schulderfüllung (im Deckungsverhältnis) bei Erwerb der Erfüllungsleistung durch einen Dritten zurückgehen, sind

---

[548] Oben Abschnitt D I 2 am Ende,;
Jung, Bereicherungsansprüche, 92.
V. Wolff, JherJb 84 (1934), 107 (146).
Larenz, Schuldrecht II, 7. Aufl., § 62 IIb.

[549] Da oben (Fußnote 162) der Nichteintritt eines mit einer Leistung nach dem Inhalt eines Rechtsgeschäfts bezweckten Erfolges (§ 812 Abs. 1 Satz 2 zweite Alternative BGB) der Nichterfüllung eines Deckungsverhältnisses gleichgesetzt wurde, muß hier der Eintritt eines solchen Erfolges einer Schulderfüllung im Deckungsverhältnis gleichstehen.

[550] *v. Mayr*, Bereicherungsanspruch, 222.

[551] *Rothoeft*, AcP 163 (1964), 215 (230).
Barnstedt, Das Merkmal, 47.

[552] Siehe unten Abschnitt D III.

seltener als solche der zuvor besprochenen Art. Sie entstehen vor allem dann, wenn ein Schuldner B mit befreiender Wirkung an einen Dritten C leistet. Diese Fälle der „Leistung an einen Dritten“ werden im Schrifttum aufgezählt und auf verschiedene Weise systematisch geordnet[553]. Hier sollen drei Fallgruppen unterschieden werden, je nachdem, ob der Schuldner B ganz allgemein auf eine „Weisung des Gläubigers A“, auf „Weisung eines aus bewußter Liberalität handelnden Gläubigers A“ oder „gutgläubig“ ohne Weisung des Gläubigers A an den Dritten C leistet. Dreiecksverhältnisse der hier behandelten Art entstehen aber auch dann, wenn der Dritte C die Erfüllungsleistung nicht durch eine „Leistung“ des Schuldners B, sondern in „sonstiger Weise“ erwirbt. Derartige Fallgestaltungen werden in einer vierten Fallgruppe zusammengefaßt.

a) Leistung an einen Dritten auf Grund einer zur Erfüllung einer eigenen Verbindlichkeit gegenüber dem Dritten erteilten Weisung eines Gläubigers „Anweisungsfälle mit fehlendem Valutaverhältnis“

aa) Allgemeine Beschreibung dieser Fallgruppe

Die bekannteste Möglichkeit der Schulderfüllung (im Deckungsverhältnis) bei Erwerb der Erfüllungsleistung durch einen Dritten soll hier zuerst erwähnt werden. Es handelt sich um die Fälle, in denen ein Schuldner B auf Weisung seines Gläubigers A nicht an diesen, sondern an einen Dritten C leistet und damit zwar seine eigene Schuld gegenüber dem Gläubiger A, entgegen den Vorstellungen des A nicht aber zugleich eine diesem gegenüber C obliegende Verpflichtung erfüllt.

Man bezeichnet diese Fälle gewöhnlich als „Anweisungsfälle mit fehlendem Valutaverhältnis“. Diese Bezeichnung ist ebensowenig exakt[554] wie die der „Anweisungsfälle mit fehlendem Deckungsverhältnis“. Auch hier liegt nicht immer eine Anweisung, sondern oft nur eine Weisung im Rahmen eines Vertrages zugunsten des Dritten vor. Auch hier entscheidet nicht das „Fehlen“ sondern die „Nichterfüllung“ des Valutaverhältnisses.

Typisch für die hier besprochene Fallgruppe ist folgendes erste Beispiel:

A unterhält ein Guthaben bei der Bank B, ist also deren Gläubiger. Er hat vergessen, daß er eine Honorarforderung des Arztes C in Höhe von 20,— DM schon bezahlt hat und schickt diesem deshalb einen Scheck über weitere 20,— DM. Die Bank B löst den Scheck ein.

---

[553] *Enneccerus-Lehmann*, Schuldrecht, 15. Bearb., § 61.
Esser, Schuldrecht, 2. Aufl., § 70, 6b und c.
Larenz, Schuldrecht I, 8. Aufl., § 26 II.

[554] siehe oben Abschnitt D I 3 a aa.

Weniger typisch aber besonders interessant ist folgendes zweite Beispiel:

Der Dichter A sendet bei einem Preisausschreiben der Radiofirma B verschiedene Werbeverse als Lösungen ein, einen davon unter dem Namen seines Nachbarn C. Er glaubt, dieser werde damit einverstanden sein. Diese Lösung wird prämiert. Der Preis, ein Radiogerät, wird von der Firma B an den Nachbarn C geliefert. C will dem Dichter A den Preis nicht herausgeben.

In diesen beiden und in ähnlichen Fällen hat die Leistung des Schuldners B an den Dritten C rechtsgeschäftlichen Charakter. In folgendem dritten Beispiel ist die Leistung des B an C dagegen als Realakt anzusehen:

Im Auftrage eines Architekten A errichtet ein Bauunternehmer B ein Haus auf einem Grundstück des Eigentümers C. Nachdem das Haus steht, stellt sich heraus, daß die vertraglichen Abmachungen zwischen dem Architekten A und dem Eigentümer C nichtig sind.

Bei folgendem vierten Beispiel kann allenfalls von einer Weisung, nicht aber von einer „Anweisung" gesprochen werden:

A kauft ein Grundstück von dem Eigentümer B in der Absicht, es sofort wieder zu verkaufen. Deshalb wird das Grundstück nicht an den Käufer A aufgelassen. Der Eigentümer B verpflichtet sich vielmehr, es an einen Zweitkäufer C zu übereignen. So wird auch verfahren. Dann stellt sich heraus, daß der zweite Kaufvertrag zwischen dem Käufer A und dem Zweitkäufer C nichtig ist.

In einem fünften und letzten Beispiel liegt ein Valutaverhältnis vor, das aber nicht erfüllt wird. Deshalb ist die Grundstruktur des etwas komplizierten Falles ganz ähnlich wie bei den vorhergehenden:

Der Gläubiger A verpfändet eine Forderung gegen den Schuldner B zur Sicherung einer Forderung des Dritten C gegen sich an diesen. Der Dritte C hat aber ebenfalls Schulden. Einer seiner Gläubiger pfändet darum die durch das vertragliche Pfandrecht gesicherte Forderung gegen den Gläubiger A. Dessen Schuldner B, der von der Pfändung nichts weiß, leistet nach Fälligkeit der Forderung des Dritten C gegen den Gläubiger A ordnungsgemäß (§ 1282 Abs. 1 Satz 1 BGB) an C. Wegen der Pfändung wird A nicht von seiner Schuld gegenüber dem Dritten C frei (§ 829 Abs. 1 ZPO geht § 1288 Abs. 2 BGB vor).

In allen diesen Fällen kommt es gemäß §§ 362 Abs. 2, 185 BGB zu einer Schulderfüllung im Deckungsverhältnis zwischen dem Schuldner B und dem Gläubiger A[555]. Ausschlaggebend dafür ist, daß neben der Weisung des Gläubigers A an den Schuldner B zur Leistung an den Dritten C bei dieser Fallgruppe eine dem C von A erteilte Ermächtigung zum Empfang der Leistung (§ 185 BGB) vorliegt. Wie sich noch zeigen wird[556], gibt es verwandte Fälle (§ 816 Abs. 2 BGB), wo im Gegensatz zu den hier besprochenen diese Ermächtigung fehlt.

---

[555] Für Verträge zugunsten Dritter, also für Fälle von der Art des vierten Beispiels, betont das ausdrücklich: *Gottschalk*, JherJb 78 (1927/28), 290 (295ff.)

[556] Siehe oben Abschnitt D II 3 c aa.

Die Vermögensverschiebung bei der hier behandelten Fallgruppe entspricht der oben[557] allgemein für die Schulderfüllungen (im Deckungsverhältnis) bei Erwerb der Erfüllungsleistung durch einen Dritten dargestellten. *Jakobs*[558] meint, in diesen Fällen erfolge eine Vermögensverschiebung nur zwischen dem Angewiesenen B und dem Anweisungsempfänger C. Das ist unzutreffend, weil man das Erlöschen der Forderung des A gegen B nicht einfach unbeachtet lassen kann. Weiter klingt im Schrifttum manchmal beiläufig die Auffassung an, der Schuldner B werde ärmer[559]. Das kann man sagen, wenn man nur auf das äußere Bild der Vermögensverschiebung abstellt und die Schuldbefreiung des B außer Betracht läßt[560]. In Wahrheit vollzieht sich in der Beschaffenheit des Vermögens des Schuldners B nur eine Veränderung. Er erleidet aber keine Vermögensverkleinerung. Gewinn und Verlust gleichen sich bei ihm aus. Das Vermögen des A wird durch den Verlust der Forderung eben um so viel gemindert, wie der Dritte C durch die Leistung des B erhält[561].

bb) Keine Ansprüche des Schuldners B gegen den Dritten C nach deutschem Recht

Nach fast einhelliger Meinung steht einem Schuldner B bei wirksamer „Leistung an einen Dritten auf Grund einer Weisung des Gläubigers“ in der Regel kein Ausgleichsanspruch gegen den Dritten C zu.

Erwähnt und verneint wird im Schrifttum die Frage, ob der Schuldner B Ansprüche aus Geschäftsführung ohne Auftrag gegen den Dritten C habe. An solche Ansprüche könnte man zum Beispiel denken, um einem von dem Ehemann A mit der Behandlung seiner vermögenden Ehefrau C betrauten Arzt B einen unmittelbaren Anspruch gegen diese zu geben. Dem Schuldner B fehlt aber in diesen Fällen der Wille, ein Geschäft des Dritten C zu führen[562]. *Erman*[563] meint bei Erörterung eines hierher gehörenden Falles, die Einräumung von Ansprüchen aus Geschäftsführung ohne Auftrag führe zu eigenartigen Konkurrenzen. Solche Ansprüche müßten ausscheiden, weil man im Recht der Geschäftsführung ohne Auftrag den Zwischenmann A nicht „juristisch gleichsam in der Versenkung verschwinden lassen könne.“

---

[557] Siehe oben Abschnitt D II 2.

[558] *Jakobs*, Eingriffserwerb, 158.

[559] *V. Wolff*, JherJb 84 (1934), 107 (145).
Scheying, AcP 157 (1958/59), 371 (382f.)

[560] So ausdrücklich *Hülsmann*, Dreiecksverhältnisse, 69.

[561] RG Urt. v. 6. 5. 1907 — IV 421/06 = SeuffA 63, 15ff. (Nr. 11) = Gruch 51, 967
Larenz, Schuldrecht II, 7. Aufl., § 62 II b.

[562] *V. Wolff*, JherJb 84 (1934), 107 (145f.).
v. Caemmerer, Festschrift für Rabel I, 333 (374).

[563] *Ermann*, NJW 1965, 421 (424 1. Sp.).

Ansprüche des Schuldners B gegen den Dritten C aus ungerechtfertigter Bereicherung lassen sich weder unmittelbar aus § 812ff. BGB noch auf dem Umweg über § 951 BGB[564] begründen.

Nach der „älteren Bereicherungslehre" entfällt ein Bereicherungsanspruch des Schuldners B schon deshalb, weil dieser nicht „entreichert" ist. Das hat das Reichsgericht besonders deutlich in einer frühen Entscheidung in einem Fall von der Art des dritten Beispiels ausgeführt. Es ging um Ansprüche eines Bauunternehmers B, der auf Grund eines Vertrages mit einem Gläubiger A Fundierungsarbeiten auf einem Grundstück des Eigentümers C ausgeführt hatte, welcher seinerseits nicht in vertraglichen Beziehungen zu dem Gläubiger A stand. Das Reichsgericht erklärte ausdrücklich, bei dem Bauunternehmer B sei keine Vermögensverkleinerung eingetreten[565]. — Untersucht man dennoch die anderen drei Tatbestandsmerkmale der „älteren Bereicherungslehre", so gerät man in unnötige Schwierigkeiten. Eine „Bereicherung" des Dritten C ist nämlich nicht zu leugnen. — Um trotzdem Bereicherungsansprüche des Schuldners B gegen den Dritten C ablehnen zu können, heißt es hinsichtlich der „Unmittelbarkeit", der Schuldner B müsse sich trotz seiner „anscheinend unmittelbaren" Leistung an den Dritten C so behandeln lassen, als habe er nur an den Gläubiger A geleistet[566]. — Jedenfalls erfolge die Leistung des Schuldners B wegen der Vertragspflicht gegenüber A nicht „ohne rechtlichen Grund"[567].

Der „Lehre von Leistungs- und Eingriffskondiktion" will *v. Lübtow*[568] folgen. Er meint, eine „Leistungskondiktion" des B gegen C entfalle in dem dritten Beispiel, dem „Baufall", weil sich aus dem Deckungsverhältnis zwischen dem Bauunternehmer B und dem Auftraggeber A ein Rechtsgrund für die „Leistung" des B an den Grundstückseigentümer C ergebe. Anderer Ansicht ist *Wilburg*[569].

Er meint, ein Deckungsverhältnis allein reiche als Rechtsgrund nicht aus. Nur eine lückenlose Kette, die B über A mit C verbinde, könne den Erwerb des C rechtfertigen. Eine „Leistungskondiktion" des B gegen C sei hier aber gemäß § 814 BGB ausgeschlossen, weil B bewußt dem C etwas zuwende, ohne diesem gegenüber eine rechtliche Verpflichtung als Grundlage vorauszusetzen. Folgerichtiger ist wohl, eine „Leistungskondiktion" des B gegen C mit der Begrün-

---

[564] RG Urt. v. 2. 4. 1928 — IV 482/27 = HRR 1928, Nr. 1416.

[565] RG Urt. v. 6. 5. 1907 — IV 421/06 = SeuffA 63, 15ff. (Nr. 11) = Gruch 51, 967. Vgl. dazu *Toepper*, Die Unmittelbarkeit, 35.

[566] *Enneccerus-Lehmann*, Schuldrecht, 15. Bearb., § 221 III 1b.

[567] *V. Wolff*, JherJb 84 (1934), 107 (145f.);
dazu *Scheying*, AcP 157 (1958/59), 371 (383f.)
und *Wilburg*, Die Lehre, 117.

[568] *v. Lübtow*, Beiträge zur Lehre, 154f.

[569] *Wilburg*, Die Lehre, 118.
dazu *Gräber*, Bereicherung durch Leistung, 97.

dung abzulehnen, daß B dem C zwar eine bewußte „Zuwendung", mangels „Zweckbestimmung" aber keine „Leistung" macht[570]. B kann sich nur an seinen Vertragspartner A halten[571]. Einen ähnlichen Gedankengang hat das Reichsgericht schon zum Ausdruck gebracht, als die „Lehre von Leistungs- und Eingriffskondiktion" noch kaum entwickelt war. In dem vom Reichsgericht entschiedenen Fall war ein Platzmeister B seiner Firma A gegenüber zur Stellung einer Dienstkaution verpflichtet. Er trat deshalb eine Hypothek an C, den Hausbankier der Firma A ab. Nach Ansicht des Reichsgerichts konnte der Platzmeister B die Hypothek nicht als ungerechtfertigte Bereicherung zurückverlangen. Das wurde damit begründet, daß dem Platzmeister B gegenüber die an den Bankier C vorgenommene Leistung rechtlich als an die Firma A, die Gläubigerin des B, bewirkt anzusehen sei, denn diese gelte rechtlich als Empfängerin der Leistung[572]. — Eine „Eingriffskondiktion" entfällt, geht man von deren Subsidiarität aus, in derartigen Fällen deshalb, weil eine „mittelbare Leistung" des Gläubigers A an den Dritten C vorliegt[573]. Nur *Hülsmann*[574] will dem Angewiesenen B unter Umständen eine „Eingriffskondiktion" gegen C einräumen. Dieser Anspruch soll dann bestehen, wenn C dem Anweisenden A keine Gutschrift erteilt, weil dann nach Ansicht von *Hülsmann* der mit der Zuwendung an C von B verfolgte Zweck entfällt[575].

Eine „Rückgriffskondiktion" scheidet hier und in den folgenden Fallgruppen aus, weil keine fremden Schulden bezahlt werden.

Nach der „Faustregel für Dreiecksverhältnisse" hat der Schuldner B keinen Bereicherungsanspruch gegen den Dritten C, weil ein „Deckungsverhältnis" vorliegt.

Eine Ausnahme von der Regel, nach welcher dem Leistenden B in diesen Fällen keine Ansprüche gegen den Empfänger C zustehen, gilt für Fälle, in denen B, der Schuldner des A, als nichtberechtigter Besitzer Verwendungen auf eine Sache des C macht (§§ 994ff. BGB). Auf diese Fälle soll weiter unten[576] noch eingegangen werden.

Erwähnenswert ist, daß das vor Einführung des BGB geltende Recht Ansprüche des B gegen C in weiterem Umfang zuließ. B konnte sich unter allerdings nicht ganz klar umrissenen Voraussetzungen mit Hilfe der preußischrechtlichen Verwendungsklage oder der gemeinrechtlichen actio de in rem

---

[570] *Brandi*, Bereicherung, 112.
Vgl. *Scheying*, AcP 157 (1958/59), 371 (383).
[571] *v. Caemmerer*, Rev. dr. int. comp. 1966, 573 (587ff.).
[572] RG Urt. v. 29. 5. 1915 — Rep V 60/15 = RGZ 87, 36.
[573] *Rothoeft*, AcP 163 (1964), 215 (243).
[574] *Hülsmann*, Dreiecksverhältnisse, 70ff. (74), 85.
[575] *Hülsmann*, Dreiecksverhältnisse, 10f.
Vgl. oben Fußnote 101.
[576] Siehe unten Abschnitt D II 4 b.

verso an C halten, wenn A als Geschäftsführer ohne Auftrag B zur Leistung an C als Geschäftsherrn beauftragt hatte[577]. Diese weitergehenden Tatbestände sind jedoch dem BGB unbekannt[578].

cc) Keine Ansprüche des Schuldners B gegen den Dritten C nach amerikanischem Recht

Auch nach amerikanischem Recht hat der Schuldner B in den hier besprochenen Fällen wohl keinen Bereicherungsanspruch gegen den Dritten C. Diese Feststellung kann nur mit gewisser Vorsicht getroffen werden, da sich nur spärliche Hinweise auf diese Fälle finden lassen.

Ein Beispiel aus der Rechtsprechung ist Goldberg v. Ford[579]. Der Sachverhalt dieser Entscheidung ähnelt dem des dritten Beispielfalles. B hatte im Vertrauen auf einen wirksamen Vertrag mit einem Gläubiger A das Eigentum eines Dritten C durch Einbauten verbessert. Eine Bereicherungsklage des B gegen C wurde abgewiesen.

Das Restatement of Restitution äußerst sich zu der hier behandelten Frage nicht. Einen Anhaltspunkt liefert aber § 144 Rest., Contracts[580]. Dort wird festgestellt, daß bei Verträgen zugunsten Dritter, man denke etwa an das oben erwähnte Grundstückskauf-Beispiel, das Fehlen eines Valutaverhältnisses zwischen C und A ohne Einfluß auf die Beziehungen zwischen C und B bleibt.

Im Schrifttum befassen sich *Corbin* und *Williston*[581] mit dem Fehlen eines Valutaverhältnisses bei Verträgen zugunsten Dritter. Sie betonen, daß B daraus

---

[577] *v. Mayr*, Bereicherungsanspruch 334ff
Bartels, Indirekte und mittelbare Bereicherungsansprüche, 56ff.
Feldhoff, Mittelbare Bereicherung, 42ff.
Bartsch, Das Erfordernis, 10ff.
Zeiss, AcP 165 (1965), 332 (342ff.).
Brandi, Bereicherungs, 1ff., 66f.
Dawson, Unjust Enrichment, 84ff, 98ff.

[578] *Enneccerus-Lehmann*, Schuldrecht, 15. Bearb., § 221 III 2b.
Brandi, Bereicherung, 122.
v. Caemmerer, Rev. dr. int. comp. 1966, 573 (588)
siehe aber unten Abschnitt D II 4 b bb am Ende.

[579] Goldberg v. Ford, 188 Md. 658, 53 A.2d 665 (1947)
siehe auch: *Dawson-Palmer*, Cases on Restitution, 525.

[580] Rest., Contracts:
§ 144 Effect of an Erroneous Belief as to the Existence of a Duty of the Promisee to the Beneficiary. Unless the case is within the rules making contracts voidable for mutual mistake, where performance of a promise in a contract will benefit a person other than the promisee, the promisor's duty is not avoided or limited by an erroneous belief of the promisor or of the promisee as to the existence or extent of a duty of the promisee to the beneficiary.

[581] *Corbin* on Contracts, §§ 821, 823.
Williston on Contracts, 3. Aufl., § 399.

keine Einwendungen gegenüber C herleiten könne. Das heißt wohl zugleich, daß B auch keinen Bereicherungsanspruch gegen C hat. Eine ausdrückliche Ablehnung von Ansprüchen des B gegen C findet sich bei *Dawson*[582]. Dieser erklärt die Haltung des amerikanischen Rechts damit, daß die Amerikaner im allgemeinen nicht geneigt seien, das übliche vertragliche Risiko zu verlagern oder einem Vertragspartner einen zusätzlichen Anspruch gegen Dritte einzuräumen, bloß weil diese die Erfüllungsleistung erhalten hätten. *Dawson* meint in diesem Zusammenhang, das deutsche Tatbestandsmerkmal der „Unmittelbarkeit" trage solchen Bedenken Rechnung. Seine Einführung in das amerikanische Recht sei zu empfehlen.

dd) Ansprüche des Gläubigers A gegen den Dritten C nach deutschem Recht

Mit der gleichen Einhelligkeit, mit welcher Ausgleichsansprüche des Schuldners B gegen den Dritten C abgelehnt werden, werden solche des Gläubigers A gegen den Dritten C bejaht.

Zu denken ist auch hier wieder an Ansprüche aus Geschäftsführung ohne Auftrag. *V. Wolff*[583] hat überlegt, ob der Gläubiger A als Geschäftsherr gemäß §§ 677, 681, 667 BGB von dem Dritten C Herausgabe des Erlangten verlangen könne, hat das aber mit Recht abgelehnt, weil der Dritte C keinesfalls als Geschäftsführer für den Gläubiger A handelt. In Fällen von der Art des dritten Beispiels, in denen A seinen Schuldner B mit der Ausführung von Arbeiten im Interesse eines Dritten C beauftragt, kann aber der Gläubiger A als Geschäftsführer Aufwendungsersatzansprüche gemäß §§ 677, 683, 670 BGB gegen den Dritten C als Geschäftsherrn haben. Darauf weist *Erman*[584] bei Erörterung folgenden Falles hin: Der geschäftsunfähige Baggerunternehmer A läßt den Baggerführer B Arbeiten auf dem Grundstück des C ausführen. Zwischen A und C besteht kein Vertrag, zwischen B und A nur ein faktisches Vertragsverhältnis. Der Fall ist hier einzuordnen, wenn man das faktische Arbeitsverhältnis zwischen dem Baggerführer B und dem Baggerunternehmer A einem vertraglichen Schuldverhältnis gleichstellt[585].

Vor allem kann der Gläubiger A gemäß § 812 BGB einen Bereicherungsanspruch gegen den Dritten C geltend machen.

Die Begründung eines solchen Anspruchs fällt der „älteren Bereicherungslehre" nicht sonderlich schwer. Alle vier Tatbestandsmerkmale sind erfüllt[586].

---

[582] *Dawson*, Unjust Enrichment, 124f.

[583] *V. Wolff*, JherJb 84 (1934), 107 (145f.).

[584] *Erman*, NJW 1965, 421 (423 r. Sp.).

[585] Dagegen: *Fikentscher*, Schuldrecht, § 18 III 2b.

[586] RG Urt. v. 17. 1. 1940 — II 82/39 = RGZ 163, 21.
BGH Urt. v. 29. 5. 1952 — IV ZR 167/51 = NJW 1952, 1171 = LM § 313 BGB Nr. 1.
V. Wolff, JherJb 84 (1934), 107 (147).
v. Tuhr, Allgemeiner Teil des BGB, § 72 V 3.

Der Dritte C wird durch die Leistung des Schuldners B „bereichert“. Das Deckungsverhältnis zwischen B und dem Gläubiger A berührt ihn nicht, so daß seine „Bereicherung“ auch „rechtsgrundlos“ ist. Der Gläubiger A wird „entreichert“, weil er seine Forderung gegen den Schuldner B verliert[587]. Hinsichtlich dieses Tatbestandsmerkmals sind für Fälle, in denen B auf Wunsch des A ein Grundstück direkt an den Dritten C übereignet, also für Fälle von der Art des vierten Beispiels, früher Zweifel laut geworden, da A nie Eigentümer des Grundstücks wird. Wie die Rechtsprechung mehrfach betont hat[588], kommt es aber darauf nicht an. Eine volle rechtliche Herrschaft des Gläubigers A über den Bereicherungsgegenstand ist nicht erforderlich. Für die „Entreicherung“ genügt ein Anspruch auf den Gegenstand. Dem Erfordernis der „Unmittelbarkeit“ geschieht Genüge, da jedenfalls eine „unmittelbare Vermögensverschiebung durch mittelbare Zuwendung“ vorliegt[589]. Ohne ersichtlichen Zusammenhang mit den vier Tatbestandsmerkmalen der „älteren Bereicherungslehre“ wird ein Anspruch des A gegen C gelegentlich auch damit begründet, daß B „im fremden Namen“, nämlich im Namen des A, an C leistet. Diese Begründung erscheint wenig glücklich, da die Frage, ob B „im eigenen Namen“ oder „im fremden Namen“ leistet, davon abhängt, ob er auf eine bloße Anweisung des A oder auf Grund einer vertraglichen Verpflichtung gegenüber A an C leistet[590]. Für die entscheidende Frage, ob im Valutaverhältnis eine Schuld erfüllt wird, kommt es nicht darauf an, in wessen „Namen“ geleistet wird. *Molitor*[591] gibt ähnlichen Bedenken gegen diese Unterscheidung Ausdruck, wenn er sagt, sie sei „vielleicht allzu überspitzt“.

Wesentlich schwieriger ist es, in einigen der in dieser Fallgruppe zusammengefaßten Fälle mit Hilfe der „Lehre von Leistungs- und Eingriffskondiktion“ einen Bereicherungsanspruch des Gläubigers A gegen den Dritten C zu begründen. Im Schrifttum[592] wird meist ausgeführt, dem Gläubiger A stehe eine „Leistungskondiktion“ gegen den Dritten C zu. Es heißt, in den hier besprochenen Fällen würden wiederum drei „Zuwendungen“ erbracht, eine unmittelbare von B an C und zwei mittelbare von A an C und von B an A. Nur den beiden

---

587 *Gottschalk*, JherJb 78 (1927/28), 290 (301).

588 RG Urt. v. 17. 3. 1913 — IV 559/12 = Das Recht 1913 Nr. 1451.
RG Urt. v. 22. 12. 1927 — VI 183/27 = RGZ 119, 332.

589 RG Urt. v. 22. 12. 1927 — VI 183/27 = RGZ 119, 332.
Larenz, Schuldrecht II, 7. Aufl., § 62 II b.

590 Siehe oben Abschnitt D I 3 a aa.

591 *Molitor*, Schuldrecht II, 5. Aufl., § 29 II 2.

592 *Esser*, Schuldrecht, 2. Aufl., § 190, 3.
v. Caemmerer, JZ 1962, 385 (386).
Fikentscher, Schuldrecht, § 99 II 1 b *β*.
Rothoeft, AcP 163 (1964), 215 (230).
Vgl. RG Urt. v. 29. 5. 1915 — Rep V 60/15 = RGZ 87, 36 und
RG Urt. v. 21. 10. 1931 — IX 187/31 = JW 1932, 735.

mittelbaren läge ein „Zweck" zugrunde, so daß zwei „mittelbare Leistungen" erbracht würden, eine von dem Gläubiger A an den Dritten C, die andere von dem Schuldner B an den Gläubiger A. Wegen des Fehlens eines Valutaverhältnisses werde der „Zweck" der ersten dieser beiden „mittelbaren Leistungen" nicht erreicht. Deshalb stehe dem Gläubiger A eine „Leistungskondiktion" gegen den Dritten C zu[593]. Einleuchtend ist diese Argumentation vor allem, wenn der Schuldner B auf ausdrückliche Weisung des Gläubigers A eine rechtsgeschäftliche Leistung an den Dritten C erbringt, wie hier im ersten und vierten Beispielfall. Gewisse Zweifel tauchen auf, wenn der Schuldner B, wie hier im dritten Beispielfall, rein tatsächliche Leistungen erbringt. Für diese Fälle ist zum Beispiel von *Scheyhing*[594] die Ansicht vertreten worden, der Gläubiger A habe einen „Rechtsfortwirkungsanspruch", also wohl eine „Eingriffskondiktion" gemäß §§ 951, 812 BGB, gegen den Dritten C. Demgegenüber hat *Berg*[595] betont, daß dem Gläubiger A auch in diesen Fällen eine „Leistungskondiktion" zustehe, die im Rahmen des § 951 BGB geltend gemacht werden könne. Sehr fraglich ist, ob man auch in dem Preisausschreibenfall des zweiten Beispiels und in dem Pfandrechtsfall des fünften Beispiels von einer „Leistung" des Gläubigers A an den Dritten C sprechen kann. In diesen Fällen scheint, ganz gleich, ob man auf den Standpunkt des Gläubigers A, des Schuldners B oder des Dritten C abstellt, eher eine „Leistung" des Schuldners B an den Dritten C vorzulegen. Zu einem anderen Ergebnis kommt man nur, wenn man mit *Jahr*[596] die in solchen Fällen dem Dritten C erteilte Empfangsermächtigung als „Leistung" des Gläubigers A ansieht. — Nimmt man an, daß in diesen Fällen eine „Leistung" an den Dritten C erbracht wird und hält man die „Eingriffskondiktion" für subsidiär, so muß der Gedanke an eine „Eingriffskondiktion" des Gläubigers A gegen den Dritten C ausscheiden[597]. Die Schwierigkeiten bei der „Leistungskondiktion" haben aber, wie erwähnt, *Scheyhing* bei den Einbaufällen veranlaßt, eine „Eingriffskondiktion" des Gläubigers A gegen den Dritten C anzunehmen. Eine ähnliche Lösung schlägt *Berg*[598] für einen Preisausschreibenfall von der Art des zweiten Beispiels vor. Er will dem Gläubiger A den allgemein ebenfalls als „Eingriffskondiktion" angesehenen Anspruch aus § 816 Abs. 2 BGB gegen den Dritten C zugestehen, obwohl man diesen kaum als „Nichtberechtigten" ansehen kann.

---

[593] *Larenz*, Schuldrecht II, 7. Aufl., § 62 II b, nennt diese Fälle „mittelbare Leistung durch Leistung eines Dritten";
so schon *Jung*, Bereicherungsansprüche, 92.

[594] *Scheyhing*, AcP 157 (1958/59), 371 (382f.).

[595] *Berg*, AcP 160 (1961), 505 (511).
ebenso *Rothoeft*, AcP 163 (1964), 215 (253).

[596] *Jahr*, JuS 1963, 397 (399 1. Sp.).

[597] *Rothoeft*, AcP 163 (1964), 215 (253).

[598] *Berg*, JuS 1963, 361 (363f.).

Nach der „Faustregel für Dreiecksverhältnisse" hat der Gläubiger A in den ersten vier Beispielen einfach wegen des Fehlens eines Valutaverhältnisses einen Bereicherungsanspruch gegen den Dritten C. In Fällen wie dem fünften Beispiel, wo ein Valutaverhältnis zwar besteht, aber nicht erfüllt wird, läßt sich allerdings mit der „Faustregel" ein Bereicherungsanspruch nicht begründen.

ee) Ansprüche des Gläubigers A gegen den Dritten C nach amerikanischem Recht

Hinweise auf „Anweisungsfälle mit fehlendem Valutaverhältnis" sind für das amerikanische Recht selten, wie eben bereits bei der Erörterung von Ansprüchen des B gegen C erwähnt wurde. Der Gläubiger A dürfte aber wie im deutschen Recht einen Anspruch gegen den Leistungsempfänger C haben.

Dafür spricht zunächst einmal § 124 Rest., Restitution, der lautet:

Person Receiving Property for Another. A person who, acting or purporting to act on account of another, has received property from a third person for the other, is under a duty to account to the other for such property.

Ferner wird an anderer Stelle des Restatements[599] ausdrücklich betont, es bestehe kein Grund, Bereicherungsansprüche abzulehnen, wo ein Dritter C etwas auf Kosten, aber nicht durch eine Leistung eines A erhalten habe. Das Restatement erschöpfe keineswegs alle Situationen, in denen rechtmäßig erlangte Bereicherungen herausgegeben werden müßten.

Dawson[600] erwähnt, die Fälle, in denen ein C etwas, vor allem Geldzahlungen, erlangt habe, das eigentlich einem Gläubiger A zustehe, bildeten eine große Gruppe. Gerade bei diesen Fällen habe man über das Vorliegen von „privity" zwischen A und C gestritten. Es gebe aber jetzt kaum noch Richter, die einen Anspruch des A gegen C wegen fehlender „privity" ablehnen würden, wenn sonst nichts zu sagen sei.

b) Leistung an einen Dritten auf Grund einer aus bewußter Liberalität erteilten Weisung eines Gläubigers.

aa) Allgemeine Beschreibung dieser Fallgruppe

Die nunmehr zu besprechenden Fälle ähneln denen der vorigen Fallgruppe sehr. Der einzige Unterschied ist der, daß der Gläubiger A seinen Schuldner B ohne ersichtlichen Grund, aus „bewußter Liberalität" und nicht, um eine eigene Verbindlichkeit gegenüber dem Dritten C zu erfüllen, zu Leistung an C auffordert.

---

599 Rest., Restitution, Introductory Note vor § 118 (S. 429).

600 *Dawson*, Unjust Enrichment, 23f.

Eine derartige Fallgestaltung zeigt dieses erste Beispiel:

Der Industrielle A gewinnt auf einem Wohltätigkeitsball in einer Tombola einen Volkswagen. In Spenderlaune weist er den Veranstalter der Tombola, B, an, den Wagen dem ebenfalls anwesenden Studenten C mit der Erklärung auszuhändigen, dieser habe den Preis gewonnen.

Ähnlich gelagert ist folgendes zweite Beispiel:

Ein Wohnungsbauunternehmen A verhandelt mit einer Gemeinde C über die Errichtung einer Siedlung auf deren Grund und Boden. Die Verhandlungen zerschlagen sich. Dennoch beauftragt das Wohnungsbauunternehmen A die Baufirma B mit der Errichtung von Bauten auf Grundstücken der Gemeinde C. Die Bauten werden errichtet.

In beiden Beispielfällen soll davon ausgegangen werden, daß nicht etwa ein Schenkungsvertrag zwischen dem Gläubiger A und dem Dritten C zustande gekommen ist, da sonst eine Schenkungsforderung des C gegen den Gläubiger A ein „Valutaverhältnis“ bilden würde.

Fehlt jede schuldrechtliche Beziehung zwischen dem Gläubiger A und dem Dritten C, so ist das Ergebnis der Vermögensverschiebung genau dasselbe, wie bei der vorigen Fallgruppe. A ist entreichert, C bereichert.

Auch hier hat der Schuldner B keine Ansprüche gegen den Dritten C. Zur Begründung kann auf die Ausführungen bei der vorigen Fallgruppe verwiesen werden.

bb) Ansprüche des Gläubigers A gegen den Dritten C

So wie es oben bei den „Leistungen an den Gläubiger eines anderen aus bewußter Liberalität“ fraglich erschien, ob der Leistende B einen Anspruch gegen den Schuldner A hatte, erscheint es hier zweifelhaft, ob der Gläubiger A sich an den Dritten C halten kann. Durch eine bloße Analyse der Vermögensverschiebung wird hier die Interessenlage nicht ausreichend gewürdigt. Es ist zu beachten, daß der Gläubiger A seinen Vermögensverlust freiwillig herbeiführt, während dem Dritten C seine Bereicherung gleichsam „aufgedrängt“ wird. Betont man diese Besonderheiten, so liegt es nahe, einen Bereicherungsanspruch des Gläubigers gegen den Dritten C gemäß § 814 BGB auszuschließen. In Rechtsprechung und Literatur wird diese Frage, soweit ersichtlich, nicht erörtert.

Das Reichsgericht[601] hat einen Einbaufall entschieden, dem das zweite Beispiel nachgebildet ist. Es ist der „älteren Bereicherungslehre“ gefolgt und hat einen Anspruch des Gläubigers A gegen den Dritten C mit den hier bei der vorigen Fallgruppe dargelegten Argumenten bejaht, ohne die „bewußte Liberalität“ des Wohnungsbauunternehmens A zu erwähnen. Die Entscheidung ist

[601] RG Urt. v. 13. 10. 1930 — IV 688/29 = RGZ 130, 310 = JW 1931, 2724.

für nicht aus bewußter Liberalität erteilte Weisungen, also für die Fälle der vorigen Fallgruppe, geradezu grundlegend geworden[602].

Folgt man der neueren „Lehre von Leistungs- und Eingriffskondiktion" und wendet man § 814 BGB nicht an, so könnte der Industrielle A in dem ersten Beispiel das Auto als „mittelbare Leistung" von dem Studenten C kondizieren.

Für die Beantwortung der Frage, ob § 814 BGB anzuwenden ist, kommt es nicht darauf an, welcher bereicherungsrechtlichen Theorie man folgt. Ähnlich wie bei den „Leistungen an den Gläubiger eines anderen aus bewußter Liberalität" wird man auch hier bei den „Leistungen an einen Dritten auf Grund einer aus bewußter Liberalität erteilten Weisung des Gläubigers" zu einer Nichtanwendung des § 814 BGB und damit zu einer Bejahung von Bereicherungsansprüchen des Gläubigers A gegen den Dritten C kommen müssen. Das läßt sich einmal damit begründen, daß der Gläubiger A in den hier behandelten Fällen gar nicht zur „Erfüllung eines Verbindlichkeit" handelt, da er an eine eigene Verpflichtung gegenüber dem Dritten C nicht denkt[603]. Der tiefere Grund dürfte aber wohl der sein, daß § 814 BGB nicht für Dreiecksverhältnisse, welcher Art sie auch seien, und die bei ihnen auftretenden mittelbaren Leistungen gedacht ist. Das Ergebnis erscheint nicht unbillig, wenn man bedenkt, daß der Dritte C sich immer auf den Wegfall seiner Bereicherung berufen kann.

c) Leistung an einen nichtberechtigten Dritten.

aa) Allgemeine Beschreibung dieser Fallgruppe

Nunmehr ist von Fällen zu sprechen, in denen ein Schuldner B eine Verpflichtung gegenüber seinem Gläubiger A durch Leistung an einen Dritten C erfüllt, obwohl eine Weisung des Gläubigers A an den Schuldner B zur Leistung an C sowie eine Ermächtigung des Dritten C zur Annahme der Leistung und damit jegliche Zustimmung des Gläubigers A zu dem ganzen Vorgang fehlt. Es handelt sich um die Fälle der „Leistung an einen nichtberechtigten Dritten" (§ 816 Abs. 2 BGB).

Zu einer Schulderfüllung durch „Leistung an einen nichtberechtigten Dritten" kommt es einmal, wo das Gesetz im Interesse der Verkehrssicherheit Leistungen, die ein gutgläubiger Schuldner im Vertrauen auf einen Rechtsscheintatbestand erbringt, befreiende Wirkung zuerkannt. Solche Fälle sind zahlreich[604]. Hierher gehören zum Beispiel Leistungen an lediglich formell,

---

[602] Oben (Abschnitt D I 3 e cc) wurde die Entscheidung schon einmal erwähnt, da sie kurz auch eine „Leistung an den Gläubiger eines anderen aus bewußter Liberalität" erwähnt.

[603] *Staudinger-Seufert*, BGB, 11. Aufl., § 814 Rdn. 2.

[604] *Palandt-Gramm*, BGB, 26. Aufl., § 816 Anm. 3.
Erman-Seiler, BGB, 4. Aufl., § 816 Anm. 4.
Enneccerus-Lehmann, Schuldrecht, 15. Bearb., § 226 II.

aber nicht sachlich berechtigte Inhaber von Wertpapieren (§§ 793 Abs. 1 Satz 2, 808 Abs. 1 Satz 1 BGB; Art. 16 Abs. 1, 40 WG; Art. 19 Satz 1, 35 SchG), aber auch so seltene Fälle wie Leistungen eines angeblichen Drittschuldners B an einen vermeintlichen Pfändungsgläubiger C auf Grund eines unwirksamen Pfändungs- und Überweisungsbeschlusses (§ 836 Abs. 2 ZPO).

In anderen Fällen führt erst eine nachträgliche Genehmigung durch einen der Beteiligten zu einer endgültigen Schulderfüllung durch Leistung an einen nichtberechtigten Dritten. Diese Genehmigungsmöglichkeiten stellen wiederum Wahlrechte dar, durch die einer der Beteiligten es in der Hand hat, ein Dreiecksverhältnis entstehen zu lassen oder nicht, ähnlich wie ein Dritter B, der an C, den Gläubiger des A leistet, unter Umständen bestimmen kann, ob durch „Befriedigung eines Gläubigers auf Kosten eines Dritten" ein Dreiecksverhältnis der zuvor besprochenen Art entstehen soll[605]. Es sind zwei Wahlrechte zu unterscheiden.

Manchmal kann der Schuldner B, der an einen nichtberechtigten Dritten C geleistet hat, entscheiden, ob die Leistung als Erfüllung seiner Schuld gegenüber dem Gläubiger A gelten soll. Diese vorteilhafte Stellung hat der Schuldner B vor allem, wenn er in Unkenntnis einer Abtretung an seinen ursprünglichen Gläubiger C und nicht an den Neugläubiger A leistet (§ 407 BGB). Einen klassischen Fall dieser Art zeigt folgendes erste Beispiel:

B schuldet C 500,— DM. C tritt seine Forderung, ohne B davon zu unterrichten, an A ab. Obwohl A nunmehr Gläubiger des B ist und C als Dritter außerhalb des Schuldverhältnisses steht, leistet der Schuldner B an C.

In derartigen Fällen wird der Schuldner B nicht etwa ohne weiteres von seiner Schuld befreit, wie häufig angenommen wird[606]. Da § 407 BGB eine bloße Schutzvorschrift für B ist, kann dieser zwar seine Zahlung an C dem A entgegenhalten, braucht es aber nicht[607]. Ein Dreiecksverhältnis entsteht nur, wenn B sich auf die befreiende Wirkung seiner Zahlung beruft.

Oft hat aber auch der Gläubiger A ein Wahlrecht, das ihm die Entscheidung darüber freistellt, ob eine Leistung seines Schuldners B an einen Dritten C als Schulderfüllung gelten soll. Der Gläubiger A kann nämlich alle Leistungen, die sein Schuldner B an einen Dritten C macht und die nicht ohne weiteres (z. B. § 793 Abs. 1 Satz 2 BGB) oder entsprechend dem Willen des Schuldners B

---

[605] Siehe oben Abschnitt D I 3 g.

[606] *Freund*, Eingriff, 63.
v. Caemmerer, Festschrift für Rabel I, 333 (393 Anm. 222).
Nipperdey, JbAkadDR 4 (1937), 19 (23).

[607] *Palandt-Danckelmann*, BGB, 26. Aufl., § 407 Anm. 1.
Soergel-Siebert-Schmidt, BGB, 9. Aufl., § 407 Rdn. 2.
a.A. *Kötter*, AcP 153 (1954), 193 (210 Anm. 61).

(z.B. § 407 BGB) zu einem Erlöschen der Verpflichtung des B gegenüber A führen würden, genehmigen[608].

Wenn A genehmigt, wird der Schuldner B befreit (§§ 362 Abs. 2, 185, 184 BGB). Einen solchen Fall, in dem der Gläubiger A durch Genehmigung der Leistung des B veranlaßt, daß es durch „Schulderfüllung bei Erwerb der Erfüllungsleistung durch einen Dritten" zur Entstehung eines Dreiecksverhältnisses kommt, zeigt folgendes zweite Beispiel:

Ein Kunde B hat eine Kaufpreisschuld gegenüber dem Kaufmann C. C tritt seine Forderung an die Bank A ab und teilt das dem Kunden B mit. Später zahlt B trotzdem an den Kaufmann C. Die Bank A verlangt von C Herausgabe der Kaufpreissumme und genehmigt dabei die Leistung des B an C. B wird damit von seiner Schuld gegenüber der Bank A frei.

Diese Fälle unterscheiden sich von den zuvor[609] erörterten Anweisungsfällen mit fehlendem Valutaverhältnis eigentlich nur durch den Zeitpunkt der Zustimmung des Gläubigers A zu der Leistung des B an C. Bemerkenswert ist, daß der Schuldner B und der Gläubiger A in den Fällen des § 407 BGB ihre Wahlrechte nacheinander ausüben können. Wenn ein Schuldner B es vorzieht, sich gegenüber einem Zessionar A nicht auf die befreiende Wirkung einer Leistung an den Zedenten C zu berufen, bleibt es A unbenommen, nun seinerseits durch Genehmigung eine Schulderfüllung im Deckungsverhältnis B-A herbeizuführen.

Von großer Bedeutung für die Richtigkeit der Grundgedanken der vorliegenden Untersuchung ist die Frage, ob es gerechtfertigt ist, diese Fälle der „Leistung an einen nichtberechtigten Dritten" (§ 816 Abs. 2 BGB) hier im Rahmen der „Schulderfüllung (im Deckungsverhältnis) bei Erwerb der Erfüllungsleistung durch einen Dritten" zu behandeln. In Rechtsprechung und Schrifttum[610] wird meistens unbeachtet gelassen, daß es bei dieser Fallgruppe zu einer Schulderfüllung durch Leistung an einen Dritten kommt und statt dessen betont, daß Leistungen an einen Nichtberechtigten auf Grund von Gutglaubensschutzvorschriften wirksam werden. Da auch bei den oben[611] besprochenen Fallgruppen „Übergang eines Rechtes von einem Dritten auf

---

[608] BGH Urt. v. 15. 1. 1955 — I ZR 75/53 = LM § 816 BGB Nr. 6.
BGH Urt. v. 22. 12. 1960 — VII ZR 169/59 = WPM 1961, 273 f.
Palandt-Gramm, BGB, 26. Aufl., § 816 Anm. 1b.
Soergel-Siebert-Mühl, BGB, 9. Aufl., § 816 Rdn. 5.
v. Caemmerer, Festschrift für Rabel I, 333 (393).

[609] Siehe oben Abschnitt D II 3 a.

[610] BGH Urt. v. 25. 1. 1955 — I ZR 75/53 = LM § 816 BGB Nr. 6.
Erman-Seiler, BGB, 4. Aufl., § 816 Anm. 1.
Soergel-Siebert-Mühl, BGB, 9. Aufl., § 816 Rdn. 1.
Fikentscher, Schuldrecht, § 99 IV 2 a β.

[611] Siehe oben Abschnitt D I 3f und D I 4 a.

einen Gläubiger in sonstiger Weise" (§ 816 Abs. 1 Satz 1 BGB) und „Schenkung auf Kosten eines Dritten" (§ 816 Abs. 1 Satz 2 BGB) Vorschriften über den Gutglaubensschutz eine entscheidende Rolle spielen, könnte man die eigenständige Rolle der hier behandelten Fallgruppe bezweifeln und versuchen, die Fälle der „Leistung an einen nichtberechtigten Dritten" (§ 816 Abs. 2 BGB) irgendwie im Zusammenhang mit den beiden oben bereits erörterten Fallgruppen (§ 816 Abs.1 Satz 1 und 2 BGB) darzustellen. Eine solche Einordnung der hier behandelten Fallgruppe würde aber die Unterschiede, die sich aus den in dieser Untersuchung in den Vordergrund gerückten verschiedenen Arten der Schulderfüllung ergeben, verwischen. Wenn auch bei allen drei Fallgruppen die Gutglaubensschutzvorschriften eine Rolle spielen, so ist doch zu beachten, daß es bei den entgeltlichen und unentgeltlichen „Verfügungen eines Nichtberechtigten" (§ 816 Abs. 1 BGB) zu einer „Befriedigung eines Gläubigers (im Valutaverhältnis) auf Kosten eines Dritten" kommt, während hier bei den „Leistungen an einen nichtberechtigten Dritten" (§ 816 Abs. 2 BGB) eine „Schulderfüllung (im Deckungsverhältnis) bei Erwerb der Erfüllungsleistung durch einen Dritten" vorliegt. Es wäre also nicht richtig, die hier besprochene Fallgruppe schon im Rahmen der Untersuchung der zuerst besprochenen Art von Dreiecksverhältnissen zu behandeln.

Eine enge Verwandtschaft mit den „Anweisungsfällen mit fehlendem Valutaverhältnis" zwingt vielmehr dazu, die Fälle der „Leistung an einen nichtberechtigten Dritten" im Zusammenhang mit diesen zu sehen. Diese Verwandtschaft zeigt sich besonders deutlich darin, daß sowohl bei der Genehmigung zunächst unwirksamer Leistungen des Schuldners B an einen Dritten als auch bei „Anweisungen mit fehlendem Valutaverhältnis" die Schuld des B gegenüber A gemäß § 362 Abs. 2 BGB erlischt. Demgegenüber liegt bei „Verfügungen eines Nichtberechtigten" (§ 816 Abs. 1 BGB) nie ein Fall des § 362 Abs. 2 BGB vor.

Betont man in dieser Art die erfüllungsrechtlichen Aspekte der verschiedenen Fallgruppen, so kann kein Zweifel daran bestehen, daß es richtig ist, die Fälle der „Leistung an einen nichtberechtigten Dritten" hier in diesem Rahmen zu behandeln[612].

Eine Analyse der Vermögensverschiebung wirft bei dieser Fallgruppe keine besonderen Fragen auf. Wie bei jeder „Schulderfüllung bei Erwerb der Erfüllungsleistung durch einen Dritten" ist der Dritte C bereichert und der Gläubiger A entreichert, während der Stand des Vermögens des Schuldners B gleich bleibt[613].

---

[612] *Freund*, Eingriff, 18f,
ähnlich *Dietrich*, Die Grundsätze, 12.
[613] Unklar *v. Mayr*, Bereicherungsanspruch, 235.

bb) Ansprüche des Gläubigers A gegen den Dritten C nach deutschem Recht

Im Gegensatz zu den „Anweisungsfällen mit fehlendem Valutaverhältnis" wird hier bei den „Leistungen an einen nichtberechtigten Dritten" ein Bereicherungsanspruch des Schuldners B gegen den Dritten C nicht einmal in Erwägung gezogen[614].

Die Rechtslage ist eindeutig. In diesen Fällen hat lediglich der Gläubiger A gemäß § 816 Abs. 2 BGB einen Bereicherungsanspruch gegen den Dritten C[615]. Für diesen Anspruch spielt es keine Rolle, ob die Schulderfüllung sofort kraft Gesetzes oder nach entsprechender Ausübung des Wahlrechts durch B, wie im ersten Beispielfall, oder erst infolge einer Genehmigung der Leistung des Schuldners B durch den Gläubiger A[616], wie im zweiten Beispielfall, eintritt.

Wenn auch über das Bestehen von Bereicherungsansprüchen kein Zweifel herrscht, so ist doch, wie *Kornblum*[617] dargelegt hat, die Funktion des § 816 Abs. 2 BGB um so umstrittener. Der Streit geht um die Frage, ob die Vorschrift eine Lücke schließt oder eigentlich überflüssig ist.

Diejenigen, welche meinen, diese Fallgruppe sei ebenso wie die „Verfügungen Nichtberechtigter" auf die Vorschriften über den Gutglaubensschutz zurückzuführen, sind der Auffassung, § 816 Abs. 2 BGB drücke die Deutlichkeit halber nur aus, was auch aus § 816 Abs. 1 Satz 1 BGB folgen würde[618]. Diese Auffassung ist mit der in der vorliegenden Untersuchung vertretenen und im Ergebnis auch von *Kornblum*[619] geteilten Ansicht, wonach die Fälle des Abs. 1 wegen der anderen Art der Schulderfüllung von denen des Abs. 2 zu unterscheiden sind, nicht zu vereinbaren.

Die Anhänger der „älteren Bereicherungslehre" nehmen überwiegend an, ein allgemeiner Bereicherungsanspruch aus § 812 BGB sei bei dieser Fallgruppe nicht gegeben, weil es an der „Unmittelbarkeit" fehle[620]. Bei § 816 Abs. 2 BGB

---

[614] Vorausgesetzt die Schuld des B gegenüber A ist erloschen. B hat einen Bereicherungsanspruch gegen C, wenn er selbst eine Zahlung gem. § 407 BGB nicht als Erfüllung gelten lassen will und wenn A eine unwirksame Leistung an C nicht genehmigt. Dann liegt kein Dreiecksverhältnis vor.

[615] Daneben ist an andere Ansprüche zu denken. Bei Einziehung einer fremden Forderung durch einen Konkursverwalter etwa an einen Ersatzaussonderungsanspruch gem. § 46 Satz 2 KO.

[616] *Gottschalk*, JherJb 78 (1927/28), 290 (300).

[617] *Kornblum*, JZ 1965, 202ff.

[618] BGH Urt. v. 25. 1. 1955 — I ZR 75/53 = LM § 816 BGB Nr. 6.
wohl auch:
Palandt-Gramm, BGB, 26. Aufl., § 816 Anm. 1a.
Soergel-Siebert-Mühl, BGB, 9. Aufl., § 816 Rdn. 1.
Erman-Seiler, BGB, 4. Aufl., § 816 Anm. 1.
Fikentscher, Schuldrecht, § 99 IV 2a β.

[619] *Kornblum*, JZ 1965, 202ff. (Fußnote 10).

[620] a. A. *Nipperdey*, JbAkadDR 4 (1937), 19 (23).

komme es auf die „Unmittelbarkeit" nicht an[621]. Die Vorschrift schließe also eine Lücke. Mit Recht weist aber *Kornblum* darauf hin[622], daß man auch hier wegen der Einheitlichkeit des Bereicherungsvorganges das Vorliegen einer „unmittelbaren Vermögensverschiebung" und damit die Anwendbarkeit des § 812 BGB bejahen könne. Für die Richtigkeit dieser Auffassung spricht, daß man bei Schaffung des Gesetzes davon ausging, daß in den Fällen des § 407 BGB dem Zessionar A ein Anspruch aus § 812 BGB gegen den Zedenten C zustehe[623]. Folgt man dem, so käme § 816 Abs. 2 BGB neben § 812 BGB keine eigenständige Bedeutung zu.

Geht man von der „Lehre von Leistungs- und Eingriffskondiktion" aus, so kann man § 816 Abs. 2 BGB unter zwei verschiedenen Gesichtspunkten als Fall der „Leistungskondiktion" ansehen. Man kann sagen, § 816 Abs. 2 BGB ermögliche dem Gläubiger A die Rückforderung einer von dem Schuldner B an C erbrachten „Leistung". Die Bedeutung der Vorschrift läge dann darin, daß nach ihr auf eine Identität von Leistendem B und Entreichertem A verzichtet werden kann[624]. Man könnte aber auch zumindest in der nachträglichen Genehmigung einer anfänglich unwirksamen Verfügung des Schuldners B durch den Gläubiger A eine „mittelbare Leistung" an den Dritten C sehen, und sagen, § 816 Abs. 2 BGB gebe bei nachträglicher Genehmigung dem Gläubiger A die Möglichkeit, eine eigene Leistung zu kondizieren.

Die weitaus meisten Verfechter der „Lehre von „Leistungs- und Eingriffskondiktion" sehen in § 816 Abs. 2 BGB jedoch einen Fall der „Eingriffskondiktion". *Kötter*[625] ist der Auffassung, eine allgemeine „Eingriffskondiktion" gemäß § 812 BGB scheide, da eine „Leistung" des Schuldners B an den Dritten C vorliege, wegen ihrer Subsidiarität[626] aus. § 816 Abs. 2 BGB schließe also als Ausnahme von dem Grundsatz der Subsidiarität der „Eingriffskondiktion" eine Lücke. Andere[627] meinen auch hier, § 816 Abs. 2 BGB habe keine besondere Bedeutung, da dem Gläubiger A ohnehin eine „Eingriffskondiktion" aus § 812 BGB zustehe.

---

[621] BGH Urt. v. 22. 12. 1960 — VII ZR 169/59 = WPM 1961, 273f.

[622] *Kornblum*, JZ 1965, 202 (205).

[623] *Bartsch*, Das Erfordernis, 3.

[624] *Hadding*, JZ 1966, 222 (223 r. Sp.).

[625] *Kötter*, AcP 153 (1954), 193 (209f.).
ebenso:
Esser, Schuldrecht, 2. Aufl., § 195, 5; § 196, 1.
Hadding, JZ 1966, 222 (223 r. Sp.).

[626] Dazu siehe oben Abschnitt C I 1 b cc.

[627] *Soergel-Siebert-Mühl*, BGB, 9. Aufl., § 816 Rdn. 1.
Erman-Seiler, BGB, 4. Aufl., § 816 Anm. 1.
Kornblum, JZ 1965, 202 (203ff.).
dagegen:
Hadding, JZ 1966, 222ff.

Obwohl die „Faustregel für Dreiecksverhältnisse" bei „Leistung an einen nichtberechtigten Dritten" nicht angewandt wird, soll erwähnt werden, daß sich auch nach ihr ein Anspruch des Gläubigers A gegen den Dritten C mit dem Fehlen eines „Valutaverhältnisses" begründen ließe.

cc) Ansprüche des Gläubigers A gegen den Dritten C nach amerikanischem Recht

Auch nach amerikanischem Recht kann ein Schuldner B in gewissen Fällen mit befreiender Wirkung an einen nichtberechtigten Dritten C leisten. Wie im deutschen Recht ist vor allem an Zahlungen eines gutgläubigen Schuldners B an einen Zedenten C zu denken[628]. Zahlungen an nichtberechtigte Inhaber von Wertpapieren (vgl. § 793 Abs. 1 Satz 2 BGB) sind in den USA weniger häufig, da Inhaberpapiere dort nur selten gebraucht werden. Kommt es zu einer Schulderfüllung durch Leistung an einen Nichtberechtigten C, so hat der Berechtigte A auch nach amerikanischem Recht einen Bereicherungsanspruch gegen diesen.

In dem Fall King County v. Odmann[629] hatte ein Mieter weiter Mietzins an einen früheren Eigentümer C gezahlt, obwohl dieser das Haus an A verkauft hatte. Die Mietschuld war, wie im deutschen Recht nach § 574 BGB, erloschen. A wurde ein Bereicherungsanspruch gegen C zuerkannt. In Village of Indian Hills v. Atkins[630] zahlte B mit befreiender Wirkung Steuern an die Stadt C, die eigentlich der Gemeinde A zu zahlen waren. Auch hier konnte A einen Anspruch gegen C geltend machen.

Das Restatement of Restitution macht deutlich, daß nach amerikanischem Recht zwei völlig verschiedene Gründe dafür sprechen können, dem Gläubiger A einen Anspruch gegen C zu gewähren. In § 126 Rest., Restitution[631] heißt es, A könne sich an C halten, wenn B in den hier besprochenen Fällen wegen eines „mistake of fact" an C leiste. Als Beispiel wird ein Fall erwähnt, wo eine Art Inhaberpapier eine Rolle spielt[632]: C stiehlt A's Sparkassenbuch. Die Sparkasse B zahlt bei Vorlage des Buches Geld an C. A soll einen Anspruch gegen C

---

[628] Rest., Restitution, § 126 Comment e.

[629] King County v. Odmann, 8 Wash. 2d 32, 111 P. 2d 228 (1941).

[630] Village of Indian Hills v. Atkins, 93 N. E. 2d 22 (1950).

[631] Rest., Restitution:

§ 126. Rights of Intended Payee or Grantee; Business Transaction.

(1) Where a person has paid money or transferred property to another in the erroneous belief, induced by mistake of fact, that he owed a duty to the other so to do, whereas such duty was owed to a third person, the transferee, unless a bona fide purchaser, is under a duty of restitution to the third person.

[632] Rest., Restitution, § 126, Comment e.

haben. § 133 Rest., Restitution[633] räumt A dagegen einen Anspruch gegen C ein, wenn der Nichtberechtigte C dadurch, daß er B zur Leistung an sich veranlaßt, dem A gegenüber einen „tort" beging.

Friedmann[634] erwähnt, daß gerade in den hier besprochenen Fällen als Rechtsfolge nicht nur ein einfacher Zahlungsanspruch des A gegen C, sondern ein „constructive trust" zugunsten des A anzunehmen sei. Das ergibt sich auch aus § 165 Rest., Restitution[635].

d) Übergang eines Rechtes von einem Schuldner auf einen Dritten in sonstiger Weise.

aa) Allgemeine Beschreibung dieser Fallgruppe

Nunmehr ist von Fällen zu sprechen, in denen zwar auch im Deckungsverhältnis eine Forderung von A gegen B erlischt, weil ein Dritter C den Erfüllungsgegenstand erhält, in denen aber im Gegensatz zu den zuvor besprochenen Fallgruppen nicht von einer Leistung des B an C gesprochen werden kann. Hier erwirbt C den Erfüllungsgegenstand, weil durch sein eigenes Verhalten oder durch Handlungen des Gläubigers A die Voraussetzungen für einen Rechtsübergang von dem Schuldner B auf ihn geschaffen werden. Größere praktische Bedeutung hat diese Fallgruppe erlangt, seit mit der Ausbreitung von Eigentumsvorbehalten zahlreiche Käufer die Möglichkeit erhalten haben, über das Eigentum von Verkäufern, auf das sie nur einen obligatorischen Anspruch haben, dinglich wirksam zu verfügen.

Zu denken ist vor allem an die Eigentumserwerbstatbestände, die schon bei der ersten Art von Dreiecksverhältnissen bei „Übergang eines Rechtes von einem Dritten auf einen Gläubiger in sonstiger Weise" eine Rolle spielten. Ähnliche Untergruppen wie dort lassen sich auch hier unterscheiden.

Einmal ist denkbar, daß infolge gutgläubigen Erwerbs (§ 932 BGB) durch einen Dritten C eine schuldrechtliche Übereignungsverpflichtung eines Rechtsinhabers B gegenüber einem Gläubiger A erlischt, wie in folgendem ersten Beispiel:

---

[633] Rest., Restitution:

§ 133. Property Tortiously Acquired from Third Person at Another's Expense.

(1) A person who has comitted a tort against another by obtaining property through fraud, duress, or undue influence upon the transferor, thereby knowingly preventing the other from acquiring the property, is under a duty of restitution to the other.

[634] *Friedmann*, Bereicherungshaftung, 135.

[635] Rest., Restitution:

§ 165. Transfer by Mistake to Person not Intended.

Where the owner of property by mistake transfers it to one person under such circumstances that a third person is entitled to restitution from the transferee, the transferee holds the property upon a constructive trust for the third person.

B verkauft A eine Maschine unter Eigentumsvorbehalt. A zahlt nichts, erhält jedoch die Maschine. Diese übereignet er auf Grund eines nichtigen zweiten Kaufvertrages, aber dinglich wirksam, an C.

Derartige Fälle sind nicht mit den sogenannten „rechtsgrundlosen Verfügungen eines Nichtberechtigten" zu verwechseln, auf die später[636] noch kurz eingegangen wird. Hier fehlt zwar ein Valutaverhältnis zwischen A und C, es wird aber doch ein obligatorischer Anspruch des A gegen B auf Übereignung erfüllt. Bei den „rechtsgrundlosen Verfügungen eines Nichtberechtigten" fehlt nicht nur ein Valutaverhältnis zwischen A und C, sondern auch ein Deckungsverhältnis zwischen A und B.

Weiter kann eine Übereignungsverpflichtung eines Rechtsinhabers B gegenüber einem Gläubiger A durch einen Rechtsübergang auf einen Dritten C infolge Verbindung, Vermischung oder Verarbeitung (§§ 946ff. BGB) erlöschen, wie in diesem zweiten Beispiel, das *Barnstedt*[637] bringt:

B hat sich dem Architekten A gegenüber verpflichtet, dem Bauherrn C einen bestimmten Posten Baumaterialien zu übereignen. Bevor dies erfolgt, hat A selbst die Materialien bei C eingebaut.

Folgendes dritte Beispiel, das einer Entscheidung des Bundesgerichtshofes[638] nachgebildet ist, unterscheidet sich von dem vorigen nur durch das Vorliegen eines Eigentumsvorbehalts:

Der Baustoffhändler B verkauft dem Bauunternehmer A Spezial-Betondecken unter Eigentumsvorbehalt. A baut diese Decken in Gebäude des Grundstückseigentümers C ein, der gemäß § 946 BGB Eigentümer der Decken wird. Später stellt sich heraus, daß zwischen dem Bauunternehmer A und dem Dritten C keine rechtswirksamen vertraglichen Abmachungen bestehen.

Auch durch Ersitzung (§§ 937ff. BGB), wie im folgenden vierten Beispiel, kann es zu Fallgestaltungen der hier besprochenen Art bekommen:

Der reiche Onkel B verpflichtet sich, dem Neffen A eine Vase zu übereignen, zögert aber mit der Erfüllung seines Versprechens. Darauf entwendet A die Vase und „übereignet" sie auf Grund eines nichtigen Kaufvertrages an C. Nach 12 Jahren wird die Sache ruchbar.

Es ist auch denkbar, daß eine Übereignungspflichtung dadurch erlischt, daß ein Dritter die Sache verbraucht, wie in folgendem fünften Beispiel:

B verpflichtet sich, dem A 500 l Benzin zu übereignen. Infolge einer Sperrung des Suezkanals wird Benzin knapp und B weigert sich, seiner Verpflichtung nachzukommen. Darauf holt A heimlich das Benzin vom Hofe des B. Er verkauft und übergibt es C. Weder der Verkauf noch die Übereignung an C sind wirksam. Dennoch verbraucht C das Benzin.

Alle diese Untergruppen stellen Parallelfälle zu ähnlichen Sachverhalten bei Befriedigung eines Gläubigers (im Valutaverhältnis) auf Kosten eines Dritten

---

[636] Siehe unten Abschnitt E 3 d.

[637] *Barnstedt*, Das Merkmal, 82—84.

[638] BGH Urt. v. 20. 1. 1954 — II ZR 155/52 = NJW 1954, 793.

dar. Das gilt nicht für folgende letzte Untergruppe, die auf der Möglichkeit der Eigentumsverschaffung durch Zahlung nach Übertragung eines Anwartschaftsrechtes beruht:

B verkauft dem A ein Auto unter Eigentumsvorbehalt. A verkauft den Wagen weiter an C und überträgt diesem sein Anwartschaftsrecht. C ficht seinen Kaufvertrag mit A wirksam an. Dennoch zahlt A seine letzte Rate an B mit dem Erfolg, daß C Eigentümer des Wagens wird.

Der eigenständige Charakter dieser Fallgruppe wird im Schrifttum vor allem von *Barnstedt*[639] hervorgehoben. Oft[640] werden nur Einbaufälle von der Art des zweiten und dritten Beispiels bei der Behandlung von § 951BGB zusammen mit den verschiedensten anderen Einbaufällen behandelt. Das ist schon deswegen wenig glücklich, weil es, wie die Beispiele zeigen, nicht nur durch Einbauten (§ 946ff. BGB) sondern auch bei sonstigen Rechtsübergängen auf C zur Erfüllung einer Schuld des B gegenüber A kommen kann, ohne daß eine Leistung des B an C vorliegt. Unbeachtet bleibt aber vor allem häufig der entscheidende, sich aus der Verschiedenheit der Schulderfüllung ergebende Unterschied zwischen den oben erörterten Fällen, in denen es durch den Einbau fremder Sachen zu einer „Befriedigung eines Gläubigers (im Valutaverhältnis) auf Kosten eines Dritten" kommt, und den hier behandelten Fällen, in denen eine „Schulderfüllung (ein Deckungsverhältnis) bei Erwerb der Erfüllungsleistung durch einen Dritten" eintritt. Statt dessen wird danach unterschieden, ob der Erwerber C gut- oder bösgläubig ist und ob der frühere Rechtsinhaber B mit den Handlungen des Übereignungsgläubigers A einverstanden ist oder nicht[641]. Diese Kriterien sind jedoch nach der hier vertretenen Auffassung für eine sinnvolle Gliederung ungeeignet, da es allein auf den Rechtserwerb des C und das damit verbundene Erlöschen der Übereignungsforderung des A ankommt.

bb) Schulderfüllung und Vermögensverschiebung

Ob es in diesen Fällen zu einer Schulderfüllung im Deckungsverhältnis und damit zur Entstehung eines Dreiecksverhältnisses kommt, ist nicht ganz unzweifelhaft. Es kann einmal fraglich sein, ob überhaupt im Deckungsverhältnis zwischen B und A eine Schuld besteht und weiter, ob diese Schuld auch erfüllt wird.

---

639 *Barnstedt*, Das Merkmal, passim
ähnlich wie hier auch:
Baur, Sachenrecht, 3. Aufl., § 53c II 2 b bb.
H. Westermann, Sachenrecht, 5. Aufl., § 54,2

640 Vgl. z.B.:
Wolff-Raiser, Sachenrecht, 10. Bearb., § 74 I 3.
Berg, AcP 160 (1961), 505 (514 —523).

641 Vgl. vor allem *Hülsmann*, Dreiecksverhältnisse, passim.

Zweifel am Bestehen einer Verpflichtung des B tauchen vor allem in den Eigentumsvorbehaltsfällen, wie in dem ersten, dritten und fünften Beispiel auf. Es fragt sich, ob B dem A überhaupt noch etwas schuldet. In Betracht kommt nur ein vertraglicher Anspruch des A auf Übertragung des Rechts. Man kann sich auf den Standpunkt stellen, daß B mit der Übergabe der Sache und der bedingten Übereignung alles Erforderliche getan hat und von seiner Übereignungsverbindlichkeit freigeworden ist. Diese Ansicht hat der Bundesgerichtshof einmal vertreten[642]. Nach der wohl herrschenden Ansicht[643], von der auch hier ausgegangen werden soll, erfüllt[643] der Vorbehaltsverkäufer seine Verpflichtung nicht schon mit der Vornahme der Erfüllungshandlung durch Übergabe der Sache. Seine Übereigungsverpflichtung bleibt vielmehr bis zum Eintritt des Erfüllungserfolges mit Erwerb des Rechtes durch den Dritten C bestehen.

Geht man vom Bestehen einer Übereignungsverpflichtung des B als Dekkungsverhältnis aus, so ist nicht unzweifelhaft, ob es durch den Rechtserwerb des C auch zu einer Erfüllung kommt. *Scheyhing*[644] ist der Ansicht, der Rechtserwerb des C als solcher bewirke keine Erfüllung. Erst wenn zu ihm ein Verzicht des früheren Rechtsinhabers B auf seinen Bereicherungsanspruch (gegen C?) komme, trete eine Erfüllung ein. Einem solchen Verzicht stehe das Vorliegen der Voraussetzungen für einen gutgläubigen Erwerb bei C gleich. *Barnstedt*[645] meint, in Einbaufällen von der Art des zweiten Beispiels erlösche die Schuld des früheren Eigentümers B gegenüber dem Einbauenden A nicht, weil B ein Erfüllungswille fehle. Ähnliches läßt sich auch für die anderen Untergruppen sagen. Nun ist aber einmal sehr zweifelhaft, ob überhaupt ein Erfüllungswille des B zu fordern ist. Zum anderen will selbst *Barnstedt* dem früheren Rechtsinhaber B eine Genehmigungsmöglichkeit, also ein Wahlrecht, vergleichbar dem des Schuldners B in den Fällen des § 407 BGB, einräumen. Angesichts dessen erscheint es möglich, hier die erfüllungsrechtlichen Fragen wiederum auszuklammern und einfach zu unterstellen, daß es ohne weiteres oder nach entsprechender Ausübung eines Wahlrechts durch B zur Erfüllung von dessen Verbindlichkeit gegenüber A kommt.

Verfährt man dementsprechend, so ergibt eine Analyse der Vermögensverschiebung folgendes:

---

[642] BGH Urt. v. 22. 2. 1956 — IV ZR 164/55 = BGHZ 20, 88 (100).

[643] *Scheyhing*, JZ 1956, 14 (Anm. 6).
Böhle-Stamschräder, KO., 8. Aufl., § 17 Anm. 3b.
Jaeger-Lent, KO, 8. Aufl., § 17 Rdn. 11.
Mentzel-Kuhn, KO, 7. Aufl., § 17 Anm. 18 Abs. 1.
Baur, Sachenrecht, 3. Aufl., § 59 III 1a.
Raiser, Dingliche Anwartschaften, 25ff. (28).

[644] *Scheyhing*, JZ 1956, 14.
a. A. *Sturm*, JZ 1956, 361f.

[645] *Barnstedt*, Das Merkmal, 82—84.

Der Dritte C erwirbt in den hier besprochenen Fällen ein Recht, ohne daß er einen Anspruch gegen den Übereignungsgläubiger A verlöre, da mangels Valutaverhältnis ein solcher Anspruch nicht besteht. Sein Vermögen wird also um den vollen Wert des Rechts größer.

Der frühere Rechtsinhaber B verliert das Recht, wird aber von seiner Verpflichtung zur Übertragung des Rechts auf A frei. An der Höhe seines Vermögens ändert sich also nichts. Ein etwaiger Anspruch des B gegen A auf eine Gegenleistung, im Betondecken-Beispiel also eine Kaufpreisforderung, muß unberücksichtigt bleiben, da sein Bestand durch den Rechtserwerb des Dritten C nicht beeinträchtigt wird. Ist B als Vorbehaltsverkäufer nicht mehr Inhaber des Vollrechts, weil der Vorbehaltskäufer A bereits ein Anwartschaftsrecht besitzt, so ändert sich ebenfalls an Wert seines Vermögens nichts. In diesem Falle steht dem Verlust des Resteigentums die Befreiung von einem gleichwertigen Rest-Übereignungsanspruch des A gegenüber. Im Gegensatz zu der hier vertretenen Auffassung hält *Rothoeft*[646] den früheren Rechtsinhaber B für entreichert, weil er die Befreiung des B von dem Übereignungsanspruch des A außer Ansatz läßt. Statt dessen untersucht er, ob der Kaufpreisanspruch gegen A einen Ausgleich schafft, ohne zu bedenken, daß dieser Anspruch B auf jeden Fall zusteht. In dem Kaufpreisanspruch sieht *Rothoeft* deswegen keinen Ausgleich für den Rechtsverlust des B, weil die Hoffnung auf Erfüllung des Kaufpreisanspruchs der verlorenen dinglichen Rechtsstellung nicht gleichwertig sei.

Der Handelnde A verliert in den hier besprochenen Fällen seinen Übereignungsanspruch, ohne dafür einen Ausgleich zu erhalten, da er keine Forderung gegen den Dritten C hat. Sein Vermögen wird um den vollen Wert des Rechts kleiner, da der Wert des Übereignungsanspruchs dem Wert des Rechts entspricht. Hat A bereits ein Anwartschaftsrecht, so ist der Wert des Übereignungsanspruchs allerdings um den Wert des Anwartschaftsrechts niedriger. A's Verlust ist aber nicht geringer, da er dann mit dem Rechtserwerb des C auch sein Anwartschaftsrecht verliert.

cc) Keine Ansprüche des Schuldners und früheren Rechtsinhabers B gegen den Dritten C

Da diese Fallgruppe im Schrifttum meist nicht gesondert behandelt wird, ist es nicht immer ganz einfach, festzustellen, wer gegen wen einen Bereicherungsanspruch haben soll[647]. Die durchaus herrschende Meinung[648] lehnt aber

---

[646] *Rothoeft*, AcP 163 (1964), 215 (253, 254).

[647] Mißverständlich etwa *Wolff-Raiser*, Sachenrecht, 10. Bearb., § 74 I 3.

[648] BGH Urt. v. 20. 1. 1954 — II ZR 155/52 = NJW 1954, 793.
Baur, Sachenrecht, 3. Aufl., § 53c II 2 b bb.
Berg, AcP 160 (1961), 505 (522)

wohl Bereicherungsansprüche des früheren Rechtsinhabers B gegen den Erwerber C aus § 812 BGB oder aus § 951 i.V.m. § 812 BGB ab.

Eine Ausnahmestellung nimmt *Hülsmann*[649] ein, der dem früheren Eigentümer B dann einen Bereicherungsanspruch gem. §§ 951, 812 BGB gegen den Erwerber C einräumen will, wenn dieser bösgläubig war. Zur Begründung führt *Hülsmann* aus, C hätte bei rechtsgeschäftlicher Übertragung kein Eigentum erlangt und B hätte gem. § 985 BGB von ihm vindizieren können. § 951 BGB gewähre als Rechtsfortwirkungsanspruch für diesen Fall dem Eigentümer Ersatz für seine verlorengegangene rei vindicatio.

Barnstedt[650] will zwar in seinem Beispielfall dem früheren Eigentümer B einen Anspruch gegen C zubilligen. Er geht aber insofern von einer anderen Voraussetzung aus, als er annimmt, die Schuld des B gegenüber A erlösche nicht.

Nimmt man an, daß die Schuld des B mit oder ohne dessen Genehmigung erlischt, so ist die Ablehnung von Bereicherungsansprüchen des B gegen C nach der „älteren Bereicherungslehre" schon damit zu begründen, daß der frühere Rechtsinhaber und Übereignungsschuldner B nicht „entreichert "ist. Dieser Ansicht ist wohl auch der Bundesgerichtshof, der in dem „Spezial-Betondecken-Fall"[651] davon ausgeht, daß der Vorbehaltsverkäufer B an der Vermögensverschiebung zwischen dem Vorbehaltsverkäufer A und dem Erwerber C gar nicht beteiligt ist. Folgt man dem nicht, so kann man einen Bereicherungsanspruch nach der „älteren Bereicherungslehre" aber auch aus anderen Gründen ablehnen. *Berg*[652] meint, es fehle an der „Unmittelbarkeit", wobei er allerdings an die „Leistungskondiktion" denkt. Der Bundesgerichtshof[653] scheint darüber hinaus den Vorbehaltskauf zwischen B und A als „Rechtsgrund" ansehen zu wollen, während *Berg*[654] auf das Fehlen eines „Rechtsgrundes" zwischen B und dem Dritten C hinweist. — Als überholt ist wohl eine früher von *Freund*[655] vertretene Auffassung anzusehen. *Freund* meinte, A habe auf Grund seines obligatorischen Anspruchs gegenüber einem Bereicherungsanspruch des B eine Einrede, die nur zu berücksichtigen sei, wenn er sich darauf berufe.

---

wohl auch *H. Westermann*, Sachenrecht, 5. Aufl., § 54, 2 (vgl. aber das Beispiel in § 54, 3 a. E.)
a. A. *Rothoeft*, AcP 163 (1964), 215 (255).

[649] *Hülsmann*, Dreiecksverhältnisse, 55.

[650] *Barnstedt*, Das Merkmal, 82—84.
ebenso *Scheyhing*, JZ 1965, 14 (15).

[651] BGH Urt. v. 20. 1. 1954 — II ZR 155/52 = NJW 1954, 793.

[652] *Berg*, AcP 160 (1961), 505 (514)
ebenso *Sturm*, JZ 1956, 361
a. A. *Scheyhing*, JZ 1956, 14.

[653] BGH Urt. v. 20. 1. 1954 — II ZR 155/52 = NJW 1954, 793.

[654] *Berg*, AcP 160 (1961), 505 (515).

[655] *Freund*, Eingriff, 21.

Folgt man der „Lehre von Leistungs- und Eingriffskondiktion", so entfällt eine „Leistungskondiktion" des früheren Rechtsinhabers B gegen den Dritten C, da allenfalls eine „Leistung" des A, nicht aber eine solche des B an C vorliegt. Eine „Eingriffskondiktion" entfällt mangels „Entreicherung" des B, wenn man sie nicht angesichts der „Leistung" des A wegen ihrer Subsidiarität von vornherein für ausgeschlossen halten will. Nur *Rothoeft*[656] der den Übereignungsschuldner B, wie erwähnt, für „entreichert" hält, will diesem eine „Eingriffskondiktion" gegen C zubilligen.

Will man hier die „Faustregel" anwenden, so entfällt ein Anspruch des B gegen C, weil ein „Deckungsverhältnis" zwischen B und A vorliegt.

dd) Ansprüche des Gläubigers A gegen den Dritten C

Entsprechend ihrer Ablehnung von Bereicherungsansprüchen des B gegen C bejaht die herrschende Meinung[657] Ansprüche des Übereignungsgläubigers A gegen den Erwerber des Rechts, den Dritten C, gemäß § 812 BGB.

Nach der „älteren Bereicherungslehre" ist C „bereichert" und A „entreichert", wie die Analyse der Vermögensverschiebung gezeigt hat. Die Vermögensverschiebung ist auch „unmittelbar" erfolgt. Daran ist nicht zu zweifeln, wenn man nur auf die äußeren Vorgänge abstellt. Berücksichtigt man die Beteiligung des früheren Rechtsinhabers B an der Vermögensverschiebung, so kann man wohl zumindest von einer „unmittelbaren Vermögensverschiebung durch mittelbare Zuwendung" sprechen. Ein „Rechtsgrund" zwischen A und C fehlt.

Baur[658] meint, nach der „Lehre von Leistungs- und Eingriffskondiktion" stehe dem Bauunternehmer A in dem „Betondeckenbeispiel" eine „Leistungskondiktion" gegen den Grundeigentümer C zu. In der Tat kann man von einer „bewußten und zweckgerichteten Zuwendung" des A an C sprechen, die ihren „Zweck verfehlt". Fraglich ist nur, ob eine „mittelbare" oder eine „unmittelbare" „Leistung" des A an C vorliegt. Für ersteres spricht die Einschaltung des Vermögens des früheren Rechtsinhabers B in die Vermögensverschiebung, für letzteres der direkte Kontakt des Übereignungsgläubigers A mit dem Erwerber C.

Nach der „Faustregel" hat A wiederum wegen des Fehlens eines „Valutaverhältnisses" einen Bereicherungsanspruch gegen den Erwerber C.

e) Zusammenfassung

Dieser Abschnitt der Untersuchung zeigt, daß ein Gläubiger A sich in Dreiecksverhältnissen der zweiten Art, also bei Schulderfüllung (im Deckungs-

---

656 *Rothoeft*, AcP 163 (1964), 215 (254f.).

657 BGH Urt. v. 20. 1. 1954 — II ZR 155/52 = NJW 1954, 793.
Baur, Sachenrecht, 3. Aufl., § 53c II 2 b bb.

658 *Baur*, Sachenrecht, 3. Aufl., § 53c II 2 b bb
ebenso *Hülsmann*, Dreiecksverhältnisse, 43f.

verhältnis) bei Erwerb der Erfüllungsleistung durch einen Dritten, in Deutschland in zahlreichen Fällen an den Dritten C halten kann. Rechtsprechung und Lehre bestätigen in weitem Umfang die Richtigkeit des vorangestellten Prinzips.

Für die Allgemeingültigkeit des Prinzips sprechen auch die angeführten Lösungen des amerikanischen Rechts, die sich bei aller Verschiedenheit der Begründungen weitgehend mit denen des deutschen Rechts decken.

Besonders bemerkenswert erscheint, wie gut sich auch hier neben Leistungsfällen, wie den Anweisungsfällen mit fehlendem Valutaverhältnis, in sonstiger Weise erfolgte Vermögensverschiebungen, wie die wirksamen Leistungen an einen Nichtberechtigten (§ 816 Abs. 2 BGB), in den größeren Rahmen der Schulderfüllung im Deckungsverhältnis bei Erwerb der Erfüllungsleistung durch einen Dritten einfügen[659].

Ferner hat sich gezeigt, daß die hier behandelte zweite Art von Dreiecksverhältnissen ebenso wie die zuvor dargestellte erste Art gelegentlich erst nach Ausübung eines Wahlrechts entsteht[660]. Die Folge dieser Wahlrechte ist wie bei den oben erörterten Wahlrechten wieder, daß einer der drei Beteiligten wählen kann, ob er sich im Rahmen eines Zwei-Personen-Verhältnisses an den einen oder im Rahmen eines Dreiecksverhältnisses an den anderen der Mitbeteiligten halten will.

4. Durchbrechungen des Prinzips in Ausnahmefällen

Wie bei der ersten Art von Dreiecksverhältnissen gilt auch hier bei der zweiten das Prinzip nicht ausnahmslos. Die Ausnahmen zeigen eine erstaunliche Parallelität zu Besonderheiten, die schon bei der ersten Art von Dreiecksverhältnissen erwähnt worden sind. Hier wie dort fügen sich nämlich Schenkungs- und Verwendungsfälle nicht in das allgemeine Bild.

a) Anspruch gegen den Schuldner bei schenkungsweisem Erlaß durch einen nichtberechtigten Dritten.

aa) Allgemeine Beschreibung dieser Fallgruppe

Oben[661] war von den Fällen die Rede, in denen eine Leistung eines Schuldners B an einen Nichtberechtigten C befreiende Wirkung hat, sei es, daß die Schuld des B gegenüber dem Gläubiger A ohne weiteres, sei es, daß sie nach entsprechender Ausübung eines Wahlrecths durch B oder A erlischt (vgl. § 816 Abs. 2 BGB). In diesen Fällen kann an die Stelle der Leistung des B auch ein von dem Dritten C mit dem Schuldner B vereinbarter Schulderlaß treten. Ein derartiger Schulderlaß durch den Nichtberechtigten C kann unentgeltlich, d.h.

---

[659] *Nipperdey*, JbAkadDR 4 (1937), 19 (23).
[660] Siehe oben Abschnitt D I 3 g sowie D II 3 c aa und D II 3 d bb
[661] Siehe oben Abschnitt D II 3 c

schenkungsweise, erfolgen. Von solchen Fällen, die praktisch sehr selten sein dürften, theoretisch aber denkbar sind, soll hier die Rede sein. Man denke an folgendes Beispiel:

Ein Altgläubiger C hat eine Forderung in Höhe von 100,— DM, die ihm gegen den Schuldner B zustand, an den Neugläubiger A abgetreten. C findet nun den Schuldner B sympatischer als den Neugläubiger A. Deshalb geht er zu dem nichtsahnenden, erfreuten B und erläßt diesem schenkungsweise seine Schuld.

In solchen Fällen erleidet wiederum der Gläubiger A einen Vermögensverlust, da er seine Forderung gegen den Schuldner B verliert. Der Schuldner B wird von seiner Schuld befreit. Gleichzeitig verliert er aber eine Schenkungsforderung gegen C, die ihm aus der dem Erlaß zugrunde liegenden Schenkung zusteht. Der Dritte C wird dementsprechend von einer Schenkungsverpflichtung frei. Bei einer streng juristischen Betrachtungsweise, die auch Rechte und Pflichten aus der Schenkung berücksichtigt, ist also A entreichert und C bereichert.

bb) Anspruch des Gläubigers A gegen den Schuldner B

Für Fälle dieser Art ist umstritten, ob sich auch hier der Gläubiger A entsprechend der Regel des § 816 Abs. 2 BGB an den Dritten C halten kann, oder ob ihm ein Bereicherungsanspruch gegen den Schuldner B zusteht, weil die Ausnahmevorschrift des § 816 Abs. 1 Satz 2 BGB im Rahmen von § 816 Abs. 2 BGB analog anzuwenden ist.

Hachenburg[662], der wohl als erster auf diese interessante Frage hingewiesen hat, lehnt einen Anspruch des Gläubigers A gegen den Schuldner B ab. Er will die Ausnahmeregel des § 816 Abs. 1 Satz 2 BGB nicht im Rahmen des Abs. 2 der Vorschrift analog anwenden. Seiner Ansicht nach liegt kein Bedürfnis dafür vor, in dem Beispielfall dem Zessionar A, der sich an den Zedenten C halten könne, einen Anspruch gegen den Schuldner B zu geben.

Das ist jedoch ein Zirkelschluß, da keineswegs feststeht, ob A sich an C halten kann. Richtiger Ansicht nach wird man einen Anspruch des A gegen C zu verneinen und nur einen solchen gegen B zu bejahen haben[663]. Dafür spricht einmal eine Bewertung der besonderen Interessenlage. Zwar ist der Nichtberechtigte C hier formell durch die Erfüllung seiner Schenkungsverpflichtung bereichert. Wirtschaftlich hat er aber nichts erhalten. Der Schuldner B ist umgekehrt ohne jedes Vermögensopfer von seiner Schuld befreit worden. Weiter ist zu bedenken, wie schwach geschützt die Stellung des Beschenkten, hier des Schuldners B, im allgemeinen ist. Andererseits spricht nur die Selten-

[662] *Hachenburg*, Vorträge, 2. Aufl., 255.

[663] *Freund*, Eingriff, 67 (für Fortbestehen des vertraglichen Anspruchs).
Staudinger-Werner, BGB, 9. Aufl., § 407, Anm. IV, 3.
Planck-Siber, BGB, 4. Aufl., § 407, Anm. 4.

heit dieser Fälle für das Fehlen einer besonderen Regelung in § 816 Abs. 2 BGB. Man wird daher § 816 Abs. 1 Satz 2 BGB analog anzuwenden und dem Gläubiger A in diesen Fällen ausnahmsweise nur einen Anspruch gegen den befreiten Schuldner B zuzubilligen haben. B bleibt so der Vorteil, nur noch nach Bereicherungsgrundsätzen und nicht mehr vertraglich zu haften.

Die „Lehre von Leistungs- und Eingriffskondiktion" würde den Anspruch des A gegen B wohl als „Eingriffskondiktion" klassifizieren.

b) Ansprüche von Gläubiger und Schuldner gegen einen Dritten bei Verwendungen durch einen nicht zum Besitz berechtigten Schuldner.

aa) Allgemeine Beschreibung dieser Fallgruppe

Gelegentlich erfüllt ein Schuldner B eine Verpflichtung gegenüber seinem Gläubiger A, indem er Verwendungen auf eine in seinen Besitz gelangte Sache des C macht, ohne daß gleichzeitig eine Verpflichtung des A gegenüber dem Eigentümer C erlischt. In diesen Fällen liegen, wie bei der oben[664] behandelten Fallgruppe „Ansprüche gegen Gläubiger und Schuldner bei Verwendungen durch einen nicht zum Besitz berechtigten Dritten", wieder gleichzeitig ein „Eigentümer-Besitzer-Verhältnis" zwischen B und C und ein „Dreiecksverhältnis" zwischen A, B und C vor. Ein wichtiger, nicht immer genügend beachteter[665] Unterschied zu der oben behandelten Fallgruppe besteht darin, daß hier das Eigentümer-Besitzer-Verhältnis mit einem Dreiecksverhältnis der zweiten Art, also mit einer „Schulderfüllung (im Deckungsverhältnis) bei Erwerb der Erfüllungsleistung durch einen Dritten", und nicht wie oben mit einem solchen der ersten Art, also einer „Befriedigung eines Gläubigers (im Valutaverhältnis) auf Kosten eines Dritten", zusammentrifft.

Zur Verdeutlichung mag folgendes, einer Entscheidung des Bundesgerichtshofes[666] nachgebildete Beispiel dienen:

A kauft bei dem Autohändler C einen Wagen unter Eigentumsvorbehalt. Das Auto wird ihm übergeben, obwohl der Kaufvertrag aus irgendeinem Grunde nicht rechtwirksam ist. Bald darauf hat A ohne eigenes Verschulden mit dem Fahrzeug einen Unfall. Das zwingt ihn, den Wagen dem Automechaniker B zu übergeben und diesen mit der Reparatur zu beauftragen. B erfüllt seine Verpflichtung aus dem Werkvertrag gegenüber A, indem er den Wagen, der noch immer Eigentum des Vorbehaltsverkäufers C ist, repariert.

B handelt in diesem Fall auf Weisung seines Gläubigers A. Das dürfte für alle Fälle dieser Fallgruppe gelten. Sie wären also, läge nicht die Besonderheit

---

[664] Siehe oben Abschnitt D I 4 c

[665] Keinerlei Unterschied machen zum Beispiel:
Palandt-Hoche, BGB, 26. Aufl.,
Vorbem. 1 b. zu § 994
Kraft, NJW 1963, 1849 (1850 r. Sp.).

[666] BGH Urt. v. 21. 12. 1960 — VIII ZR 89/59 = BGHZ 34, 128 = NJW 1961, 499.

des Eigentümer-Besitzer-Verhältnisses zwischen dem Schuldner B und dem Dritten C vor, in eine der beiden ersten Fallgruppen[667] einzuordnen.

Das Ergebnis der Vermögensverscheibung ist bei dieser Fallgruppe dasselbe wie bei allen Dreiecksverhältnissen der zweiten Art. Das Vermögen des Dritten C, des Eigentümers der im Besitz des B befindlichen Sache, wird größer, da Verwendungen auf die Sache gemacht werden, auf die C keinen Anspruch hat. Bei dem Schuldner B tritt nur eine Vermögensumschichtung ein. Er macht zwar die Verwendungen, wird dadurch aber von seiner Verpflichtung gegenüber A frei. Das Vermögen des Gläubigers A verringert sich, da er seinen Anspruch gegen B verliert. Die Gegenleistung, im Autoreparatur-Beispiel also der Werklohnanspruch des B, muß wieder außer Betracht bleiben, da sie durch die Vermögensverschiebung nicht berührt wird.

bb) Ansprüche des im Besitz der Sache befindlichen Schuldners B gegen den Eigentümer C

Ob der im Besitz der Sache befindliche Schuldner B in den hier besprochenen Fällen Ansprüche gegen den Eigentümer C hat, ist umstritten.

Bei einer nur am Ergebnis der Vermögensverschiebung orientierten Betrachtungsweise wären solche Ansprüche abzulehnen. Es ist aber zu beachten, daß B seine Verwendungen im Vertrauen auf den Besitz an der Sache macht, so daß es, wie *von Caemmerer* meint[668], natürlicher Anschauung entspricht, diesen als Sicherheit anzusehen. So wie derartige Überlegungen oben[669] dazu geführt haben, ausnahmsweise einem entreicherten Dritten B Ansprüche gegen einen nicht Bereicherten Eigentümer C zuzusprechen, muß man hier Ansprüche des nicht entreicherten Schuldners B gegen den bereicherten Eigentümer C in Erwägung ziehen.

Der Bundesgerichtshof hat in dem von ihm entschiedenen „Autoreparaturfall"[670] dem Schuldner B Verwendungsersatzansprüche gemäß §§ 994ff. BGB zugebilligt. Ihm folgt ein großer Teil des Schrifttums[671]. Daß auch nach dieser Ansicht die Position des Schuldners B gegenüber dem Eigentümer C noch

---

[667] „Leistung an einen Dritten auf Grund einer zur Erfüllung einer eigenen Verbindlichkeit gegenüber dem Dritten erteilten Weisung eines Gläubigers" oder „Leistung an einen Dritten auf Grund einer aus bewußter Liberalität erteilten Weisung eines Gläubigers".

[668] *v. Caemmerer*, Festschrift für Rabel I, 333 (371),
ähnlich *Beuthien*, SchlHA 1962, 208 (212)
und *Brandi*, Bereicherung, 128,
a. A. *Dimopoulos-Vosikis*, Elemente, 291.

[669] Siehe oben Abschnitt D I 4 c bb

[670] BGH Urt. v. 21. 12. 1960 — VIII ZR 89/59 = BGHZ 34, 128 = NJW 1961, 499.

[671] *Palandt-Gramm*, BGB, 26. Aufl., Vorbem. 1 b zu § 994.
Vgl. *Firsching*, AcP 162 (1963), 440ff.

verhältnismäßig schwach ist, zeigt sich darin, daß der Verwendungsersatzanspruch nur im Rahmen der §§ 1000, 1001 und 1003 BGB geltend gemacht werden kann.

Einige Autoren, die Verwendungsersatzansprüche des Schuldners B gegen den Eigentümer C ablehnen[672], begründen das mit dem Fehlen der Anspruchsvoraussetzungen der §§ 994 ff. BGB. Sie betonen, daß diese Ansprüche nur dem unrechtmäßigen Besitzer, demgegenüber eine Vindikationslage gegeben ist, zustehen. Diese Voraussetzung soll bei der hier behandelten Fallgruppe nicht erfüllt sein. Mit der wohl herrschenden Meinung wird man aber doch das Bestehen einer Vindikationslage zu bejahen haben, weil ein Recht des B zum Besitz sich weder allein aus dem Vertrag mit dem seinerseits nicht zum Besitz berechtigten A noch aus einem Unternehmerpfandrecht (§ 647 BGB), das nach Ansicht des Bundesgerichtshofes nicht an Sachen Dritter erworben werden kann[673], ergibt. — *Weitnauer*[674] ist im Anschluß an andere der Ansicht, ein Verwendungsanspruch des B gegen C sei abzulehnen, da B in diesen Fällen mangels entsprechender Willensrichtung keine „Verwendung" auf die Sache des C mache. Dabei geht er von einem von der herrschenden Lehre abweichenden Verwendungsbegriff aus. — Endlich ergeben sich hier, wie bei der Befriedigung eines Gläubigers im Valutaverhältnis[675], Bedenken aus dem bereicherungsrechtlichen Charakter der Vorschriften über den Verwendungsersatz. Würde man bereicherungsrechtliche Grundsätze auf die §§ 994 ff. BGB anwenden, so schiede ein Verwendungsersatzanspruch des B gegen C aus. Zur Begründung kann auf die zu den Anweisungsfällen mit fehlendem Valutaverhältnis gemachten Ausführungen[676] über das Fehlen eines Bereicherungsanspruchs des B gegen C verwiesen werden. Die durch den Besitz des B gekennzeichnete Besonderheit der Interessenlage sowie der unterschiedliche Wortlaut der §§ 812, 951 BGB einerseits und der §§ 994 ff. BGB andererseits sprechen aber hier wie bei der Befriedigung eines Gläubigers im Valutaverhältnis entscheidend gegen eine Anwendung bereicherungsrechtlicher Grundsätze im Rahmen der §§ 994 ff. BGB[677].

Der Schuldner kann also Verwendungsersatzansprüche (§§ 994 ff. BGB) gegen den Eigentümer C geltend machen.

---

[672] Vor allem *Münzel*, NJW 1961, 1377 ff.

[673] Streitig, vgl. *Palandt-Gramm*, BGB, 26. Aufl., § 647 Anm. 2.

[674] *Weitnauer*, DNotZ 1966, 764 (765)
ähnlich *Emmerich*, Nebenfolgen, 171 ff.

[675] Siehe oben Abschnitt D I 4 c bb.

[676] Siehe oben Abschnitt D II 3 a bb.
ferner *Emmerich*, Nebenfolgen, 174.

[677] a. A.:
Dimopoulos-Vosikis, Elemente, 280, 289 f.
Emmerich, Nebenfolgen, 178 ff.

Die Verwendungsersatzansprüche ähneln denen, die vor Einführung des BGB mit Hilfe der preußisch-rechtlichen Verwendungsklage oder der gemeinrechtlichen actio de in rem verso geltend gemacht werden konnten. Der Grundsatz, daß die Versionsklage dem geltenden Recht unbekannt ist, erfährt also insoweit eine Einschränkung[678].

cc) Ansprüche des Gläubigers A gegen den Dritten C

Wenig Beachtung haben bei der Debatte über die Frage, ob der besitzende Schuldner B Verwendungsersatzansprüche gegen den Eigentümer C hat, Ansprüche des Bestellers A gegen den Eigentümer C gefunden.

Zu denken ist einmal an Ansprüche des A gegen C aus Geschäftsführung ohne Auftrag (§§ 677ff. BGB).

Lehnt man Verwendungsersatzansprüche des B gegen C mit der Begründung ab, B mache mangels entsprechender Willensrichtung keine „Verwendung" auf die Sache des C, so kommen weiter Verwendungsersatzansprüche (§§ 994ff. BGB) des A gegen C in Frage[679].

Vor allem aber kommen Bereicherungsansprüche (§§ 812ff. BGB) in Betracht. Wie soeben erwähnt wurde, liegt in den Fällen der hier besprochenen Art wohl immer eine Weisung des Gläubigers A an seinen Schuldner B vor. Es hat sich gezeigt, daß ein Gläubiger A, der „zur Erfüllung einer eigenen Verbindlichkeit gegenüber dem Dritten C" oder „aus bewußter Liberalität" seinen Schuldner B anweist, an einen Dritten C zu leisten, einen Bereicherungsanspruch gegen C hat. Da die §§ 994ff. BGB nur die Beziehungen des Besitzers B zu dem Eigentümer C abschließend regeln[680], hat der Gläubiger A auch in den hier besprochenen Fällen einen solchen Bereicherungsanspruch gegen den Dritten C.

Wie schon bei der ersten Art von Dreiecksverhältnissen läßt sich also auch hier feststellen, daß bei dem Zusammentreffen eines Eigentümer-Besitzer-Verhältnisses mit einem Dreiecksverhältnis Verwendungsersatzansprüche gemäß §§ 994ff BGB neben den „normalen" Bereicherungsansprüchen geltend gemacht werden können.

dd) Verhältnis der Ansprüche des Schuldners B zu denen des Gläubigers A

Nach dem bisher Gesagten sieht der Dritte C sich bei dieser Fallgruppe also Ansprüchen des Schuldners B und des Gläubigers A gegenüber.

Leistet er zuerst an den Schuldner B, so kann er sich gegenüber einem Bereicherungsanspruch des Gläubigers A auf einen Wegfall seiner Bereicherung

[678] *Brandi*, Bereicherungsanspruch, 126f.
[679] So *Emmerich*, Nebenfolgen, 174.
[680] BGH Urt. v. 26. 2. 1964 — V ZR 105/61 = NJW 1964, 1125.

berufen. Damit entfällt für ihn die Gefahr einer doppelten Inanspruchanhme. A wird dadurch nicht geschädigt, da durch die Leistung des C auch die Werklohnforderung des B gegen A erfüllt wird (vgl. § 267 BGB).

Schwieriger ist es, wenn der Eigentümer C zuerst den Bereicherungsanspruch des Gläubigers A befriedigt. Es erscheint unbillig, ihn auch dann noch einem Verwendungsersatzanspruch des B auszusetzen. Dieses Problem wird, soweit ersichtlich, nirgends behandelt. Sachgerecht wäre es, in einem solchen Fall dem C auch gegenüber einem Verwendungsersatzanspruch des B die Berufung auf den Wegfall seiner Bereicherung zu gestatten. Das ließe sich damit rechtfertigen, daß auch die Verwendungsersatzansprüche letztlich einen Bereicherungsausgleich herbeiführen sollen. Der Schuldner B wäre in diesem Falle auf seine vertraglichen Ansprüche, im Ausgangsbeispiel also seine Werklohnforderung, gegen den Gläubiger A angewiesen. Erbringt endlich A als erster die von ihm im Deckungsverhältnis geschuldete Leistung an den Besitzer B, so scheitert ein Verwendungsanspruch des B gegen C an der Arglisteinrede, weil B nicht zweimal Ersatz seiner Verwendungen verlangen kann[681].

c) Zusammenfassung

Die letzten beiden Fallgruppen umfassen Situationen, in denen das Ausgleichsprinzip für die zweite Art von Dreiecksverhältnissen nicht gilt.

Ist die Schuld des B auf Grund eines schenkweisen Erlasses durch einen Nichtberechtigten C erloschen, so richtet sich der Ausgleichsanspruch des Gläubigers A nicht gegen C, sondern gegen B. Man muß sich § 816 Abs. 2 BGB um eine Ausnahmeregel erweitert denken, wie sie für § 816 Abs. 1 BGB dessen Satz 2 darstellt.

Hat der Schuldner B als nichtberechtigter Besitzer Verwendungen auf eine Sache eines Dritten C gemacht, so hat nicht nur der Gläubiger A, sondern auch der Schuldner B einen Anspruch gegen C. Der Anspruch des B entspricht der früheren Versionsklage. Er stellt im Grunde mehr eine Ergänzung als eine Durchbrechung des Prinzips, wonach nur der Gläubiger A sich an den Dritten C halten kann, dar.

5. *Ergebnisse*

Stark zusammengefaßt läßt sich sagen, daß für die zweite Art von Dreiecksverhältnissen mutatis mutandis dasselbe gilt wie für die erste Art.

---

681 RG Urt. v. 19. 12. 1933 — VII 260/33 = RGZ 142, 417 (422).
v. Caemmerer, Festschrift für Rabel I, 333 (383).
Dimopoulos-Vosikis, Elemente, 268f.

a) Die Richtigkeit des Prinzips

Hier wie dort ergibt sich die Richtigkeit des Prinzips.

Auch hier spricht schon das Ergebnis einer abstrakten Analyse der Vermögensverschiebung sehr stark für das Ausgleichsprinzip.

Vor allem bestätigen aber wiederum die nach deutschem und amerikanischem Recht von Rechtsprechung und Lehre anerkannten Ansprüche seine Richtigkeit.

Die erörterten Fallgruppen erfassen wohl die große Mehrzahl aller einschlägigen Tatbestände. Hervorzuheben ist besonders, wie gut sich § 816 Abs. 2 BGB als gesetzlich geregelter Sonderfall des Ausgleichsprinzips für die zweite Art von Dreiecksverhältnissen begreifen läßt.

Die beiden Durchbrechungen des Prinzips bei den „Schenkungs-" und „Verwendungsfällen", die eine so überraschende Verwandtschaft zu Durchbrechungen des ersten Prinzips aufweisen, sind wiederum auf leicht erkennbare Besonderheiten der Interessenlage zurückzuführen.

Wegen der logischen Priorität[682] des Erfüllungsrechts vor dem Bereicherungsrecht ist es auch erforderlich, das Bestehen eines Anspruchs des Gläubigers A gegen den Dritten C von der Schulderfüllung im Deckungsverhältnis abhängig zu machen und nicht umgekehrt das Erlöschen der Forderung des A gegen B vom Bestehen irgendwelcher Bereicherungsansprüche abhängen zu lassen[683].

b) Die Kondiktion gegen Drittempfänger

Ebenso wie das vorige Prinzip enthält auch das hier besprochene einen bereicherungsrechtlichen Grundgedanken, der in den bisherigen bereicherungsrechtlichen Theorien nicht hinreichend deutlich zum Ausdruck kommt.

aa) Schwächen der gebräuchlichen bereicherungsrechtlichen Konstruktionen

Ebenso wie bei den Dreiecksverhältnissen der ersten Art zeigt auch bei denen der zweiten Art ein Rückblick auf die erörterten Fallgruppen gewisse Schwächen der gebräuchlichen bereicherungsrechtlichen Konstruktionen.

Folgt man der „älteren Bereicherungslehre", so bereitet vor allem das Tatbestandsmerkmal der „Unmittelbarkeit" Schwierigkeiten. Einerseits will nicht recht einleuchten, warum auch bei „unmittelbaren Vermögensverschiebungen durch mittelbare Zuwendung" die „Unmittelbarkeit" gewahrt sein soll. Andererseits fällt auf, daß dann, wenn der Dritte C den Erfüllungsgegenstand durch eine Leistung des Schuldners B erwirbt, eine „unmittelbare Vermögensverschiebung durch mittelbare Zuwendung" vorliegen soll, während bei den

---

[682] Siehe oben Abschnitt D I 5 a.

[683] So aber *Hülsmann*, Dreiecksverhältnisse, 68.

im übrigen gleich strukturierten Fällen, in denen der Dritte C den Erfüllungsgegenstand durch eine Handlung des Gläubigers A erwirbt („Erwerb durch einen Dritten in sonstiger Weise"), von einer einfachen „unmittelbaren" Vermögensverschiebung auszugehen sein soll. Ähnliche Zweifel bestehen hinsichtlich der Frage, ob das Schuldverhältnis zwischen Gläubiger A und Schuldner B einen „Rechtsgrund" abgibt, oder ob ein „Rechtsgrund" fehlt, entweder wegen des Mangels an Beziehungen zwischen dem Schuldner B und dem Dritten C oder wegen des Mangels an Beziehungen zwischen dem Gläubiger A und dem Dritten C. Dunkel ist endlich nach der „älteren Bereicherungslehre" die Funktion des § 816 Abs. 2 BGB und sein Verhältnis zu § 812 BGB.

Die Schwäche der „Lehre von Leistungs- und Eingriffskondiktion" zeigt sich in der Vielfalt der Erklärungen, mit denen die Bereicherungsansprüche des Gläubigers A gegen den Dritten C begründet werden. Oft soll A eine „Leistungskondiktion" zustehen, mit der teils „mittelbare", teils „unmittelbare" „Leistungen" zurückverlangt werden sollen. In anderen Fällen soll der Gläubiger A eine „Eingriffskondiktion" gegen C haben. Besonders unbefriedigend sind die Versuche, mit Hilfe der neuen Lehre den als Beispiel gebrachten „Preisauschreibenfall" zu lösen. Ferner vermag auch die „Lehre von Leistungs- und Eingriffskondiktion" keine einleuchtende Erklärung für Sinn und Zweck des § 816 Abs. 2 BGB zu geben.

Sicher rühren die Schwierigkeiten der älteren und neueren Lehre, wie bei der ersten Art von Dreiecksverhältnissen, daher, daß beide zunächst auf Zwei-Personen-Fälle zugeschnitten und für Dreiecksverhältnisse nur leicht variiert sind. Das gilt nicht für die „Faustregel". Deren Schwäche ist das Fehlen einer dogmatischen Begründung. Darüber hinaus versagt auch sie bei der zweiten Art von Dreiecksverhältnissen gelegentlich, nämlich dann, wenn ein Valutaverhältnis zwar besteht aber nicht erfüllt wird, wie in dem „Pfandrechtsfall".

bb) Eigener Vorschlag: Die Kondiktion gegen Drittempfänger

Es erscheint daher wiederum sinnvoll und berechtigt, aus dem zweiten Prinzip auf die Existenz eines zweiten Bereicherungsanspruchs eigener Art zu schließen, der für die Fälle der „Schulderfüllung (im Deckungsverhältnis) bei Erwerb der Erfüllungsleistung durch einen Dritten" an die Stelle von „Leistungs-" und „Eingriffskondiktion" tritt.

Während sich der entsprechende Vorschlag bei den Dreiecksverhältnissen der ersten Art auf die wenigstens für bestimmte Fälle schon weitgehend anerkannte „Lehre von der Rückgriffskondiktion" stützen konnte, fehlt hier bisher im Schrifttum und erst recht in der Rechtsprechung jeder Hinweis auf das Bedürfnis nach einer Sonderkondiktion für die Dreiecksverhältnisse der zweiten Art. Der Vorschlag paßt aber in den Trend zu einer weitergehenden Auffächerung des Bereicherungsrechts. Erkennt man die Existenz einer besonderen Kondiktion für die zweite Art von Dreiecksverhältnissen an, so ergibt sich auch eine plausible Erklärung der Funktion des § 816 Abs. 2 BGB. So wie § 816 Abs. 1 BGB als gesetzlich geregelter Sonderfall der Spezialkondiktion für Dreiecksverhältnisse der ersten Art, der „Rückgriffskondiktion im weiteren Sinne“, erscheint, stellt sich § 816 Abs. 2 BGB als gesetzlich geregelter Sonderfall der Spezialkondiktion für die Fälle der „Schulderfüllung (im Deckungsverhältnis) bei Erwerb der Erfüllungsleistung durch einen Dritten“ dar[684].

Um eine einprägsame Bezeichnung für diese zweite Spezialkondiktion zu haben, empfiehlt es sich, von der „Kondiktion gegen Drittempfänger[685]“ zu sprechen.

Auch die Grundgedanken der Kondiktion gegen Drittempfänger sollen abschließend in Form einiger Leitsätze zusammengefaßt werden. Den Besonderheiten der „Schenkungs-“ und „Verwendungsfälle“ wird dabei wie bei der Rückgriffskondiktion Rechnung getragen:

Die Kondiktion gegen Drittempfänger.

I. Erlischt ein Schuldverhältnis dadurch, daß nicht der Gläubiger sondern ein Dritter den geschuldeten Gegenstand auf Kosten des Schuldners erwirbt, so ist der Dritte verpflichtet, dem Gläubiger das Erlangte herauszugeben.

II. Der Anspruch richtet sich gegen den Schuldner, wenn das Erlöschen des Schuldverhältnisses auf ein unentgeltliches Geschäft zwischen diesem und dem Dritten zurückgeht.

III. Die Vorschriften der §§ 994 bis 1003 BGB bleiben unberührt.

III. Zusammentreffen beider Arten von Dreiecksverhältnissen

1. Keine Ausgleichsansprüche

Bis jetzt ist nur von „reinen“ Dreiecksverhältnissen beider Arten gesprochen worden. Nunmehr ist auf Fälle einzugehen, in denen gleichzeitig eine „Befriedigung eines Gläubigers (im Valutaverhältnis) auf Kosten eines Dritten“ und eine „Schulderfüllung (im Deckungsverhältnis) bei Erwerb der Erfüllungsleistung durch einen Dritten“ vorliegt.

Bei einem solchem Zusammentreffen der beiden Arten von Dreiecksverhältnissen gelten die beiden bis jetzt herausgearbeiteten Ausgleichsprinzipien nicht. Es bestehen keinerlei Ausgleichsansprüche. Das zu erklären und zu beweisen ist Sinn der folgenden Ausführungen.

---

684 Vgl. *Nipperdey*, JbAkadDR 4 (1937), 19 (23).

685 Die Bezeichnung „Drittempfänger“ wird auch von König in seiner Schrift über den Bereicherungsanspruch gegen „Drittempfänger“ verwendet. König befaßt sich aber mit anderen Fragen.

2. *Bestätigung des Fehlens von Ausgleichsansprüchen durch eine Analyse der Vermögensverschiebung*

So wie zuvor die beiden Prinzipien durch abstrakte Analysen der in einschlägigen Fällen eintretenden Vermögensverschiebungen bestätigt wurden, wird auch die soeben aufgestellte These durch das Ergebnis der Vermögensverschiebung bekräftigt.

Bei den nunmehr zu besprechenden Fällen ist eine Person A gleichzeitig Gläubiger eines Schuldners B und Schuldner einer inhaltsgleichen Forderung eines Gläubigers C. Die beiden Schuldverhältnisse C—A (Valutaverhältnis) und A—B (Deckungsverhältnis) erlöschen gleichzeitig, wenn eine entsprechende Erfüllungsleistung direkt von B an C gelangt.

C, der nur Gläubiger des A ist, erhält rein äußerlich betrachtet die Erfüllungsleistung. Daß es zu einer Befriedigung eines Gläubigers (im Valutaverhältnis) auf Kosten eines Dritten kommt, bedeutet aber, daß C zugleich seine Forderung gegen den Gläubiger-Schuldner A verliert[686]. Auf den Bestand einer etwaigen Gegenforderung des A gegen C hat der ganze Vorgang keinen Einfluß. Der Wert des Vermögens des Gläubigers C bleibt unverändert.

B, der Schuldner des A, verliert die äußerlich in Erscheinung tretende Erfüllungsleistung. Gleichzeitig erlischt aber seine Verpflichtung gegenüber A durch Schulderfüllung (im Deckungsverhältnis) bei Erwerb der Erfüllungsleistung durch einen Dritten. Er wird weder ärmer noch reicher.

A, der Schuldner des C und Gläubiger des B, wird von seiner Schuld gegenüber C durch die Befriedigung eines Gläubigers (im Valutaverhältnis) auf Kosten eines Dritten frei und verliert zugleich seine Forderung gegen B durch Schulderfüllung (im Deckungsverhältnis) bei Erwerb der Erfüllungsleistung durch einen Dritten. Auch sein Vermögen wird weder größer noch kleiner.

Es kommt also bei allen drei Beteiligten nur zu einer Vermögensumschichtung. Für die Gewährung von Ausgleichsansprüchen besteht demnach kein Anlaß[687].

3. *Bestätigung des Fehlens von Ausgleichsansprüchen durch in praktischen Fällen gefundene Lösungen*

Wie bei den reinen Dreiecksverhältnissen soll gezeigt werden, mit welchen Begründungen aus Praxis und Wissenschaft sich die eingangs aufgestellte These stützen läßt.

a) Allgemeine Beschreibung dieser Fallgruppe

Man könnte zunächst daran denken, daß zahlreiche Variationen des Zusammentreffens der beiden Arten von Dreiecksverhältnissen vorkommen, weil

---

[686] *Bartsch* (Das Erfordernis, 14) hält C für bereichert, übersieht aber wohl den Verlust der Forderung gegen A.

[687] *Barnstedt*, Das Merkmal, 46.

theoretisch jede Fallgruppe der ersten Art von Dreiecksverhältnissen mit jeder Fallgruppe der zweiten Art zusammentreffen könnte. Praktisch ist das jedoch nicht möglich, da der Gläubiger-Schuldner A in Fällen der hier besprochenen Art eine Schlüsselstellung einnimmt. Weil er in der Regel der einzige ist, der von der Existenz zweier inhaltsgleicher Schuldverhältnisse weiß, kommt es nur auf Grund seiner Initiative zur gleichzeitigen Erfüllung eines Deckungs- und eines Valutaverhältnisses. Wie bei der Erörterung der beiden Arten von reinen Dreiecksverhältnissen läßt sich auch hier zwischen Fällen, in denen eine „Leistung" des Schuldners B an den Gläubiger C vorliegt, und Fällen, in denen C „in sonstiger Weise" einen Vermögensgegenstand von B erwirkt, unterscheiden.

Die Leistungsfälle pflegt man als „Anweisungsfälle" zu bezeichnen. War bisher in dieser Untersuchung nur von gleichsam pathologischen Anweisungsfällen mit „fehlendem Valutaverhältnis" oder „fehlendem Deckungsverhältnis" die Rede, so hat man es hier bei dem Zusammentreffen beider Arten von Dreiecksverhältnissen mit gesunden Anweisungsfällen zu tun. Auch hier ist allen Anweisungensfällen wieder nur eine „Weisung" des A an B gemeinsam. Man müßte genau genommen zwischen Anweisungen und Verträgen zugunsten Dritter unterscheiden[688]. Eine Anweisung liegt in folgenden erstem Beispiel vor:

Ein Grundstückseigentümer B verkauft sein Grundstück an einen Erstkäufer A. Dieser verkauft es weiter an einen Zweitkäufer C. Auf Wunsch des A übereignet B das Grundstück unmittelbar an C.

In folgendem zweiten Beispiel besteht dagegen zwischen A und B ein Werkvertrag zugunsten des Dritten C:

C ist Eigentümer einer Lokomotive. A mietet diese und verpflichtet sich, erforderliche Reparaturarbeiten ausführen zu lassen. Nach einiger Zeit übergibt er sie deshalb dem Werkunternehmer B. Dieser repariert auftragsgemäß die in seinen Besitz gelangte Lokomotive.

Dieses zweite Beispiel weist darüber hinaus die Besonderheit auf, daß nicht nur beide Arten von Dreiecksverhältnissen sondern auch noch ein Eigentümer-Besitzer-Verhältnis zwischen B und C vorliegt. Die Zahl der Beispiele ließe sich im übrigen beliebig vergrößern. Es sei nur darauf hingewiesen, daß unter anderem bei den oben [689] im Rahmen der Gesamtschuldverhältnisse erörterten Fällen von Sicherheitsleistungen in der Regel nicht nur ein Valutaverhältnis zwischen dem Hauptschuldner A und dem Gläubiger C, sondern auch ein Deckungsverhältnis, etwa ein Auftrag, zwischen dem Sicherungsgeber B und dem Hauptschuldner A vorliegt. Eine gewisse Ausnahmestellung nehmen Zahlungen eines Drittschuldners B an einen Pfändungsgläubiger C ein. Bei

[688] Siehe oben Abschnitt D I 3 a aa.
[689] Siehe oben Abschnitt D I 3 c.

ihnen kann man zwar von einer Leistung des B an C, nicht aber von einer Weisung des Pfändungsschuldners A an seinen Schuldner B sprechen[690].

Auf die Möglichkeit einer gleichzeitigen Erfüllung von Valuta- und Deckungsverhältnis „in sonstiger Weise" hat besonders *Barnstedt*[691] hingewiesen. Ein Rechtsübergang von B auf C kann auch hier wieder auf viererlei Weise erfolgen: Durch gutgläubigen Erwerb (§ 932 BGB usw.), durch Verbindung, Vermischung oder Verarbeitung (§§946ff. BGB), durch Ersitzung (§§937ff. BGB) und durch Verbrauch bei C. Die tatsächlichen Voraussetzungen für den Rechtsverlust des B dürften in diesen Fällen immer auf Handlungen des Gläubiger-Schuldners A zurückgehen. Die Bildung besonderer Beispiele erübrigt sich hier, da die oben[692] bei der zweiten Art von Dreiecksverhältnissen zur Illustration des „Übergangs eines Rechtes von einem Schuldner auf einen Dritten in sonstiger Weise" herangezogenen Beispiele auch hier passen, stellt man sich nur jeweils vor, daß zwischen A und C ein wirksames Valutaverhältnis besteht. Nur die besonders wichtigen Fälle der gleichzeitigen Erfüllung von Valuta- und Deckungsverhältnis durch Verbindung (§ 946 BGB) seien durch folgendes dritte Beispiel angedeutet:

Ein Baumaterialienhändler B verkauft dem Bauunternehmer A Baumaterial unter Eigentumsvorbehalt. A baut das Material auf Grund eines wirksamen Werkvertrages in das Hausgrundstück des C ein.

An einer gleichzeitigen Erfüllung der als Valutaverhältnis (C—A) und Deckungsverhältnis (A—B) dienenden Schuldverhältnisse besteht in den Anweisungsfällen wohl kein Zweifel. Das Valutaverhältnis erlischt durch Leistung eines Dritten (vgl. § 267 BGB), das Deckungsverhältnis durch Leistung an einen Dritten (§§ 362 Abs. 2, 185 BGB). Bedenken können aber in den Fällen, in denen der Schuldner B ein Recht in sonstiger Weise verliert, auftauchen. *Barnstedt*[693] meint, hier erlösche im Deckungsverhältnis die Übereignungsverpflichtung des B gegenüber dem Gläubiger-Schuldner A normalerweise nicht, da bei der Vermögensverschiebung ein Erfüllungswille des B fehle. *Barnstedt* räumt aber hier dem Schuldner B ein Wahlrecht[694] ein, das es diesem ermöglicht, die Vermögensverschiebung zu genehmigen, so daß es zumindest nachträglich zur Erfüllung des Deckungsverhältnisses kommen kann. Die Erfüllung des Valutaverhältnisses erscheint wohl auch *Barnstedt* nicht zweifelhaft.

b) Das Fehlen von Ausgleichsansprüchen zwischen den Beteiligten

Darüber, daß den Beteiligten in diesen Fällen keine Ausgleichsansprüche zustehen, herrscht fast völlige Einmütigkeit. Anlaß zur Untersuchung von

---

[690] Siehe unten Abschnitt E 3 c bb.
[691] *Barnstedt*, Das Merkmal, 96ff.
[692] Siehe oben Abschnitt D II 3 d aa.
[693] *Barnstedt*, Das Merkmal, 97.
[694] Siehe oben Abschnitt D I 3 g; D II 3 e.

Ausgleichsansprüchen ergibt sich eigentlich nur dann, wenn Gegenforderungen, die der Schuldner B gegen den Gläubiger-Schuldner A oder letzterer gegen den Gläubiger C hat, nicht erfüllt werden.

aa) Keine Ansprüche des Schuldners B gegen den Gläubiger C nach deutschem Recht

So hat sich in zwei Fällen, in denen eine Gegenforderung des B gegen A nicht erfüllt wurde, der Bundesgerichtshof mit der Frage befassen müssen, ob dem Schuldner B Ansprüche gegen den Gläubiger C zustehen. In einem der beiden Fälle ging es um die Reparatur einer Lokomotive[695]. Ihm ist das zweite Beispiel nachgebildet. In dem anderen Fall[696] hatte ein Landratsamt A eine Verpflichtung zum Wiederaufbau eines kriegszerstörten Hauses des Eigentümers C, die sich aus einer Kriegssachschädenverordnung ergab, dadurch erfüllt, daß es den Bauunternehmer B mit der Ausführung der Arbeiten beauftragte.

Man könnte in solchen Fällen an Ansprüche aus §§ 677ff. BGB denken, die dem Schuldner als Geschäftsführer ohne Auftrag zustehen könnten. Der Bundesgerichtshof hat aber sowohl in dem „Kriegssachschädenfall" als auch in dem „Lokomotivenfall" festgestellt, daß solche Ansprüche ausschieden, weil der Schuldner B ersichtlich nicht den Willen hatte, ein Geschäft des Gläubigers C zu führen. Das dürfte für Fälle dieser Art ganz allgemein gelten[697].

Befindet sich der Schuldner B im Besitz einer Sache des C und hat er, wie im „Lokomotivenfall" Verwendungen auf diese gemacht, so kommt weiter ein Verwendungsanspruch gemäß §§ 994ff. BGB in Betracht. Ein solcher Anspruch setzt aber voraus, daß C unrechtmäßiger Besitzer ist, daß also eine Vindikationslage zwischen C und B besteht. Daran fehlt es hier im Gegensatz zu den oben erörterten Verwendungsfällen, in denen nur eine der beiden Arten von Dreiecksverhältnissen vorliegt. B kann hier nämlich auf die wirksamen vertraglichen Abmachungen zwischen sich und dem Gläubiger-Schuldner A und zwischem diesem und dem Eigentümer C verweisen. Ein Verwendungsersatzanspruch des B gegen C entfällt also ebenfalls[698]. Der Bundesgerichtshof hat

---

[695] BGH Urt. v. 23. 5. 1958 — VIII ZR 200/57 = BGHZ 27, 317 = NJW 1958, 1345.

[696] BGH Urt. v. 30. 10. 1952 — IV ZR 89/52 = LM § 812 Nr. 14 = BB 1952, 903.

[697] Vgl. z.B. OLG Düsseldorf, Urt. v. 2. 5. 1966 — 12 U 11/66 = NJW 1966, 2361 (2363 r. Sp.) = JuS 1967, 185.
Emmerich, Nebenfolgen, 175.

[698] *Palandt-Hoche*, BGB, 26. Aufl., Vorbem. 1b vor § 994 mit weiteren Nachweisen.
Emmerich, Nebenfolgen, 176.
Dimopoulos-Vosikis, Elemente, 277, 291f.
OLG Düsseldorf, Urt. v. 25. 5. 1966 — 12 U 11/66 = NJW 1966, 2361 (2363 r. Sp.) = JuS 1967, 185.

seine Ausführungen in dem „Lokomotivenfall“, aus denen sich nicht ohne weiteres ergibt, daß die Ansprüche aus §§994ff. BGB schon wegen der Rechtmäßigkeit des Besitzes des B entfallen, später in dem „Autoreparaturfall“[699] in diesem Sinne erläutert.

Auch Bereicherungsansprüche des Schuldners B gegen den Gläubiger C, die sich aus § 812 BGB oder, etwa im zweiten und dritten Beispielfall, aus § 951 i. V. m. § 812 BGB ergeben könnten, sind nach allen bereicherungsrechtlichen Theorien nicht gegeben.

Teilweise anderer Ansicht ist lediglich *Hülsmann*. In Anweisungsfällen, wie dem ersten Beispielfall, soll B dann eine Eingriffskondiktion haben, wenn C dem Anweisenden A keine Gutschrift erteilt[700]. Nach Auffassung von *Hülsmann* entfällt dann nämlich der mit der Zuwendung an C von B verfolgte Zweck[701]. In Einbaufällen von der Art des dritten Beispiels soll B gegen C einen Anspruch aus § 951 BGB haben, sofern der Einbau ohne seine Einwilligung erfolgt und C bösgläubig ist[702]. Dieser Anspruch soll einen Ersatz für einen verlorenen Eigentumsherausgabeanspruch aus § 985 BGB bilden, im Gegensatz zu diesem aber nicht durch § 986 BGB ausgeschlossen sein. *Hülsmann* beachtet wohl nicht, daß § 951 BGB lediglich auf das Bereicherungsrecht verweist[703] und daß die Voraussetzungen des § 812 BGB nicht vorliegen.

Folgt man der „älteren Bereicherungslehre“, so ergibt sich das Nichtbestehen eines Bereicherungsanspruchs des B gegen C schon daraus, daß der Schuldner B, der zwar die Erfüllungsleistung an C verliert, aber gleichzeitig von seiner Schuld gegenüber A befreit wird, nicht „entreichert“ ist. Anderer Ansicht scheint *Baur*[704] zu sein, der das dritte Beispiel, den Baumaterialienfall, erörtert und feststellt, daß die Interessenlage in Einbaufällen von der Art des zweiten Beispiels die gleiche sei. Er meint, B erleide einen Rechtsverlust. *Bartsch*[705] vertritt die Ansicht, in dem Baumaterialienfall fehle es an der „Unmittelbarkeit“ der Vermögensverschiebung zwischen B und C. Selbst wenn man aber „Entreicherung“ und „Unmittelbarkeit“ bejaht, muß man wegen des Vorliegen eines „Rechtsgrundes“ Bereicherungsansprüche des B gegen C ablehnen. Der Bundesgerichtshof hat in dem „Lokomotivenfall“[706] die Beziehungen

---

[699] BGH Urt. v. 21. 12. 1960 — VIII ZR 89/59 = BGHZ 34, 128 = NJW 1961, 499.

[700] *Hülsmann*, Dreiecksverhältnisse, 70 ff. (74), 85.

[701] *Hülsmann*, Dreiecksverhältnisse, 10f.,
vgl. oben Fußnote 101.

[702] *Hülsmann*, Dreiecksverhältnisse, 55.

[703] Siehe oben Abschnitt C I 1.

[704] *Baur*, Sachenrecht, 3. Aufl., § 53 c II 2 a.

[705] *Bartsch*, Das Erfordernis, 14.

[706] BGH Urt. v. 23. 5. 1958 — VIII ZR 200/57 = BGHZ 27, 317 = NJW 1958, 1345 ebenso OLG Düsseldorf, Urt. v. 25. 5. 1966 — 12 U 11/66 = NJW 1966, 2361 = JuS 1967, 185.

zwischen B und dem Gläubiger-Schuldner A als „Rechtsgrund" genügen lassen. In der „Kriegssachschädenentscheidung", der *Baur* folgt[707], werden die beiden vorhandenen Rechtsverhältnisse als zweiteiliger „Rechtsgrund" herangezogen[708]. Der Rechtsverlust des B soll seinen „Rechtsgrund" in dem Deckungsverhältnis zwischen B und A finden. Der Rechtserwerb des Gläubigers C soll wegen des Valutaverhältnisses zwischen C und A „nicht rechtsgrundlos" erfolgen.

Ein eigenwilliges Argument verwendet *Barnstedt*[709]. Er erörtert einen Fall, der sich von dem dritten Beispiel dadurch unterscheidet, daß C nicht durch Verbindung, sondern kraft guten Glaubens Eigentum von einem Nichtberechtigten A erwirbt. In solchen Fällen soll sich der Ausschluß von Ansprüchen des B gegen C aus § 816 Abs. 1 Satz 1 BGB ergeben. Wenn der frühere Eigentümer schon bei bloßem Bestehen eines Valutaverhältnisses keinen Anspruch gegen C hat, soll er ihn bei Bestehen von Deckungs- und Valutaverhältnissen erst recht nicht haben. Bei Einbaufällen, wie dem dritten Beispielfall, will *Barnstedt* Bereicherungsansprüche des B gegen C mit der Begründung ablehnen, daß zwischen B und C „eine Kette gültiger Schuldverhältnisse" besteht.

Folgt man der neueren „Lehre von Leistungs- und Eingriffskondiktion", so wird man zwischen dem „Grundstücks-" und „Lokomotivenbeispiel" einerseits und dem „Baumaterialienfall" andererseits zu unterscheiden haben. Eine „Leistungskondiktion" des B gegen C entfällt in den ersten beiden Beispielen, weil B dem C zwar eine „bewußte Zuwendung" macht, die aber mangels „Zweckbestimmung" gegenüber C nicht als „Leistung" an diesen anzusehen ist[710]. Eine „Eingriffskondiktion" entfällt in diesen Fällen wegen ihrer angeblichen Subsidiarität, da die „Zuwendung" des B an C zu zwei „mittelbaren Leistungen" von A an C und von B an A führt. — In dem dritten Beispiel, dem „Baumaterialfall", liegt noch nicht einmal eine „Zuwendung" des B an C vor. Damit scheidet eine „Leistungskondiktion" von vornherein aus. Eine „Eingriffskondiktion" des B gegen C dürfte, sofern man sie für subsidiär hält, durch das Vorliegen einer unmittelbaren „Leistung" des A an C ausgeschlossen sein.

Nach der „Faustregel", die in der „Kriegssachschädenentscheidung"[711] des Bundesgerichtshofs zumindest angedeutet wird, kommt ein Bereicherungs-

---

[707] BGH Urt. v. 30. 10. 1952 — IV ZR 89/52 = LM § 812 Nr. 14 = BB 1952, 903. *Baur*, Sachenrecht, 3. Aufl., § 53 c II 2a.

[708] Man kann hier bei der Zusammenrechnung der beiden Rechtsverhältnisse mit *Dimopoulos-Vosikis* (Elemente, 278, 292) von einer „Additionsmethode" sprechen.

[709] *Barnstedt*, Das Merkmal, 97f.

[710] *Emmerich*, Nebenfolgen, 175. *v. Caemmerer*, Rev. int. dr. comp. 1966, 573 (587ff.).

[711] Siehe oben Fußnote 696.

anspruch des B gegen C wegen des Vorliegens von „Deckungs-“ und „Valutaverhältnis“ nicht in Betracht.

bb) Keine Ansprüche des Schuldners B gegen den Gläubiger C nach amerikanischem Recht

Auch nach amerikanischem Recht hat B keinen Bereicherungsanspruch gegen C.

Aus der amerikanischen Rechtsprechung lassen sich zahlreiche Beispiele[712] anführen, in denen B eine Kondiktion gegen C versagt wurde. So mußten sich Gerichte mehrfach mit Klagen auseinandersetzen, bei denen der Kläger B dinglich gesicherte Schulden eines anderen A bezahlt hatte, weil er sich beim Kauf des Sicherungsgegenstandes A gegenüber dazu verpflichtet hatte. Später kam es dann nicht zur Übereignung des Gegenstandes durch A und der Kläger B versuchte, die gezahlten Beträge von dem Gläubiger C zurückzuerhalten. Die Begründungen, mit denen die Klagen abgewiesen wurden, wechseln sehr. In Belloff v. Dime Sav. Bank[713] begründete das Gericht seine Entscheidung damit, B habe lediglich in einem Rechtsirrtum („mistake of law“) geleistet. In Union Cent. Life Ins. Co. v. Glasscock[714] heißt es, C halte den empfangenen Betrag nicht „wider guten Gewissen“ zurück. Im übrigen verweist das Gericht auf den bereits mehrfach erwähnten Abbott-Fall[715]. Ein Einbaufall, dessen Sachverhalt den beiden vom Bundesgerichtshof entschiedenen Fällen ähnelt, ist Cascaden v. Margryta[716]. B hatte auf Verlangen der Feuerversicherung A das beschädigte Haus des C repariert. Später zahlte die Versicherung nicht, weil sie meinte, sie brauche den bei C entstandenen Schaden nicht zu ersetzen. Eine Klage des B gegen C wurde mit der Begründung zurückgewiesen, zwischen B und C bestünden weder vertragliche noch vertragsähnliche („constructive contract“) Beziehungen.

Das Restatement of Restitution spricht in § 110 denselben Grundsatz aus[717].

---

[712] Außer den im Text erwähnten:
Gaffner v. American Finance Co., 120 Wash. 76, 206 P. 916, 28 A. L. R. 624 (1922).
Walker v. Conant, 69 Mich. 321, 37 N. W. 292, 13 Am. St. 391 (1888).
Davis Estate v. West Clayton Realty Co., 338 Mo. 69, 89 S. W. 2d 22 (1935).

[713] Belloff v. Dime Sav. Bank, 191 N. Y. 551, 85 N. E. 1106 (1908).

[714] Union Cent. Life Ins. Co. v. Glasscock, 270 Ky. 750, 110 S. W. 2d 681, 114 A. L. R. 373 (1937).

[715] Merchants'Ins. Co. v. Abbott, 131 Mass. 397 (1881).

[716] Cascaden v. Margryta, 247 Mich. 267, 225 N. W. 511 (1929).

[717] Rest., Restitution:
§ 110. Restitution from Beneficiary of a Contract with Third Person Who Has Failed to Perform.
A person who has conferred a benefit upon another as the performance of a contract with a third person is not entitled to Restitution from the other merely because of the failure of performance by the third person.

cc) Keine Ansprüche des Schuldners B gegen den Gläubiger-Schuldner A

Auch darüber, daß der Schuldner B keine Bereicherungsansprüche gegen den Gläubiger-Schuldner A geltend machen kann, herrscht kaum Streit.

Nach der „älteren Bereicherungslehre“ ergibt sich das für alle Fälle des Zusammentreffens beider Arten von Dreiecksverhältnissen daraus, daß B nicht „entreichert“ und A nicht „bereichert“ ist.

Mit einer etwas abweichenden Begründung, die aber noch der „älteren Bereicherungslehre“ folgt, ist der VIII. Senat des Bundesgerichtshofes in einem „Baukostenzuschußfall“[718] zur Verneinung von Bereicherungsansprüchen des Schuldners B gegen den Gläubiger-Schuldner A gekommen. Der Entscheidung liegt folgender Sachverhalt zugrunde: B war Mieter des Vermieters A. Da er einen verlorenen Baukostenzuschuß an A gezahlt hat, steht ihm noch ein Nutzungsrecht an den Mieträumen zu, das Gegenstand einer Bereicherung sein kann. Der Vermieter A verpflichtet sich nun, einem Nachmieter C die Nutzung der Mieträume zu überlassen. Damit entsteht ein Valutaverhältnis zwischen A und C. Ein Deckungsverhältnis zwischen B und A kommt dadurch zustande, daß der alte Mieter B sich dem Vermieter A gegenüber bereit erklärt, sein Nutzungsrecht unmittelbar auf C zu übertragen. Dementsprechend wird auch verfahren. Trotz dieser Vereinbarungen macht B später gegen A einen Bereicherungsanspruch geltend. — Daß in derartigen Fällen ein Dreiecksverhältnis zwischen Mieter, Vermieter und Nachmieter in der angedeuteten Art entsteht, leuchtet offenbar nicht ohne weiteres ein. Der VIII. Senat geht in der Entscheidung seines „Baukostenzuschußfalles“, anders als der VII. Senat in dem „Kriegssachschäden-“ und dem „Lokomotivenfall“, nicht auf die durch das Dreiecksverhältnis bedingten Besonderheiten des Falles ein. Auch *Frotz*, der sich ausführlich mit dem „Baukostenzuschußfall“ auseinandersetzt[719], erwähnt diesen Gesichtspunkt nicht. Der VIII. Senat begründet sein, nach der hier vertretenen Ansicht zutreffendes, Ergebnis wie folgt: Der Vermieter A sei zwar „bereichert“, da er vorzeitig die Räume anderweitig vermieten könne. B sei aber nicht „entreichert“, da A ihm Gelegenheit gegeben habe, sich von C abfinden zu lassen. Zudem sei die angebliche Vermögensverschiebung nicht „rechtsgrundlos“, da sich aus den Vereinbarungen zwischen den Beteiligten ein Rechtsgrund ergebe.

Geht man zur Beantwortung der Frage, ob der Schuldner B einen Bereicherungsanspruch gegen den Gläubiger-Schuldner A hat, von der neuen „Lehre von Leistungs- und Eingriffskondiktion“ aus, so ist wiederum zwischen Fällen von der Art der ersten beiden Beispiele, in denen die Vermögensverschiebung auf eine freiwillige Zuwendung des B an C zurückgeht, und Fällen von der Art des „Baumaterialfalles“, in denen eine Handlung des A die Vermögensver-

---

[718] BGH Urt. v. 7. 10. 1963 — VIII ZR 139/62 = NJW 1964, 37 = MDR 1964, 140.
[719] *Frotz*, AcP 164 (1964), 309ff.

schiebung herbeiführt, zu unterscheiden. — Eine „Zuwendung" des Schuldners B an den Gläubiger C stellt nach der „Lehre von der Leistungs- und Eingriffskondiktion" zugleich eine „mittelbare Leistung" des B an den Gläubiger-Schuldner A dar. Diese erreicht mit der Erfüllung des Deckungsverhältnisses zwischen B und A ihren „Zweck", kann also nicht mit einer „Leistungskondiktion" kondiziert werden. Eine „Eingriffskondiktion" scheidet wegen ihrer angeblichen Subsidiarität aus. — Wenn aber A, wie im dritten Beispiel, einen Rechtsübergang „in sonstiger Weise" von B auf C herbeiführt, so liegt keine „mittelbare Leistung" des B an A vor. Man kann allenfalls dann, wenn B den A zu seiner Verfügung ermächtigt hat, in der Ermächtigung eine unmittelbare „Leistung" des B an A sehen, die wegen der Erfüllung des Deckungsverhältnisses nicht kondiziert werden kann. Besser spricht man aber wohl von einem „Eingriff" des A in die Rechtsstellung des B, der aber wegen des Übereignungsanspruchs des Gläubiger-Schuldners A gegen B nicht zu einer „Entreicherung" des Schuldners B und damit nicht zu einer „Eingriffskondiktion" des B führt. Somit scheidet auch in diesen Fällen eine Kondiktion des B gegen A aus. — Eine andere Auffassung vertritt *Rothoeft*[720]. Er meint, in Fällen wie dem „Baumaterialienbeispiel", also bei Verkauf von unter Eigentumsvorbehalt gekauften Sachen, stehe dem Vorbehaltsverkäufer B eine „Eingriffskondiktion" gegen den Vorbehaltskäufer A zu. *Rothoeft* läßt aber außer acht, daß B von seiner Übereignungsschuld gegenüber A frei wird und deshalb nicht „entreichert" ist, und daß sich aus dem Deckungsverhältnis zwischen B und A ein „Rechtsgrund" für die Vermögensverschiebung ergibt. Die von ihm statt dessen mit in den Kreis der Überlegungen einbezogene „Hoffnung auf Kaufpreiszahlung" kann der Vorbehaltsverkäufer und Übereignungsschuldner B sich auch schon vor der Veräußerung der Sache durch A an C machen. Sie muß daher außer Betracht bleiben.

Für Ansprüche des Schuldners B gegen den Gläubiger-Schuldner A könnte man auch an die „Lehre von der Rückgriffskondiktion" denken, nach der solche Ansprüche bei einer „Befriedigung eines Gläubigers auf Kosten eines Dritten" gelegentlich gegeben sind.

Hier würde nach *v. Caemmerer*'s Ansicht[721] in den ersten beiden Beispielen eine „Rückgriffskondiktion" schon deswegen ausscheiden, weil Zahlungen kraft Anweisung von der „Lehre von der Rückgriffskondiktion" nicht erfaßt werden. Im dritten Beispiel, also bei Handlungen des Gläubiger-Schuldners A, würde eine „Rückgriffskondiktion" entfallen, weil kein Fall von Zahlung einer fremden Schuld vorliegt.

Nach der „Faustregel" entfällt eine Kondiktion des B gegen A schon wegen des Vorliegens eines Deckungsverhältnisses zwischen diesen beiden.

---

[720] *Rothoeft*, AcP 163 (1964), 215 (253f.).

[721] *v. Caemmerer*, Festschrift für Rabel I, 333 (360 Fußnote 106).

dd) Ansprüche des Gläubiger-Schuldners A gegen den Gläubiger C

Ansprüche des Gläubiger-Schuldners A gegen den Gläubiger C, wie sie gegeben sind, wenn lediglich eine „Schulderfüllung (im Deckungsverhältnis) bei Erwerb der Erfüllungsleistung durch einen Dritten“ vorliegt, werden bei gleichzeitigem Vorliegen einer „Befriedigung eines Gläubigers (im Valutaverhältnis) auf Kosten eines Dritten“ ernsthaft nicht in Betracht gezogen.

Nach der „älteren Bereicherungslehre“ entfallen sie schon mangels „Entreicherung“ des A und mangels „Bereicherung“ des C.

Folgt man der „Lehre von Leistungs- und Eingriffskondiktion“, so müßte man in den ersten beiden Beispielfällen von einer „mittelbaren Leistung“ des A an C und im dritten Beispiel von einer unmittelbaren „Leistung“ des A an C sprechen. Eine „Leistungskondiktion“ entfiele aber in allen Fällen, da mit dem Erlöschen des Valutaverhältnisses der „Leistungszweck“ erreicht würde.

Wegen des Vorliegens eines Valutaverhältnisses scheidet auch nach der „Faustregel“ ein Bereicherungsanspruch des A gegen C aus.

4. Ergebnis

Sowohl die Analyse der Vermögensverschiebung als auch die sich nach Rechtsprechung und Lehre ergebenden Problemlösungen bestätigen also die Richtigkeit der oben getroffenen Feststellung, wonach bei einem Zusammentreffen beider Arten von Dreiecksverhältnissen keinerlei Ausgleichsansprüche bestehen. Selbst die Verwendungsfälle, wie der „Lokomotivenfall“, nehmen keine Sonderstellung ein.

Als Nachtrag zu den beiden oben herausgearbeiteten besonderen Kondiktionen für die beiden Arten von Dreiecksverhältnissen ist demnach festzustellen, daß sowohl die Rückgriffskondiktion als auch die Kondiktion gegen Drittempfänger bei Zusammentreffen der beiden Arten von Dreiecksverhältnissen ausscheidet.

Dieser Grundsatz läßt sich leitsatzartig wie folgt fassen:

Zusammentreffen von Rückgriffskondiktion und Kondiktion gegen Drittempfänger.

Erlischt ein Schuldverhältnis dadurch, daß nicht der Gläubiger, sondern ein Dritter den geschuldeten Gegenstand auf Kosten des Schuldners erwirbt und wird gleichzeitig eine Forderung des Dritten gegen den Gläubiger befriedigt, so bestehen keinerlei Bereicherungsansprüche der Beteiligten gegeneinander.

E. SCHEINBARE DREIECKSVERHÄLTNISSE

1. Allgemeine Beschreibung der „scheinbaren Dreiecksverhältnisse“

Man kann sagen, daß es sich bei dem zuletzt besprochenen Zusammentreffen beider Arten von Dreiecksverhältnissen um Varianten reiner Dreiecksverhältnisse handelte, die durch ein „Mehr“, nämlich die Erfüllung eines zweiten Schuldverhältnisses, gekennzeichnet waren. Nunmehr ist von Fällen zu sprechen, die sich ebenfalls als Varianten reiner Dreiecksverhältnisse auffassen lassen, die aber durch ein „Weniger“, nämlich das Fehlen jeglicher Erfüllung eines Schuldverhältnisses, gekennzeichnet sind. Es kommt weder zu einer Befriedigung eines Gläubigers (im Valutaverhältnis) auf Kosten eines Dritten noch zu einer Schulderfüllung (im Dreiecksverhältnis) bei Erwerb der Erfüllungsleistung durch einen Dritten. Nach den oben[722] erarbeiteten Definitionen liegt also in diesen Fällen kein Dreiecksverhältnis vor. Wegen ihrer dennoch nicht zu leugnenden Ähnlichkeit mit den „echten“ Dreiecksverhältnissen sollen die fraglichen Fälle als „scheinbare Dreiecksverhältnisse“ bezeichnet werden.

„Scheinbare Dreiecksverhältnisse“ liegen vor bei den sogenannten „Doppelmangelfällen“, bei den Fällen von „Nichterfüllung eines bestehenden Deckungs- oder Valutaverhältnisses“, bei „Zwangsversteigerung schuldnerfremder Sachen“ und bei „rechtsgrundlosen Verfügungen eines Nichtberechtigten“. Eine Erwähnung dieser Fallgruppen in der vorliegenden Untersuchung erscheint deswegen angebracht, weil sie im Schrifttum häufig zusammen mit den echten Dreieckverhältnissen erörtert werden. Eine ausführliche Darstellung würde allerdings den Rahmen dieser den echten Dreiecksverhältnissen gewidmeten Arbeit sprengen. Die folgende Erörterung beschränkt sich deshalb auf kurze Charakterisierungen der soeben erwähnten Fallgruppen. Dabei soll jeweils gezeigt werden, warum keine Dreiecksverhältnisse vorliegen und was für Bereicherungsansprüche gegeben sind. Zuvor ist kurz allgemein auf die bei diesen Fällen eintretenden Vermögensverschiebungen einzugehen.

2. Analyse der Vermögensverschiebung

Wenn ein Vermögensstück von einem B auf einen C im Hinblick auf Rechtsbeziehungen zu einem Dritten A übertragen wird, ohne daß es zu einer Befriedi-

[722] Siehe oben Abschnitt B III 2 a und b.

gung eines Gläubigers C (im Valutaverhältnis) auf Kosten eines Dritten B oder zur Erfüllung einer Schuld des B (im Deckungsverhältnis) bei Erwerb der Erfüllungsleistung durch einen Dritten C kommt, hat das folgenden Einfluß auf die Vermögen der Beteiligten:

B verliert den Vermögensgegenstand an C. Etwaige Rechtsbeziehungen zu A schaffen dafür keinen Ausgleich, da keine Schuld des B gegenüber A erlischt.

C erhält den Vermögensgegenstand, den B verliert. Da keine Forderung des C gegen A befriedigt wird, spielen Rechtsbeziehungen zu A keine Rolle.

Das Vermögen des A wird durch die Vermögensverschiebung zwischen B und C nicht berührt, da er weder eine Forderung gegen B verliert noch von einer Schuld gegenüber C befreit wird.

Kurz, B wird entreichert und C bereichert. Nur zwischen diesen beiden findet objektiv eine Vermögensverschiebung statt, unabhängig davon, welche subjektiven Vorstellungen die Beteiligten über ihre Beziehungen zu dem Dritten A haben mögen. Das Ergebnis der Vermögensverschiebung legt also einen Bereicherungsausgleich zwischen B und C nahe.

3. Verschiedene Arten „scheinbarer Dreiecksverhältnisse"

So wie man beim „Zusammentreffen beider Arten von Dreiecksverhältnissen" zunächst an jede Kombination einer Fallgruppe der ersten Art von Dreiecksverhältnissen mit einer Fallgruppe der zweiten Art denken mag[723], so könnte man hier meinen, es gäbe gleichsam als Pendant zu jeder Fallgruppe der reinen Dreiecksverhältnisse eine entsprechende Art „scheinbarer Dreiecksverhältnisse". Ob das der Fall ist, mag dahingestellt bleiben. Häufig wird man dann, wenn es nicht zu der angestrebten Entstehung eines Dreiecksverhältnisses gekommen ist, den Dritten außer Betracht lassen und gar nicht an ein „scheinbares Dreiecksverhältnis" denken. Die im folgenden behandelten vier Fallgruppen stellen jedenfalls die praktisch bedeutsamsten Fälle „scheinbarer Dreiecksverhältnisse" dar.

a) Doppelmangelfälle.

aa) Charakterisierung dieser Fallgruppe

Eine viel diskutierte Art „scheinbarer Dreiecksverhältnisse" ist unter der Bezeichnung „Doppelmangelfälle" bekannt. Einen solchen Fall zeigt folgendes Beispiel:

Ein Grundstückseigentümer B verkauft sein Grundstück an einen Erstkäufer A. Dieser verkauft es weiter an einen Zweitkäufer C. Auf Wunsch des A übereignet B das Grundstück unmittelbar an C. Dann stellt sich heraus, daß die Kaufverträge mit B und C wegen Geschäftsunfähigkeit des A nichtig sind.

---

[723] Siehe oben Abschnitt D III 3 a.

Das für alle Doppelmangelfälle Typische an diesem Beispiel ist, daß B auf Weisung des A an C leistet, obwohl die Rechtsbeziehungen zwischen A und B einerseits und zwischen A und C andererseits fehlerhaft sind. *Heck*[724] spricht von einem Doppelmangel auch dann, wenn bei einer Bereicherungskette zwei aufeinanderfolgende Vermögensverschiebungen ohne Rechtsgrund erfolgen. Von solchen Fällen wird hier nicht gesprochen, da die ganze vorliegende Untersuchung nur Fällen mit einer nur einzigen Vermögensverschiebung gewidmet ist.

bb) Unterschiede zu ähnlichen Dreiecksverhältnissen

Die Doppelmängelfälle stellen offensichtlich eine Variante der „Anweisungsfälle" dar, da B hier wie dort auf Weisung des A an C leistet. Wegen der Fehlerhaftigkeit der Rechtsbeziehungen zwischen C und A kommt es aber nicht wie bei den Anweisungsfällen mit fehlendem Deckungsverhältnis zu einer Befriedigung eines Gläubigers (im Valutaverhältnis) auf Kosten eines Dritten, und das Fehlen von Rechtsbeziehungen zwischen B und A verhindert eine Schulderfüllung (im Deckungsverhältnis) bei Erwerb der Erfüllungsleistung durch einen Dritten wie bei den Anweisungsfällen mit fehlendem Valutaverhältnis. Es liegt also keine der beiden Arten von Dreiecksverhältnissen vor. Man kann auch sagen, daß es sich um nicht nur halb, sondern völlig fehlgeschlagene Anweisungsfälle handelt.

cc) Vermögensverschiebung und Bereicherungsansprüche

Das objektive Ergebnis der Vermögensverschiebung bei Doppelmangelfällen entspricht, wie im Schrifttum[725] ausdrücklich betont wird, dem allgemein für alle „scheinbaren Dreiecksverhältnisse" dargestellten. Der Angewiesene B wird entreichert und der Anweisungsempfänger C bereichert. Daß nach den subjektiven Vorstellungen von B und C etwas anderes bezweckt wird, ist bei den Doppelmangelfällen nicht zu bezweifeln. Der Angewiesene B will eine Schuld gegenüber A tilgen. Der Anweisungsempfänger C nimmt die Leistung als Erfüllung einer Schuld des A entgegen.

Als Ausgleichsanspruch kommt in diesen Fällen gelegentlich ein Verwendungsersatzanspruch gemäß §§ 994ff. BGB in Betracht, nämlich dann, wenn B im Auftrage eines A Verwendungen auf eine in seinem Besitz befindliche Sache des C macht[726].

---

[724] *Heck*, Schuldrecht, § 144 I.

[725] *v. Mayr*, Bereicherungsanspruch, 229.
Larenz, Schuldrecht II, 7. Aufl., § 62 II b.
Staudinger-Seufert, BGB, 11. Aufl., § 812 Rdn. 8c b.

[726] *Palandt-Hoche*, BGB, 26. Aufl., Vorbem. 1b vor § 994.

Sehr umstritten ist, was für Bereicherungsansprüche (§ 812ff. BGB) den Beteiligten gegeneinander zustehen.

Ein als herrschend bezeichneter Teil der Lehre gibt dem Angewiesenen B einen direkten Anspruch gegen den Anweisungsempfänger C. Dies Auffassung wird als die Lehre von der Durchgriffskondiktion bezeichnet[727]. Ihr folgte die höchstrichterliche Rechtsprechung[728] im Anschluß an eine ältere Entscheidung des Reichsgerichts[729]. In einer Entscheidung aus dem Jahre 1967[730] hat der Bundesgerichtshof jedoch Bedenken gegen den direkten „Durchgriff" geäußert, ohne sich aber abschließend zu entscheiden. Der Reichsgerichtsentscheidung ist das oben erwähnte „Grundstücksbeispiel" nachgebildet. In ihr wird sinngemäß ausgeführt, B sei „entreichert" und C „unmittelbar" und „rechtsgrundlos" „bereichert".

Die Gegenmeinung, die Lehre von der Doppelkondiktion[731], trägt den subjektiven Vorstellungen der Parteien Rechnung. Sie wird vor allem von Anhängern der „Lehre von Leistungs- und Eingriffskondiktion" verfochten. B soll danach mit einer „Leistungskondiktion" von A eine diesem gegen C zustehende „Leistungskondiktion" kondizieren und dann aus abgetretenem Recht gegen C vorgehen. Ein direkter Anspruch des B gegen C scheidet nach dieser Ansicht aus, weil er sich weder in den Rahmen der „Leistungs-" noch in den der „Eingriffskondiktion" einordnen läßt.

Der Streit ist im wesentlichen akademischer Natur, da beide Ansichten im Ergebnis die Bereicherung von C an B zurückgelangen lassen. Praktische Be-

---

[727] *v. Mayr*, Bereicherungsanspruch, 229.
Jung, Reichsgerichtspraxis III, 143 (160).
Barnstedt, Das Merkmal, 50ff.
v. Tuhr, JherJb 48 (1904), 1 (53f.).
Gottschalk, JherJb 78 (1927/28), 290 (318).
v. Lübtow, Beiträge zur Lehre, 30—33, 155.
Larenz, Schuldrecht II, 7. Aufl., § 62 II b.
Staudinger-Seufert, BGB, 11. Aufl., § 812 Rdn. 8c b.

[728] RG Urt. v. 21. 10. 1931 — IX 187/31 = JW 1932, 735.
BGH Urt. v. 20. 3. 1952 — IV ZR 111/51 = BGHZ 5, 281 = LM § 813 Nr. 1.
BGH Urt. v. 5. 10. 1961 — VII ZR 207/60 = BGHZ 36, 30ff. = NJW 1961, 2251 = MDR 1962, 46 = JZ 1962, 280.

[729] RG Urt. v. 24. 3. 1915 — Rep. V 453/14 = RGZ 86, 343.

[730] BGH Urt. v. 29. 5. 1967 — VII ZR 66/65 = MDR 1967, 754 = WPM 1967, 686 (687 l. Sp.) = DB 1967, 1363 = BB 1967, 857.

[731] *Enneccerus-Lehmann*, Schuldrecht, 15. Bearb., § 221 III 1b.
Esser, Schuldrecht, 2. Aufl., § 190, 4.
Kötter, AcP 153 (1954), 193 (216ff.).
Haymann, JherJb 77 (1927), 188 (234ff.).
Esser, Fälle und Lösungen, 2. Aufl., 131.
Fikentscher, Schuldrecht, § 99 II 1 b β.
Hülsmann, Dreiecksverhältnisse, 76f.
zweifelnd *Rothoeft*, AcP 166 (1966), 246 (248).

deutung hat nur die Frage, ob der Anweisungsempfänger C die Rückgabe davon abhängig machen kann, daß ihm eine an A erbrachte Gegenleistung zurückerstattet wird.

dd) Bereicherungsansprüche nach amerikanischem Recht

Dem amerikanischen Recht ist der Begriff der „Doppelmangelfälle" fremd.

Auch amerikanische Gerichte haben sich jedoch mit Fällen befaßt, in denen die Parteien irrtümlich das Vorhandensein von schuldrechtlichen Beziehungen annahmen, deren Erfüllung zur Entstehung von Dreiecksverhältnissen geführt hätte. In dem Fall National Shawmut Bank v. Fidelity Mut. Life Ins. Co.[732] zahlte B in der irrtümlichen Annahme, A gegenüber dazu verpflichtet zu sein, einen Betrag an C, um eine nicht bestehende Schuld des A gegenüber C zu erfüllen. Es wurde entschieden, B habe einen Bereicherungsanspruch gegen C, der bereichert sei, da er lediglich auf ein scheinbares Recht verzichtet habe.

Auch § 23 Abs. (1) des Restatement of Restitution[733] gewährt B einen direkten Anspruch gegen C. Im Wortlaut wird zwar nur das fehlende Valutaverhältnis erwähnt. Gemeint sind aber wohl die Doppelmangelfälle, da B bei Erfüllung eines Deckungsverhältnisses, wie oben[734] dargestellt, keinen Anspruch gegen C hat.

b) Nichterfüllung eines bestehenden Deckungs- oder Valutaverhältnisses

aa) Charakterisierung dieser Fallgruppe

Nunmehr ist von Fällen zu sprechen, in denen ein Deckungs- oder Valutaverhältnis zwar vorliegt, aber nicht erfüllt wird. Diese Fallgruppe bildet gleichsam ein Sammelbecken für alle Fälle, die sich von den echten Dreiecksverhältnissen nur durch das Fehlen einer Schulderfüllung unterscheiden[735].

So gehören hierhin vor allem die zahlreichen Fälle, in denen einer der Beteiligten eine ihm gebotene Möglichkeit zur Genehmigung einer Vermögens-

[732] National Shawmut Bank v. Fidelity Mut. Life Ins. Co., 318 Mass. 142, 61 N. E. 2d 18, 159 A.L.R. 478 (1945).

[733] Rest., Restitution:

§ 23. Mistaken Belief That Third Person Owes Duty to Payee.

(1) A person is entitled to restitution from another to whom he has paid his own money because of the erroneous belief induced by mistake of fact,

(a) that he was thereby performing the terms of a contract between a third person and the payee, which contract never existed, or had been avoided or otherwise discharged, or

(b) that he was performing a non contractual duty owed by a third person to the payee, which duty was not owed, or

(c) . . . .

[734] Siehe oben Abschnitt D II 3 a cc.

[735] Vgl. zum folgenden *v. d. Pfordten*, LZ 1919, 221 (225).

verschiebung nicht ausnutzt, wo also nicht mit Hilfe eines Wahlrechts[736] ein Dreiecksverhältnis zum Entstehen gebracht wird. Eine derartige Nichtgenehmigung kann sowohl eine Nichterfüllung eines „Valutaverhältnisses“ als auch eine Nichterfüllung eines „Deckungsverhältnisses“ zur Folge haben.

Von einer Nichterfüllung eines „Valutaverhältnisses“ muß man vor allem auch dann sprechen, wenn man annimmt, daß es bei „irrtümlicher Leistung auf fremde Schuld“ nicht zur Erfüllung der Schuld kommt. Davon ist, wie oben[737] dargestellt, nach einigen Autoren für alle Fälle „irrtümlicher Leistung auf fremde Schuld“, nach anderen wenigstens bei Nichtausübung des von ihnen dem Leistenden zugebilligten Wahlrechts auszugehen. Richtig dürfte jedenfalls die Annahme sein, daß es dann nicht zur Erfüllung eines Valutaverhältnisses kommt, wenn eine von B erbrachte Leistung objektiv nicht der Schuld des A entspricht und subjektiv weder von B noch von C als Erfüllung der im Valutaverhältnis bestehenden Forderung angesehen wird[738]. Weiter gehören hierher gewisse auf Weisung erbrachte Leistungen wie folgender, einer Entscheidung des Bundesgerichtshofes[739] nachgebildeter „Fuhrunternehmerfall“:

Ein Fuhrunternehmer A schuldet einem Gläubiger C 13.000 DM. C fordert sein Geld. A findet glücklicherweise einen gewissen B, der bereit ist, ein neues Darlehen zu gewähren. Auf Wunsch des A leistet der neue Darlehensgeber B direkt an den alten Gläubiger C. Später stellt sich heraus, daß wegen Geschäftsunfähigkeit des B dessen gegenüber A und C abgegebene Erklärungen nichtig sind.

In diesem Fall erlischt nach Ansicht des Bundesgerichtshofes das Valutaverhältnis zwischen C und A deswegen nicht, weil wegen der Geschäftsunfähigkeit des B bei Empfang der Leistung durch den alten Gläubiger C sofort eine entsprechende Bereicherungsschuld des C gegenüber B entsteht.

Als Fall von Nichterfüllung eines bestehenden „Valutaverhältnisses“ ist auch der bereits erwähnte[740] „Treibstoffall“ anzusehen, wenn man mit dem IV. Senat des Bundesgerichtshofs[741] davon ausgeht, daß bei Verbrauch gestohlener und von dem Dieb A gekaufter Sachen der Erfüllungsanspruch des Verbrauchers C gegen den Dieb A nicht erlischt.

Von einer Nichterfüllung eines „Deckungsverhältnisses“ könnte man sprechen, wenn eine Leistung an einen Dritten bewirkt wird, die weder auf Grund eines Rechtsscheinstatbestandes (vgl. § 793 Abs. 1 Satz 2 BGB), noch infolge einer entsprechenden Ausübung des gesetzlichen Wahlrechts des Schuldners

[736] Siehe oben Abschnitt D I 3 g; D II 3 e.
[737] Siehe oben Abschnitt D I 3 d aa.
[738] *Larenz*, Schuldrecht II, 7. Aufl., § 62 II b am Ende.
[739] BGH Urt. v. 22. 12. 1960 — VII ZR 169/59 = WPM 1961, 273f.
[740] Siehe oben Abschnitt D I 3 f bb und dd.
[741] BGH Urt. v. 3. 6. 1954 — IV ZR 218/53 = BGHZ 14, 7 = NJW 1954, 1194.

bei Leistung an den Zedenten (vgl. § 407 BGB), noch infolge einer Genehmigung des Gläubigers wirksam ist[742], wie in folgendem Beispiel:

B zahlt an C, den er irrtümlich für seinen Gläubiger hält, während in Wahrheit A der Gläubiger ist. A genehmigt die Zahlung nicht.

bb) Unterschiede zu ähnlichen Dreiecksverhältnissen

Alle diese Fälle ähneln echten Dreiecksverhältnissen. Bei den soeben erwähnten Fällen „irrtümlicher Leistung auf fremde Schuld" fehlt jedoch, anders als bei dem oben[743] besprochenen „Idealheim-" und dem „Elektroherdefall", mit einer Erfüllung des bestehenden Valutaverhältnisses eine „Befriedigung eines Gläubigers auf Kosten eines Dritten". Dasselbe gilt für den soeben als Beispiel erwähnten „Fuhrunternehmerfall", der sonst als Anweisungsfall mit fehlendem Deckungsverhältnis einzuordnen wäre.

Bei unwirksamen Leistungen an Dritte, wie im zweiten Beispielfall, denkt man in der Regel nicht an einen Dreiecksverhältnis. Diese Fälle unterscheiden sich aber von wirksamen Leistungen an ein nichtberechtigten Dritten (§ 816 Abs. 2 BGB) nur durch das Fehlen einer Erfüllung des Deckungsverhältnisses.

cc) Vermögensverschiebung und Bereicherungsansprüche

Als Ergebnis der Vermögensverschiebung läßt sich bei dieser Art „scheinbarer Dreiecksverhältnisse" wiederum eine Bereicherung des Leistungsempfängers C, der nicht im Valutaverhältnis eine Forderung gegen A verliert, und eine Entreicherung des B, der im Deckungsverhältnis nicht von einer Schuld gegenüber A frei wird, feststellen.

Dementsprechend steht in diesen Fällen wiederum nur dem Leistenden B ein Bereicherungsanspruch gegen den Leistungsempfänger C zu. Ein Anspruch des A gegen C entfällt. Das hat das Reichsgericht für einen Fall der Nichterfüllung eines bestehenden Deckungsverhältnisses, den sogenannten „Krankenkassenfall"[744] ausdrücklich festgestellt. Eine Stadt B hatte für einige Beamte A Krankenversicherungsbeiträge an die Krankenkasse C gezahlt und bei der Gehaltszahlung die Arbeitnehmeranteile der Beiträge einbehalten. Später stellte sich heraus, daß die Beamten A gar nicht krankenversicherungs-

---

742 Vgl. *Erman-Seiler*, BGB, 4. Aufl., § 812 Anm. 4c α.

743 Siehe oben Abschnitt D I 3 d bb.

744 RG Urt. v. 26. 4. 1907 — Rep. VII 292/06 = RGZ 66, 77ff.
dazu:
Nebenzahl, Erfordernis, 35f.
Bartsch, Das Erfordernis, 7.
Amrhein, Mittelbare Bereicherung, 49.
Friedmann, Bereicherungshaftung, 81.

pflichtig waren. Es fehlte also ein Valutaverhältnis zwischen A und C. Im Deckungsverhältnis zwischen den Beamten A und der Stadt B war, wie das Reichsgericht feststellt, der Anspruch auf Zahlung des Diensteinkommens nicht getilgt, soweit die Arbeitnehmeranteile zur Krankenversicherung einbehalten waren. Es fehlt also schon an einer „Entreicherung" der Beamten A. Das Reichsgericht führt aus, die erforderliche „Unmittelbarkeit" der Vermögensverschiebung zwischen A und C liege nicht vor.

Die Begründung eines Bereicherungsanspruchs des B gegen C macht der „älteren Bereicherungslehre" keine Schwierigkeiten, da sich die Erfüllung der vier Tatbestandsmerkmale in der Regel mühelos feststellen läßt[745].

Nach Ansicht der Anhänger der „Lehre von Leistungs- und Eingriffskondiktion" ist der Bereicherungsanspruch des B gegen C zumindest bei hierhin gehörenden „irrtümlichen Leistungen auf fremde Schuld"[746] und bei den „unwirksamen Leistungen an nichtberechtigte Dritte"[747] als „Leistungskondiktion" anzusehen. Ob auch in Anweisungsfällen wie dem „Fuhrunternehmerfall"[748] nach dieser Lehre dem B eine direkte „Leistungskondiktion" gegen C zusteht, ist sehr fraglich. Folgerichtiger wäre es, in solchen Fällen auch hier, wie bei den Doppelmangelfällen, dem B nur eine „Doppelkondiktion" zuzugestehen. Der Bundesgerichtshof hat zwar dem geschäftsunfähigen neuen Darlehensgeber B in dem „Fuhrunternehmerfall" einen Bereicherungsanspruch gegen den alten Gläubiger C zugesprochen, die Entscheidung ist aber für die hier erörterte Frage wenig aufschlußreich, da sie vorwiegend auf anderen Aspekten des besonderen Falles beruht.

dd) Bereicherungsansprüche nach amerikanischem Recht

Ein aus der amerikanischen Praxis stammender Fall der hier besprochenen Art ist Sergant and Harris v. Stryker[749]. Ein Sheriff B hatte eine Belohnung, die A zustand, versehentlich an C ausgezahlt. Wäre durch die Zahlung der Anspruch des A erloschen, so wäre durch „Schulderfüllung bei Erwerb der Erfüllungsleistung durch einen Dritten" ein Dreiecksverhältnis entstanden. Tatsächlich verlor A seinen Anspruch gegen den Sheriff B aber nicht. Das Gericht erklärte in einem obiter dictum, der Sheriff B habe einen Rückforderungsanspruch gegen den unrechtmäßigen Empfänger C.

---

745 Vgl. BGH Urt. v. 3. 6. 1954 — IV ZR 218/53 = BGHZ 14, 7 = NJW 1954, 1194.

746 BGH Urt. v. 28. 10. 1964 — IV ZR 238/63 = NJW 1965, 581ff.
Larenz, Schuldrecht II, 7. Aufl., § 62 II b am Ende.
Esser, Schuldrecht, 2. Aufl., § 190, 2.

747 *Esser*, Schuldrecht, 2. Aufl., § 190, 2a.
Fikentscher, Schuldrecht, § 99 II 1 d β.

748 BGH Urt. v. 22. 12. 1960 — VII ZR 169/59 = WPM 1961, 273f.

749 Sergeant and Harris v. Stryker, 16. N. J. L. 464, 32 Am. Dec. 404 (1838).

c) Zwangsversteigerung schuldnerfremder Sachen und Leistungen scheinbarer Drittschuldner an vermeintliche Pfändungsgläubiger

aa) Charakterisierung dieser Fallgruppe

Als „scheinbare Dreiecksverhältnisse" kann man auch die Fälle der Zwangsversteigerung schuldnerfremder Sachen bezeichnen, die folgendes Beispiel andeuten soll:

B ist Eigentümer eines Klaviers. Da er es selbst nicht benutzt, leiht er es dem musikalischen A. Ein Gläubiger C, der eine titulierte Forderung gegen A hat, läßt das Instrument bei A pfänden und versteigern, ohne daß B davon etwas erfährt.

Verwandte Fallgestaltungen ergeben sich, worauf *Schlosser*[750] mit Recht hinweist, wenn ein Drittschuldner B auf Grund eines Pfändungs- und Überweisungsbeschlusses an einen Vollstreckungsgläubiger C zahlt, obwohl dem Vollsteckungsschuldner A gar keine Forderung gegen B zusteht.

bb) Unterschiede zu ähnlichen Dreiecksverhältnissen

Man kann nicht sagen, daß die Fälle der Zwangsversteigerung schuldnerfremder Sachen als Variante irgendwelcher Dreiecksverhältnisse anzusehen seien. Es läßt sich aber doch umgekehrt feststellen, daß die oben[751] behandelten Fälle der Genehmigung der Versteigerung schuldnerfremder Sachen eine Variante der hier behandelten Fallgruppe darstellen.

Bei Genehmigung der Verwertung schuldnerfremder Sachen kommt es zu einer Befriedigung eines Gläubigers (im Valutaverhältnis) auf Kosten eines Dritten, da die Forderung des Vollstreckungsgläubigers C gegen den Vollstreckungsschuldner A erlischt. Zu einer derartigen Schulderfüllung kommt es bei den hier besprochenen Normalfällen nicht. Hier tritt zunächst bei B, dem Eigentümer der versteigerten Sache, eine Vermögensumschichtung ein, da derjenige, der in der Zwangsvollstreckung die gepfändete Sache erwirbt, deren Eigentümer wird, während der Steigerlös auf Grund einer besonderen Surrogation (vgl. § 1247 Satz 2 BGB) zunächst Eigentum des Dritten B wird. Trotz der mißverständlichen Fassung des § 819 ZPO erlischt bei dieser Gelegenheit die Schuld des A gegenüber C nicht. Mit der Aushändigung des Erlöses durch den Gerichtsvollzieher an den Vollstreckungsgläubiger C erwirbt dieser das Eigentum. Auch das läßt die Verpflichtung des Schuldners A unberührt[752]. Es kommt also zu keiner Befriedigung eines Gläubigers auf Kosten eines

---

[750] *Schlosser*, ZZP 76 (1963), 73ff.
[751] Siehe oben Abschnitt D I 3 b aa.
[752] a. A. früher *Freund*, Eingriff, 31.

Dritten im Valutaverhältnis, so daß nur ein „scheinbares" Dreieckverhältnis vorliegt.

Die vorstehende Schilderung der Vorgänge bei der Zwangsversteigerung schuldnerfremder Sachen entspricht der herrschenden Meinung[753]. Es gibt jedoch auch eine Gegenansicht[754], nach welcher ein Dreiecksverhältnis zwischen dem Dritten B, dem Vollstreckungsgläubiger C und dem Erwerber der Sache entsteht. Die Vertreter dieser Auffassung nehmen an, der Vollstreckungsgläubiger C verfüge als Nichtberechtigter zugunsten des Erwerbers über die Sache des Dritten B. Dementsprechend ordnen sie diese Fälle nicht hier, sondern als Dreiecksverhältnisse der ersten Art bei der Fallgruppe „Übergang eines Rechtes von einem Dritten auf einen Gläubiger in sonstiger Weise" (vgl. § 816 Abs. 1 Satz 1 BGB) ein.

Zu billigen ist diese Gegenmeinung vor allem deswegen nicht, weil sie nicht beachtet, daß zunächst der Erlös an die Stelle des Pfandes tritt.

Die Leistungen scheinbarer Drittschuldner an vermeintliche Vollstreckungsgläubiger sind als Variante des Normalfalles der Leistung eines Drittschuldners an einen Vollstreckungsgläubiger anzusehen. Wie oben[755] kurz angedeutet wurde, kommt es normalerweise bei der Leistung eines Drittschuldners B an einen Vollstreckungsgläubiger C zu einem Zusammentreffen beider Arten von Dreiecksverhältnissen. Die Schuld des Vollstreckungsschuldners A gegenüber dem Vollstreckungsgläubiger C stellt ein Valutaverhältnis dar. Die gepfändete Forderung des Vollstreckungsschuldners A gegen den Drittschuldner B ist als Deckungsverhältnis anzusehen. Beide werden durch die Leistung des B an C erfüllt. Besteht die gepfändete Forderung des A gegen B nicht, so kommt es schon mangels Schuldverhältnis nicht zu einer Schulderfüllung (im Deckungsverhältnis) bei Erwerb der Erfüllungsleistung durch einen Dritten. Eine Befriedigung eines Gläubigers (im Valutaverhältnis) auf Kosten eines Dritten scheidet hier ebenso wie bei der Zwangsversteigerung schuldnerfremder Sachen aus, da der Vollstreckungsschuldner A auch hier nicht auf Kosten eines Dritten von seiner Schuld befreit werden kann.

cc) Vermögensverschiebung und Bereicherungsansprüche

Folgt man bei der Zwangsversteigerung in schuldnerfremde Sachen der wohl mit Recht herrschenden Lehre, so ergibt sich aus dem Gesagten, daß es

[753] AG Büdingen, Urt. v. 22. 4. 1965 = NJW 1965, 1381.
Stein-Jonas-Schönke-Pohle, ZPO, 18. Aufl., § 771 Anm. VII 4.
Soergel-Siebert-Mühl, BGB, 9. Aufl., § 812 Rdn. 31, 67, 173; § 816 Rdn. 9.
Enneccerus-Lehmann, Schuldrecht, 15. Bearb., § 225 I 1.
Lüke, AcP 153 (1954), 533ff.
Nicklisch, NJW 1966, 434 r. Sp.
[754] *Palandt-Gramm*, BGB, 26. Aufl., § 816 Anm. 2c.
Esser, Schuldrecht, 2. Aufl., § 187, 5c und § 196, 2a.
[755] Siehe oben Abschnitt D III 3 a.

erst bei der Aushändigung des Steigerlöses an den Vollstreckungsgläubiger C zu einer Vermögensverschiebung kommt, an welcher nur der Dritte B und C beteiligt sind. Zum Ausgleich dieser Vermögensverschiebung steht dem Dritten B nach herrschender Lehre[756] gemäß § 812 BGB ein Bereicherungsanspruch gegen den Vollstreckungsgläubiger C zu. Nach moderner Lehre handelt es sich bei diesem Anspruch um eine „Eingriffskondiktion".

Für die Verfechter der Gegenmeinung, nach welcher eine Verfügung eines Nichtberechtigten vorliegt, ergibt sich ein Bereicherungsanspruch des B gegen C aus § 816 Abs. 1 Satz 1 BGB.

Bei der Leistung eines scheinbaren Drittschuldners B an einen vermeintlichen Vollstreckungsgläubiger C erfolgt die Vermögensverschiebung durch die Leistung des angeblichen Drittschuldners B. Da der Vollstreckungsschuldner A nicht von seiner Schuld frei wird, ist er an der Vermögensverschiebung nicht beteiligt. Auch in diesen Fällen kann also B nur gegen C ein Bereicherungsanspruch zustehen. Dieser Anspruch ist allerdings nach Ansicht von *Schlosser*[757] als „Leistungskondiktion" anzusehen.

d) Rechtsgrundlose Verfügungen Nichtberechtigter

aa) Charakterisierung dieser Fallgruppe

Endlich hat man zu den „scheinbaren Dreiecksverhältnissen" auch die „rechtsgrundlosen Verfügungen Nichtberechtigter" zu zählen. Es handelt sich um Fälle, in denen ein Nichtberechtigter A sachenrechtlich wirksam aber auf Grund eines unwirksamen Vertrages ein Recht eines Rechtsinhabers B auf einen gutgläubigen Erwerber C überträgt. Ein derartiger Sachverhalt liegt dem vom Bundesgerichtshof entschiedenen „Spielbankfall"[758] zugrunde:

B hat einen ungetreuen Angestellten A. Dieser entnimmt Gelder aus der Kasse des B und spielt damit bei der Spielbank C. Letztere erwirbt gemäß §§ 932, 935 Abs. 2 BGB gutgläubig Eigentum an dem Geld. Dann stellt sich heraus, daß der Spielvertrag zwischen der Spielbank C und dem treulosen A nichtig ist.

Ganz ähnliche Fallgestaltungen wie bei gutgläubigem Erwerb des C können sich bei Rechtsverlusten des B infolge Verbindung, Vermischung und Ver-

---

[756] statt vieler:
OLG Düsseldorf, Urt. v. 25. 5. 1966 — 12 U 11/66 = NJW 1966, 2361 (2362) = JuS 1967, 185.

[757] *Schlosser*, ZZP 76 (1963), 73 (79).

[758] BGH Urt. v. 12. 7. 1962 — VII ZR 28/61 = BGHZ 37, 363ff. = NJW 1962, 1671.
vgl. dazu:
BGH Urt. v. 25. 9. 1967 — VII ZR 1/65 = NJW 1967, 1660.
Rothoeft, AcP 163 (1964), 215ff.
Schlosser, JuS 1963, 141ff.
Rietschel, LM § 134 BGB Nr. 41.
Wiethölter, JZ 1963, 286ff.

arbeitung (§§ 946ff. BGB)[759]. Ersitzung (§§ 937ff. BGB) und Verbrauch durch C ergeben. Zur Illustration diene wieder ein Einbaufall:

A stiehlt dem B gehörendes Baumaterial und baut es auf Grund eines nichtigen Vertrages in das Hausgrundstück des C ein.

Alle Fälle dieser Fallgruppe unterscheiden sich von den vorher erwähnten dadurch, daß es nicht durch „Leistung“ sondern „in sonstiger Weise“ zur Entstehung „scheinbarer“ Dreiecksverhältnisse kommt.

bb) Unterschiede zu ähnlichen Dreiecksverhältnissen

Vergleicht man die hier besprochenen Fälle mit den „Doppelmangelfällen“ so zeigt sich eine bemerkenswerte Parallele. So wie die Doppelmangelfälle als Variante der Anweisungsfälle mit fehlendem Deckungs- oder Valutaverhältnis zu sehen sind, stellt die hier besprochene Fallgruppe eine Variante der bei der ersten Art von Dreiecksverhältnissen erörterten Fälle des „Übergangs eines Rechtes von einem Dritten auf einen Gläubiger in sonstiger Weise“ (vgl. § 816 Abs. 1 Satz 1 BGB) und der bei der zweiten Art von Dreiecksverhältnissen erörterten Fälle des „Übergangs eines Rechtes von einem Schuldner auf einen Dritten in sonstiger Weise“ dar. Der Unterschied ist wiederum der, daß es hier mangels Valutaverhältnis zwischen A und C und mangels Deckungsverhältnis zwischen B und A weder zu einer Befriedigung eines Gläubigers (im Valutaverhältnis) auf Kosten eines Dritten noch zu einer Schulderfüllung (im Deckungsverhältnis) bei Erwerb der Erfüllungsleistung durch einen Dritten kommt.

Das völlige Fehlen eines Valutaverhältnisses unterscheidet die hier behandelte Fallgruppe auch deutlich von den Fällen der „unentgeltlichen Verfügung eines Nichtberechtigten“ (§ 816 Abs. 1 Satz 2 BGB), bei denen im Valutaverhältnis immerhin eine Schenkung vorliegt.

Es kommt also, wie *Staudinger-Seufert*[760] für Fälle rechtsgrundlosen Einbaus, wie das zweite Beispiel, ausdrücklich feststellt, nicht zur Entstehung von Dreiecksverhältnissen.

cc) Vermögensverschiebung und Bereicherungsansprüche

Wie bei allen „scheinbaren Dreiecksverhältnissen“ berührt die Vermögensverschiebung das Vermögen des A nicht. Nur der Erwerber C wird auf Kosten des früheren Rechtsinhabers B bereichert[761].

Dementsprechend hat B nach herrschender Lehre bei Einbaufällen von der Art des zweiten Beispiels einen Bereicherungsanspruch gemäß §§ 951, 812 BGB

---

759 *Bartsch, Das* Erfordernis, 7.
760 *Staudinger-Seufert*, BGB, 11. Aufl., § 812 Rdn. 8b3
761 *Grunsky*, JZ 1962, 207 (r. Sp.).

gegen C[762]. Das hat das Reichsgericht für einen Fall dieser Art, in dem ein geisteskranker Pächter A Staatkartoffeln von B gekauft und mit einem Grundstück des C verbunden hatte, ausdrücklich festgestellt[763]. Im Schrifttum werden die Fälle rechtsgrundlosen Einbaus meist nicht deutlich von den umstrittenen Fällen des auf Grund eines Valutaverhältnis erfolgten „Einbaus fremder Sachen" getrennt[764].

Der „Saatgutfall" des Reichsgerichts wird als Ausnahme[765] angesehen, weil unbeachtet bleibt, daß er sich durch das Fehlen der Erfüllung eines Valutaverhältnisses von anderen Einbaufällen unterscheidet.

Bei rechtsgrundloser Ersitzung und rechtsgrundlosem Verbrauch ergibt sich ein Anspruch des B gegen C unmittelbar aus § 812 BGB.

Lebhaft umstritten sind die Bereicherungsansprüche bei rechtsgrundlosen rechtsgeschäftlichen Verfügungen[766], wie im „Spielbankfall". Der hier bestehende Streit weist eine deutliche Verwandtschaft mit dem über die „Doppelmangelfälle" auf.

Auch hier gibt ein Teil der Lehre[767] in analoger Anwendung des § 816 Abs. 1 Satz 2 BGB oder gemäß § 812 BGB[768] dem früheren Rechtsinhaber B einen direkten Anspruch gegen den Erwerber C. Man nennt diese Auffassung die Lehre von der „Einheitskondiktion". Der VII. Senat des Bundesgerichtshofs gelangt in dem „Spielbankfall" mit Hilfe einer analogen Anwendung von § 816 Abs. 1 Satz 2 BGB zu demselben Ergebnis wie die Lehre von der „Einheitskondiktion", deren Richtigkeit er aber bewußt dahingestellt sein läßt[769].

---

762 *Staudinger-Seufert*, BGB, 11. Aufl., § 812 Rdn. 8be.
Berg, AcP 160 (1961), 505 (514, 523f.).
Baur, Sachenrecht, 3. Aufl., § 53 c II 2b cc.
Barnstedt, Das Merkmal, 75, 81f.
v. Lübtow, Beiträge zur Lehre, 15f., 160.

763 RG Urt. v. 13. 3. 1902 — Rep. VI 433/01 = RGZ 51, 80ff.
dazu
Haymann, JherJb 77 (1927), 188 (267f.).
RG Urt. v. 19. 6. 1902 — VI 109/02 = GruchBeitr. 47 (1903), 937 (939).

764 Vgl. aber Hülsmann, Dreiecksverhältnisse, 54.

765 *Staudinger-Berg*, BGB, 11. Aufl., § 951 Rdn. 4.

766 Vgl. *Boehmer*, Grundlagen, II/2, 6ff.

767 BGB-RGRK-*Scheffler*, 11. Aufl., § 816 Anm. 12.
Erman-Seiler, NGB, 4. Aufl., § 816 Anm. 3.
Grunsky, JZ 1962, 207f.
wohl auch *Rothoeft*, AcP 166 (1966), 246 (247).

768 *Barnstedt*, Das Merkmal, 78.
Krawielicki, JherJb 81 (1931), 257 (323).

769 *Rietschel*, LM § 134 BGB Nr. 41.

Das Reichsgericht[770] hat, ohne die Streitfrage überhaupt zu erwähnen, in einem vergleichbaren Fall ebenfalls dem B einen unmittelbaren Anspruch gegen C zugebilligt. Ein Gerichtsvollzieher A hatte irrtümlich einen Betrag, der einem B gehörte, an einen C ausgezahlt. Nach Ansicht des Reichsgerichts konnte B sich gemäß § 812 BGB an C halten, weil letzterer auf Kosten des B rechtlos bereichert war[771].

Die Gegenmeinung[772], die auch hier von Anhängern der „Lehre von Leistungs- und Eingriffskondiktion"[773] vertreten wird, heißt wie bei den Doppelmangelfällen Lehre von der „Doppelkondiktion". Nach ihr soll B auch hier bei rechtsgrundlosen Verfügungen eines Nichtberechtigten A nur Abtretung einer „Leistungskondiktion" des A gegen C mit Hilfe einer zweiten „Leistungskondiktion" verlangen können, um dann aus abgetretenem Recht gegen C vorzugehen. Daß man aber auch vom Boden der „Lehre von Leistungs- und Eingriffskondiktion" aus unter Umständen zu einem direkten Anspruch des B gegen C kommen kann, zeigen Ausführungen, die *Molitor*[774] zu dem eben erwähnten „Gerichtsvollzieherfall" des Reichsgerichts macht. Er meint, man könne in diesem Fall annehmen, daß C nicht durch eine „Leistung" des A sondern „in sonstiger Weise" auf Kosten des B bereichert sei, so daß B gegen C eine „Eingriffskondiktion" zustehe.

4. *Zusammenfassung und Schlußfolgerungen*

Die vorstehenden Ausführungen über die „scheinbaren Dreiecksverhältnisse" haben gezeigt, daß es eine Reihe von Fällen gibt, die den Dreiecksverhältnissen ähneln, obwohl keine der beiden Sonderformen der Schulderfüllung und damit kein echtes Dreiecksverhältnis vorliegt. Es handelt sich durchweg um Varianten „echter" Dreiecksverhältnisse.

Besonders bemerkenswert ist, daß wieder bestimmte Fälle von Verfügungen eines Nichtberechtigten, nämlich die „rechtsgrundlosen Verfügungen", deutliche Parallelen zu bestimmten Anweisungsfällen, nämlich den „Doppelmangelfällen" aufweisen. Diese Feststellung bestätigt die oben vorgenommene Gleich-

---

[770] RG Urt. v. 6. 11. 1931 — III 390/30 — = RGZ 134, 141.

[771] Für einen ähnlichen Fall
ebenso: *Bartsch*, Das Erfordernis, 2
a. A. *Gottschalk*, JherJb 78 (1927/28), 290 (322).

[772] *Lorenz*, Schuldrecht II, 7. Aufl., § 62 II c 3.
Schlosser, JuS 1963, 141 (146 r. Sp.).
Esser, Schuldrecht, 2. Aufl., § 190, 6.
Kötter, AcP 153 (1954), 193 (211ff.).
Hülsmann, Dreiecksverhältnisse, 50ff.
Jakobs, Eingriffserwerb, 159, bezeichnet diese Lehre als herrschend.

[773] a. A. (für Einheitskondiktion/ Wilburg, Die Lehre, 119.

[774] *Molitor*, Schuldrecht II, 5. Aufl., § 29 II 2.

setzung der Fälle des § 816 Abs. 1 BGB mit den Anweisungsfällen mit fehlendem Deckungsverhältnis einerseits und der Fälle des § 816 Abs. 2 BGB mit den Anweisungsfällen mit fehlendem Valutaverhältnis andererseits.

Die Bereicherungsansprüche bei den „scheinbaren Dreiecksverhältnissen" sind umstritten. Das dürfte vor allem auf die Seltenheit derartiger Fälle zurückzuführen sein. Verallgemeinernd läßt sich aber wohl sagen, daß nach Ansicht der Rechtsprechung und der im Schrifttum herrschenden Meinung dem B, der bei der äußerlich in Erscheinung tretenden Vermögensverschiebung etwas verliert, ein unmittelbarer Bereicherungsanspruch gegen den Leistungsempfägner C zusteht. Insofern besteht ein wesentlicher Unterschied zu den „echten" Dreiecksverhältnissen, bei denen nur ein Anspruch des B gegen A, das heißt eine „Rückgriffskondiktion im weiteren Sinne", oder ein Anspruch des A gegen C, das heißt eine „Kondiktion gegen Drittempfänger", in Betracht kommt.

Dieser Unterschied bei den Bereicherungsansprüchen paßt gut in das in dieser Untersuchung entworfene Gesamtbild. Bei „echten" Dreiecksverhältnissen wird durch die beiden Sonderformen der Schulderfüllung ausnahmsweise ein Dritter an einer Vermögensverschiebung beteiligt. Dem entsprechen die beiden Sonderkondiktionen für diese Fälle. Bei „scheinbaren" Dreiecksverhältnissen sind objektiv nur zwei Personen an der Vermögensverschiebung beteiligt. Dementsprechend werden nicht die beiden Sonderkondiktionen sondern normale Zwei-Personen-Kondiktionen zum Ausgleich herangezogen. Wenn man so will, bestätigen also die beiden Sonderkondiktionen die Richtigkeit des direkten Durchgriffs bei den „scheinbaren" Dreiecksverhältnissen, während letzterer seinerseits für die Richtigkeit der „Rückgriffskondiktion" und der „Kondiktion gegen Drittempfänger" spricht.

F. ENDERGEBNISSE

Ziel dieser Arbeit war es, die Anspruchsvoraussetzungen für Bereicherungsansprüche in Dreiecksverhältnissen zu klären. Aus den Vorarbeiten zur Lösung dieser Frage haben sich gleichsam als Nebenprodukte eine Definition des Begriffs „Dreiecksverhältnis" und ein Überblick über die bisher zur Lösung der Ausgleichsprobleme in Dreiecksverhältnissen herangezogenen Rechtssätze ergeben.

1. Definition des Begriffs „Dreiecksverhältnis"

Von grundlegender Bedeutung für die Definition des Begriffs „Dreiecksverhältnis" und für die Klärung der Voraussetzungen von Bereicherungsansprüchen bei Dreiecksverhältnissen ist die Erkenntnis, daß ein Zusammenhang zwischen dem Recht der Schulderfüllung und dem Bereicherungsrecht besteht. Das Erfüllungsrecht kennt als Sonderformen der Schulderfüllung die „Leistung durch einen Dritten" (vgl. § 267 BGB) und die „Leistung an einen Dritten" (§ 362 Abs. 2 BGB). Durch das Vorliegen eben dieser beiden Sonderformen der Schulderfüllung sind die Dreiecksverhältnisse im Bereicherungsrecht gekennzeichnet. Von dieser Einsicht ausgehend lassen sich bei Berücksichtigung verwandter Fälle die Dreiecksverhältnisse wie folgt definieren:

Ein Dreiecksverhältnis liegt vor,

1. wenn ein Gläubiger (im Valutaverhältnis) auf Kosten eines Dritten befriedigt wird und
2. wenn eine Schuld (im Deckungsverhältnis) bei Erwerb der Erfüllungsleistung durch einen Dritten erlischt.

2. *Die bei Dreiecksverhältnissen angewandten Rechtsnormen und Theorien*

Die Zahl der zur Lösung von Ausgleichsproblemen in Dreiecksverhältnissen herangezogenen Rechtssätze ist, wie sich gezeigt hat, außerordentlich groß.

Im Vordergrund steht dabei das Bereicherungsrecht. Drei seiner Vorschriften scheint zunächst ausschlaggebende Bedeutung zuzukommen: §§ 812, 816 und 951 BGB. Eine nähere Betrachtung zeigt aber, daß einige von der Rechtslehre entwickelte Theorien und auf ihnen beruhende besondere Konstruktionen für Dreiecksverhältnisse von noch größerer Bedeutung sind als die gesetzlichen

Vorschriften. Die „ältere Bereicherungslehre“ arbeitet bei Dreiecksverhältnissen mit der Konstruktion der „unmittelbaren Vermögensverschiebung durch mittelbare Zuwendung“. Die „Lehre von Leistungs- und Eingriffskondiktion“ spricht von „mittelbaren Leistungen“. Nach einer neueren Ansicht soll bei Dreiecksverhältnissen neben „Leistungs-“ und „Eingriffskondiktion“ eine „Rückgriffskondiktion“ treten. In der Praxis endlich hilft man sich mit der „Faustregel für Dreiecksverhältnisse“, die auf das Bestehen von Rechtsbeziehungen zwischen den Beteiligten abstellt.

Daneben spielen eine ganze Anzahl von nichtbereicherungsrechtlichen Ausgleichsansprüchen eine Rolle: Verwendungsersatzansprüche, besondere Ausgleichsansprüche „echter“ und „unechter“ Gesamtschuldner, Ansprüche aus Geschäftsführung ohne Auftrag und übergegangene Ansprüche aller Art.

Im ganzen bietet sich also ein Bild verwirrender Vielfalt, das zugleich die große Bedeutung der Dreiecksverhältnisse erkennen läßt.

3. *Die Voraussetzungen für Bereicherungsansprüche in Dreiecksverhältnissen*

Mehr Klarheit über die Voraussetzungen für Bereicherungsansprüche in Dreiecksverhältnissen hat der Hauptteil der vorliegenden Untersuchungen geschaffen.

Es hat sich als sachgerecht erwiesen, die Ausgleichsansprüche bei jeder der beiden Arten von Dreiecksverhältnissen auf je eine Kondiktion eigner Art zurückzuführen, die „Rückgriffskondiktion“ und die „Kondiktion gegen Drittempfänger“.

Diese beiden Sonderkondiktionen scheinen auf den ersten Blick nur eine leichte Abwandlung der „Faustregel“ darzustellen. Einmal besteht aber insofern ein erheblicher sachlicher Unterschied, als die hier vorgeschlagenen beiden Sonderkondiktionen im Gegensatz zu der Faustregel nicht auf das Bestehen sondern auf die Erfüllung von Schuldverhältnissen abstellen. Zum anderen fügen sich die beiden Sonderregeln in das moderne System des Bereicherungsrechts ein, während die „Faustregel“ dogmatisch nicht fundiert ist.

Die beiden Sonderregeln stellen einen weiteren Schritt auf dem Wege zu einer genaueren Erfassung der Bereicherungstatbestände dar. Es handelt sich um eine Fortentwicklung der Gedankengänge, die zur Anerkennung der Selbständigkeit der „Rückgriffskondiktion“ führten. „Rückgriffskondiktion (im weiteren Sinne)“ und „Kondiktion gegen Drittempfänger“ treten, folgt man den hier entwickelten Gedanken, für Dreiecksverhältnisse an die Stelle von „Leistungs-“ und „Eingriffskondiktion“. Deren Anwendungsbereich beschränkt sich damit auf Zwei-Personen-Fälle. Das heißt gleichzeitig, daß einige der umstrittensten Fragen, wie die Erforderlichkeit der „Unmittelbarkeit“ und die Bestimmung des „Leistungszwecks“ einfach bedeutungslos werden. Deutlich wird auch die Funktion des § 816 BGB. § 816 Abs. 1 BGB stellt nach der hier vertretenen Auffassung einen Sonderfall der „Rückgriffskondiktion“, § 816 Abs. 2 BGB einen solchen der „Kondiktion gegen Drittempfänger“ dar.

Vergleicht man das Ergebnis dieser Untersuchung mit dem Wortlaut der §§ 812ff. BGB, so fragt man sich, ob eine ausführliche gesetzliche Regelung der Dreiecksverhältnisse nicht wünschenswert wäre. *Nipperdey*, der sich im Zusammenhang mit den Bestrebungen zur Schaffung eines „Volksgesetzbuches“ 1937 zu einer Reform des Bereicherungsrechts geäußert hat[775], hielt eine solche Ergänzung für unnötig. Damals waren aber auch die durch den Ausbau der „Lehre von Leistungs- und Eingriffskondiktion“ entstandenen neuen Schwierigkeiten noch unbekannt. Angesichts der großen praktischen Bedeutung und der heutigen nicht unbeträchtlichen rechtlichen Schwierigkeiten der Dreiecksverhältnisse erscheint nunmehr doch der Gedanke einer Kodifikation des Rechts der Dreiecksverhältnisse überlegenswert. De lege ferenda wird daher abschließend vorgeschlagen, § 816 BGB in seiner bisherigen Form zu streichen und statt dessen die hier erarbeiteten Leitsätze zur Regelung der Bereicherungsansprüche in Dreiecksverhältnissen in das BGB aufzunehmen. Es müßte dann etwa lauten:

§ 816 (Rückgriffskondiktion)

I. Wird ein Gläubiger auf Kosten eines Dritten befriedigt, so kann der Dritte von dem Schuldner Vergütung in Geld nach den Vorschriften über die Herausgabe einer ungerechtfertigten Bereicherung verlangen, soweit nicht ein anderes bestimmt ist.

II. Der Anspruch entfällt, wenn der Dritte Versicherungs-, Sozial- oder Unterhaltsleistungen erbracht hat und der Schuldner ein Familienangehöriger des Gläubigers ist.

III. Der Anspruch richtet sich gegen den Gläubiger, wenn dessen Forderung auf ein unentgeltliches Geschäft mit dem Schuldner zurückgeht.

IV. Die Vorschriften der §§ 994—1003 BGB bleiben unberührt.

§ 816a (Kondiktion gegen Drittempfänger)

I. Erlischt ein Schuldverhältnis dadurch, daß nicht der Gläubiger, sondern ein Dritter den geschuldeten Gegenstand auf Kosten des Schuldners erwirbt, so ist der Dritte verpflichtet, dem Gläubiger das Erlangte herauszugeben.

II. Der Anspruch richtet sich gegen den Schuldner, wenn das Erlöschen des Schuldverhältnisses auf ein unentgeltliches Geschäft zwischen diesem und dem Dritten zurückgeht.

III. Die Vorschriften der §§ 994—1003 BGB bleiben unberührt.

[775] *Nipperdey*, ZAkadDR 4 (1937), 19 (23).

§ 816b (Zusammentreffen von Rückgriffskondiktion und Kondiktion gegen Drittempfänger)

Erlischt ein Schuldverhältnis dadurch, daß nicht der Gläubiger, sondern ein Dritter den geschuldeten Gegenstand auf Kosten des Schuldners erwirbt und wird gleichzeitig eine Forderung des Dritten gegen den Gläubiger befriedigt, so bestehen keinerlei Bereicherungsansprüche der Beteiligten gegeneinander.

FSC
www.fsc.org
MIX
Papier | Fördert gute Waldnutzung
FSC® C083411

Kolibri 360 GmbH
Ferdinand-Jühlke-Straße 7
99095 Erfurt, Deutschland
produktsicherheit@kolibri360.de